프로바둑강좌/중급이상 4

사활의 마술

9단 山部俊郎 지음

프로바둑 연구회 편

太乙出版社

머리말

〈사활의 마술〉은 문자를 통하여 사활을 예시한 후〈마술〉을 통한 진수를 설명하였다.

이 책은 사실 초급이상의 문제로 흔히 실전에서 놓치기 쉬운 점들에 지혜를 가르치는 법을 나타내고 있다.

그렇게 볼때 문제마다 〈마술〉적인 급소와 맥이 다분히 등장을 한다.

본서는 문제 가운데서 흔히 착오를 가질 수 있는 것들을 흘러 보내지 않고 여러가지의 측면에서 많은 변화를 성찰(省察)할 수 있도록 노력하였다.

그렇기에 이 책은 독자들로부터 대단한 호응을 얻으리라고 생각한다.

끝으로 〈사활의 마술〉이 실전에 임하는 독자에 있어 지대한 도움이 되리라 의심치 않으며 배가(倍加)되는 실력 향상이 있기를 바라는 바이다.

저　자　씀

차 례*

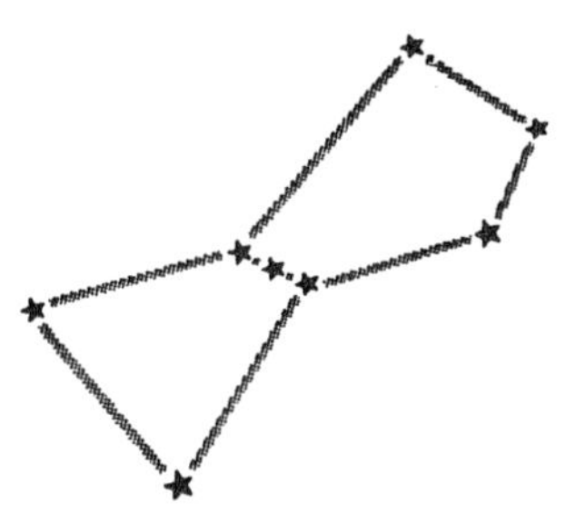

제 1 장

자충수

변의 기본

제 1 장에서는 놓은 수를 중점으로 하는 사활의 치중까지를 연구해 보기로 한다. 돌을 죽임에 대하여 검토해 보자.

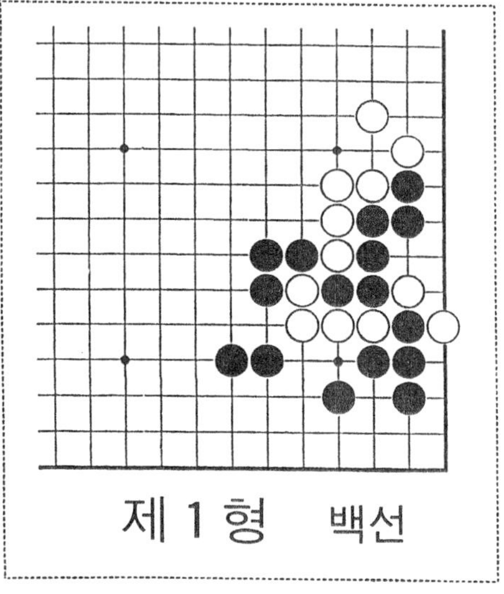

제 1 형 백선

제 1 형 백선 백 4 점대 흑 6 점의 공방이다. 변에 대한 흑의 공격은?

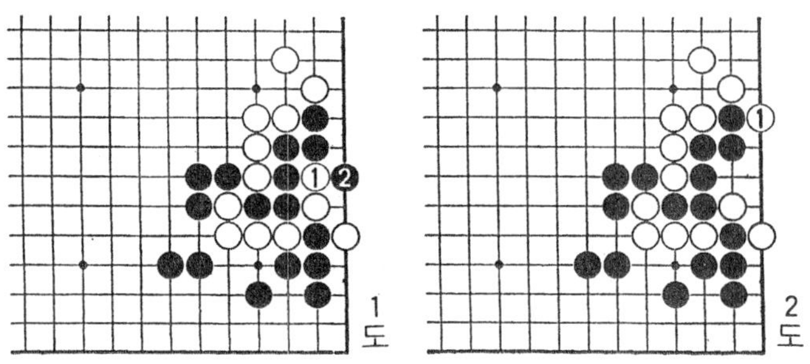

1 도 실패 백 1 로 부딪히는 공격은 실패다. 흑 2 의 젖힘으로 논외(論外).

2 도(마술) 젖힘 여기에서는 백 1 의 젖힘이 있다.
흑의 놓는 수는 어디일까? 이런 것이 정해의 제 1 보이다.

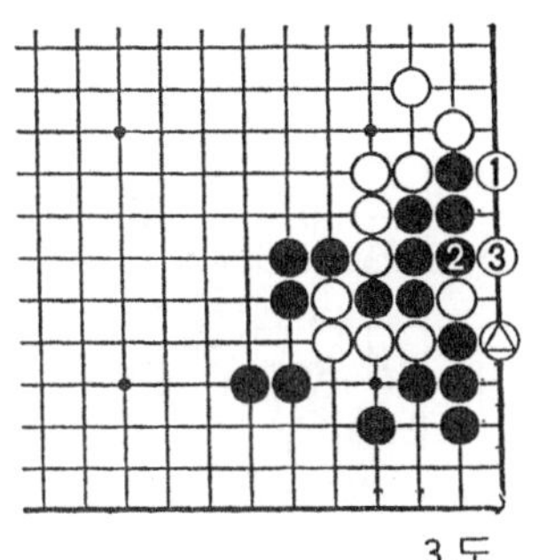

3 도

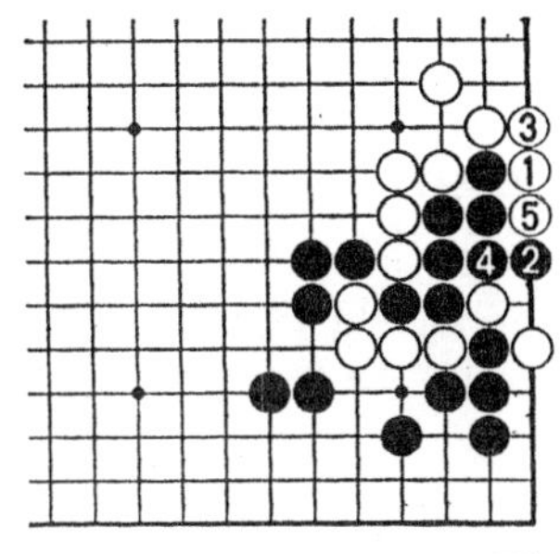

4 도

3 도(마술) 패 백 1 에는 흑 2 의 단수 그래서 백 3 으로 젖혀 패가 나는 것이 좋은 수순이다. ◬ 표의 백돌을 활용하는 방법이다. 패가 나는 것이 정해.

4 도 패를 피함 백 1 의 젖힘에 흑 2 의 마늘모는 좋지 않다. 백 3 의 잇는 수에서 5 의 들이미는 수가 있기 때문이다. 흑은 되따냄을 당한다.

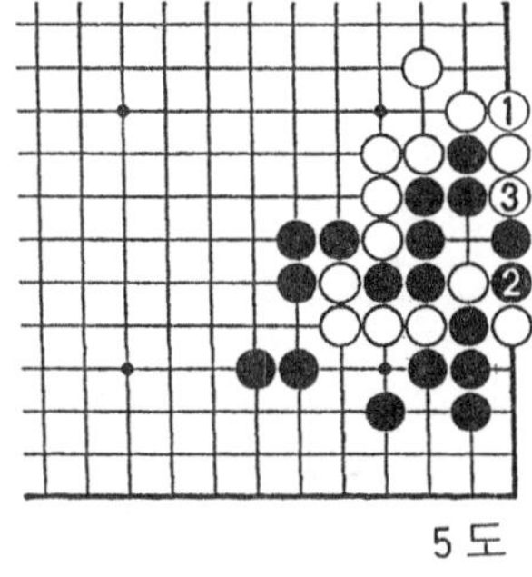

5 도

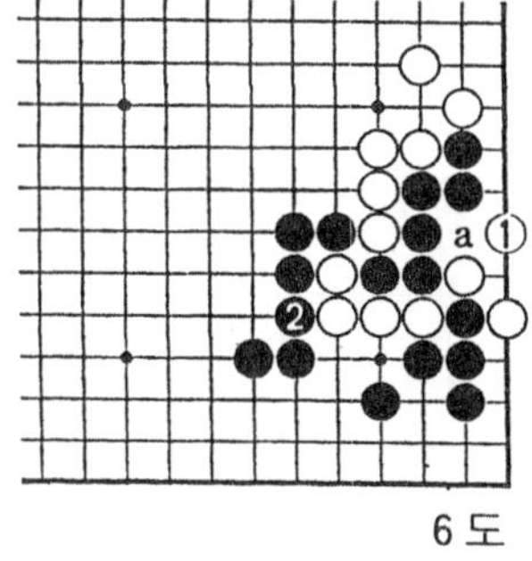

6 도

5 도 환격 (전도의 변화) 백 1 로 잇는 수에 대하여 흑 2 로 두는 것은 백 3 으로 나아가 환격이다. 3 도의 흑 2 가 최선.

6 도 백 부담 제 1 착을 백 1 로 두는 것은 a 로 단수하지 않고 2 의곳인 외곽을 조인다. 변의 공격에 대한 기본형이다.

마수(魔手)

제 2 형 흑선 백의 놓는 수에 대하여 본서의 독자가 한 눈에 답을 나타낼 수 있는 마수.

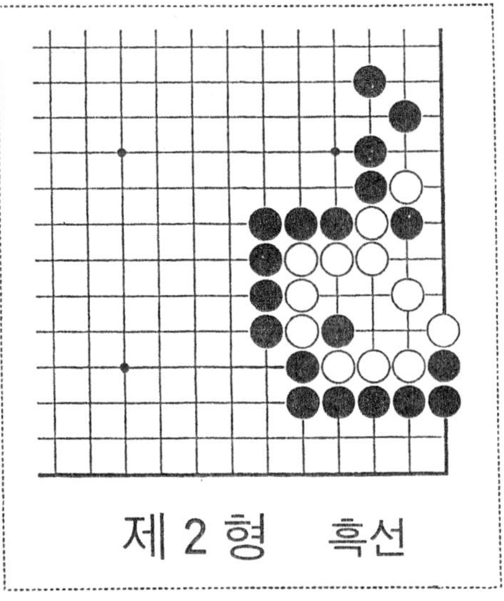

제 2 형 흑선

1 도 실패 흑 1 로 변에 한점을 취하는 것은 백 2 로 두어 산다. 흑은 당연히 바깥보다는 백집의 안에서 공격해야 한다.

2 도 실패 흑 1 로 내려서는 것은 3 다음 이하 5 까지 패가 난다. 그러나 백을 무조건 잡아야 한다.

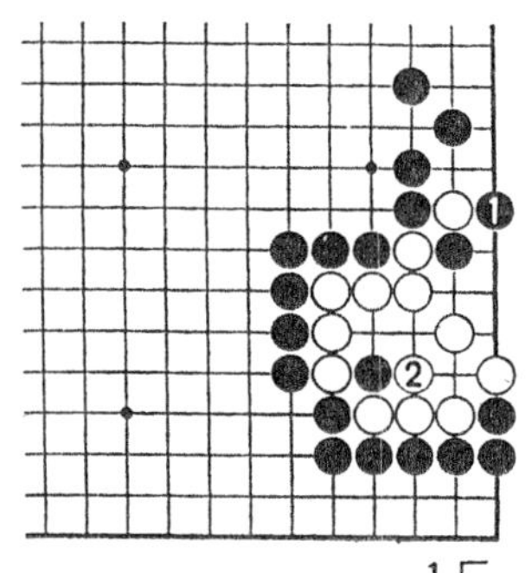

1 도

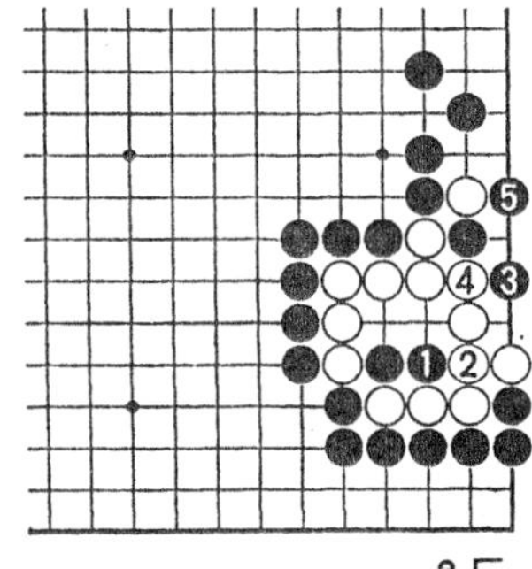

2 도

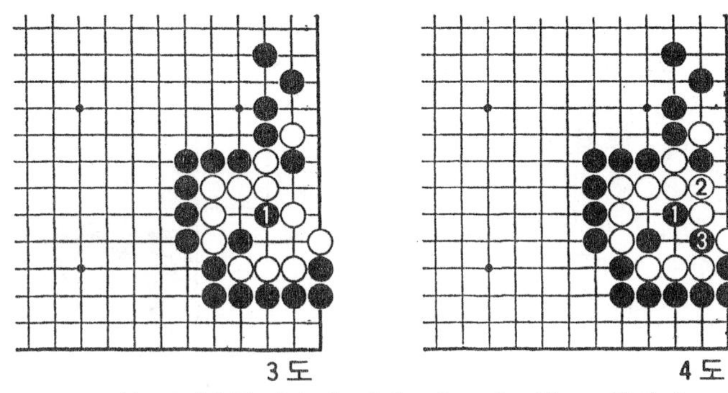
3 도　　4 도

3 도 마늘모 붙임 마술이 있다. 흑 1의 마늘모 붙임이 그것이다. 백의 다음 수는 없다.

4 도 (마술) 3점 취함 흑 1 에 대하여 백 2 로 응수하는 것은 흑 3 으로 집어넣어 백 3 점을 취한다. 이다음—.

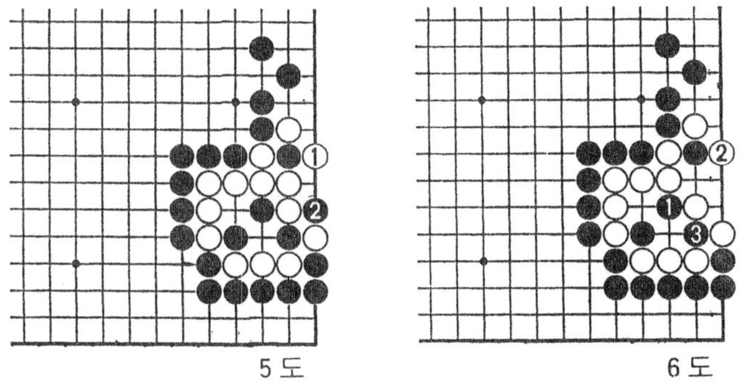
5 도　　6 도

5 도 백사 백 1 로 한 점을 따내면 흑 2 로 때려 백모양의 눈을 없앤다.

6 도 백사 흑 1 의 마늘모 붙임에 대하여 백 2 의 아래 젖힘은 흑 3 으로 3 점을 취한다. 백이 변에서 사는 수단은 생기지 않는다.

끊기

제 3 형 흑선

무조건 귀의 백을 잡아야 한다. 하수들은 패를 유발시키는데 제 1 착의 맥으로 소멸되고 만다.

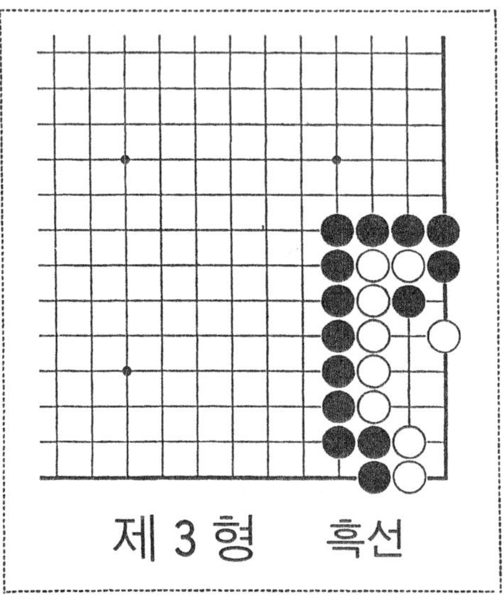

제 3 형 흑선

1 도 실패 흑 1 로 잇는 것을 볼 수가 있다. 백 2 다음 3 으로 끊으면 백 4 로 응수를 한다. 이 귀에서는 수가 없다. 귀는 사는 형태.

2 도 패 흑 1 로 나가서 3 으로 이으면 전도보다 한걸음 나아간 것. 백 4 로 패이나 이것도 실패다. 좀더 공부가 필요하다.

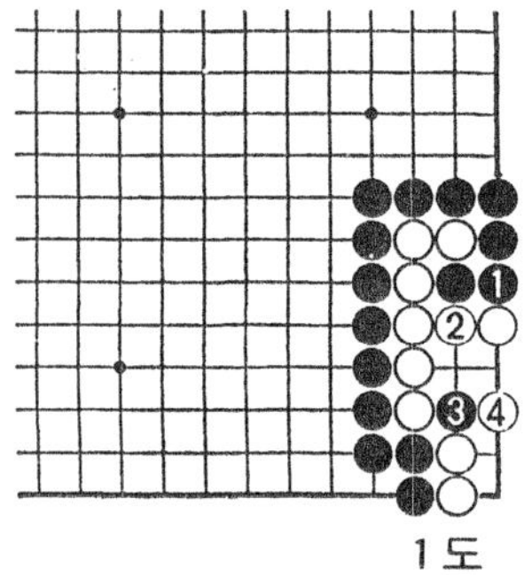

1 도

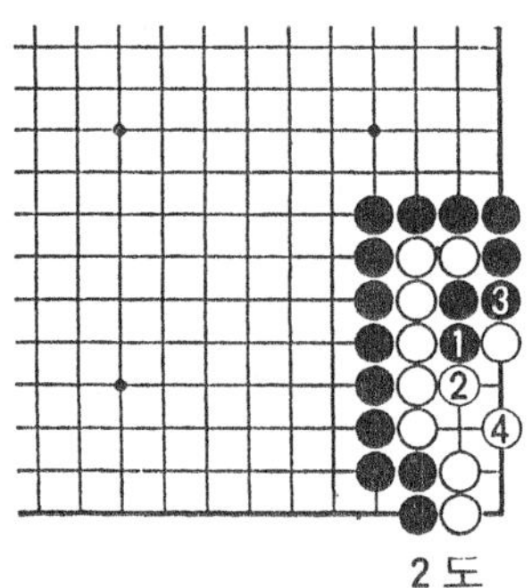

2 도

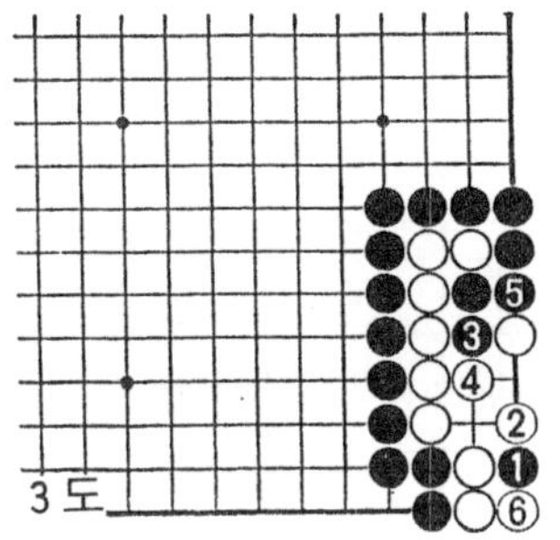
3 도

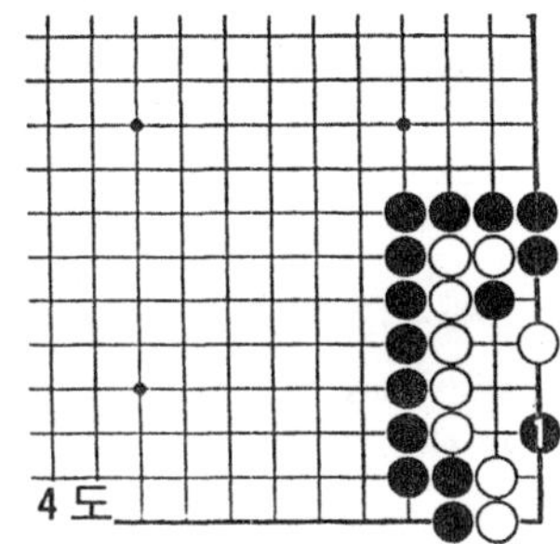
4 도

3 도 패 흑 1 로 붙이면 어떻게 될까. 그러면 백 2 로 받아서 실패다. 흑3, 5 다음 6 으로 받아서 패.

4 도(마술) 치중 흑 1의 치중이 급소. 이것이 해결점이다. 2 도나 3 도는 패의 수단이기 때문에 한걸음 더 나아가서 생각해 보아야 한다. 같은 점의 급소이다. 봉쇄하는 맥이 생긴다.

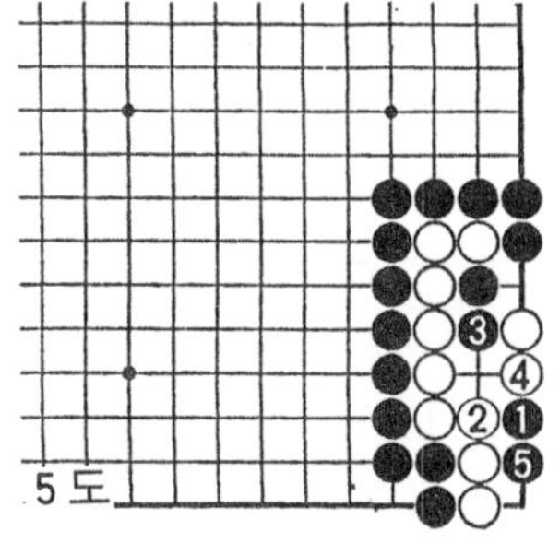
5 도

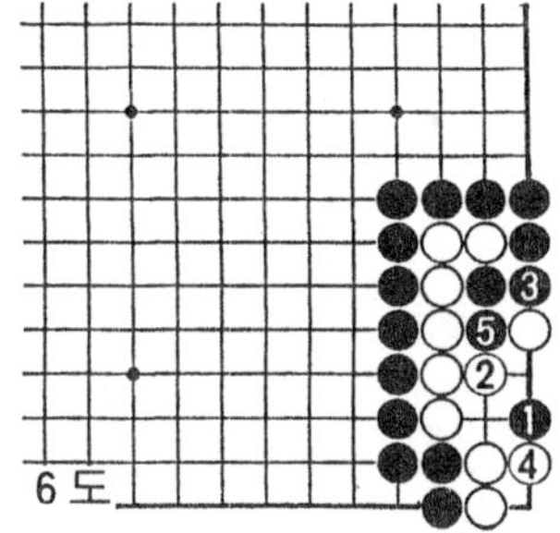
6 도

5 도(마술) 백사 흑 1의 치중에 백 2로 받는 것은 흑 3으로 나간다. 백 4 에는 5 로 백사.

6 도(마술) 백사 흑 1의 치중에 백 2 로 받는 것은 흑 3의 이음이 멋진 수. 백 4에는 5 로 그만이다. 백은 수가 없다. 1 의 곳이 급소이다.

축수(蹴手)

제 4 형 흑선 중앙의 흑 5 점의 탈출에 관한 문제. 꼬리의 2 점을 취할 수 있음은 한눈에 알 수 있다. 세번째의 수가 맥점이다.

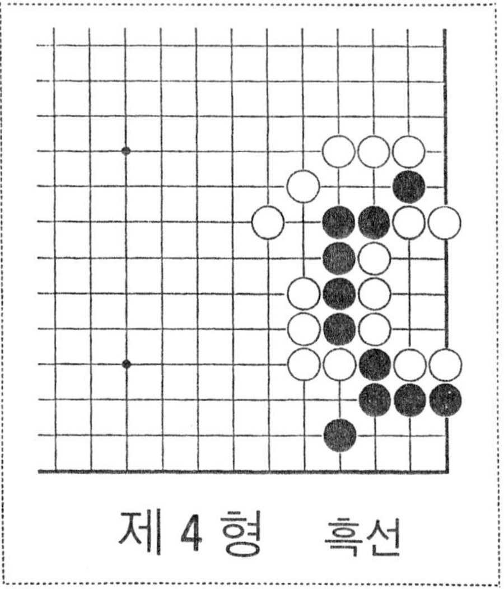
제 4 형 흑선

1 도 실패 흑 1 로 끊음은 백 2 로 이어서 실패이다. 가운데의 흑을 도울 수가 없다. 2 의 곳을 이어 그만이다.

2 도 실패 흑 1 의 내려섬에는 백 2 로 이음을 볼 수 있다. 흑 3 에는 4 로 살아버린다. 흑의 실패로 급소에 대한 감각이 나쁘다.

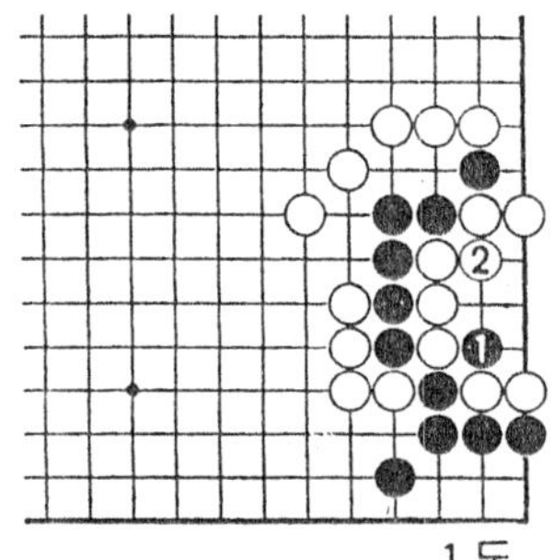
1 도

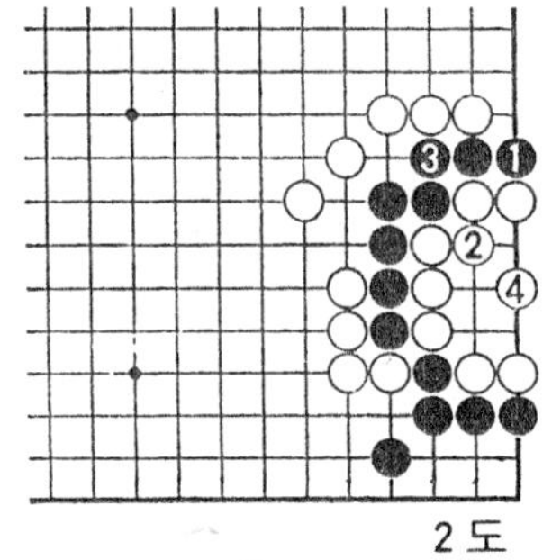
2 도

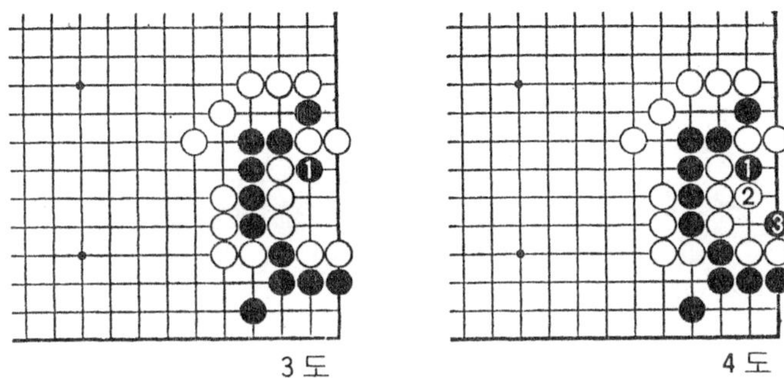

3 도　　　　　　　　4 도

3 도(마술) **끊음** 여기에서는 흑 **1**의 끊음으로 돌파구를 연다. 이것이 정해의 제 1보.

4 도(마술) **기습** 흑 **1**에 백 **2**의 단수는 당연하다. 여기에서 흑 **3**으로 급습하는 묘수가 있다. 본 형을 한눈에 알 수 있는 안목이 필요하다.

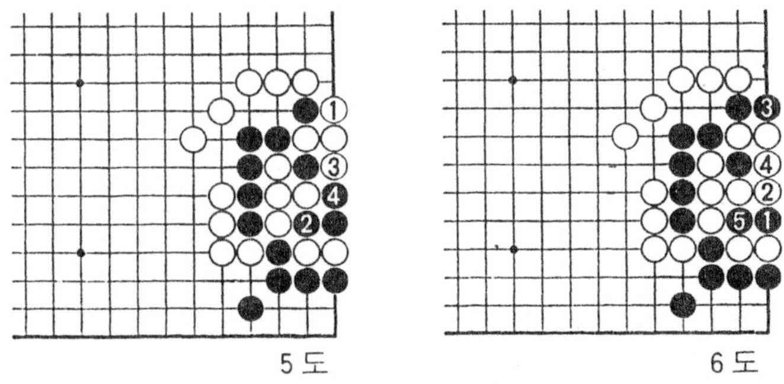

5 도　　　　　　　　6 도

5 도(마술) **조임** 이다음 백 **1**로 두면 흑 **2**, **4**로 두는 수가 성립한다. 백 2 점 다음 4 점을 취할 수 있다. 흑 성공의 국면.

6 도(마술) **백 전멸** 흑 **1**의 붙임에 백 **2**로 내려서는 것은 흑 **3**, **5**로 두어 백의 전멸이다. **1**의 곳이 통렬한 급소.

잡는 공격은?

제 5 형 흑선

좌우동형에 맥이 있다. 정확히 마지막까지 수를 읽을 수 있어야 한다. 백의 응수를 물어 타개한다.

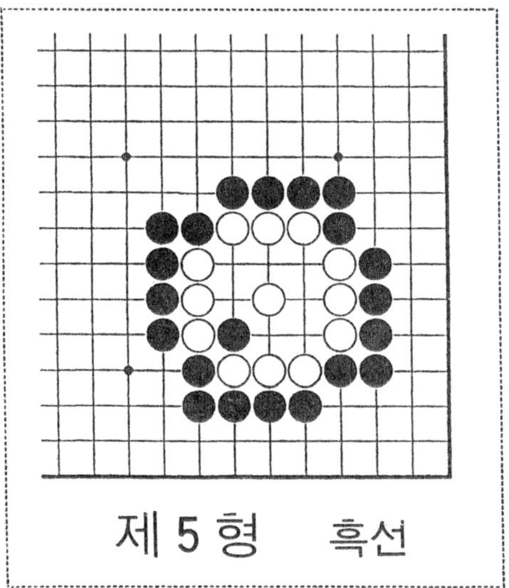
제 5 형 흑선

1 도 실패 흑 1 로 끊음은 백 2 로 이은 다음 흑 3 백 4 로 되어 백 3 점을 잡을 수 있으나 백이 살아서 실패.

2 도(마술) 끊음 전도는 수순이 실패였다. 끊는 곳을 몰라서 패인이 되었다. 흑 1 로 약점을 공격하는 것이 정해.

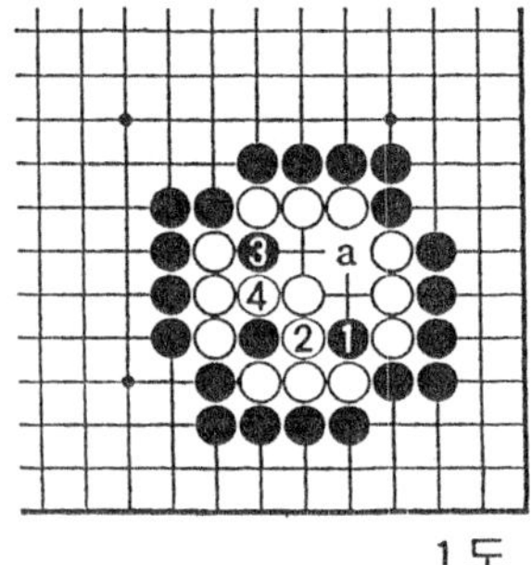

1 도

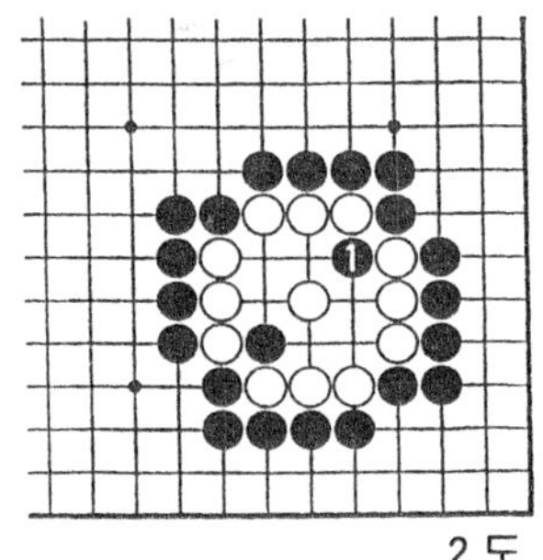
2 도

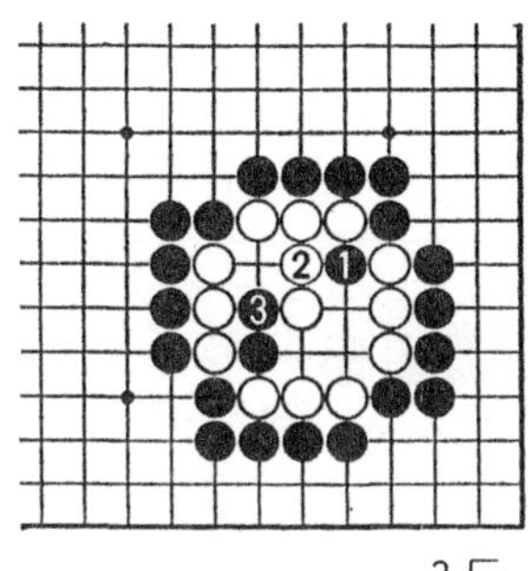
3 도

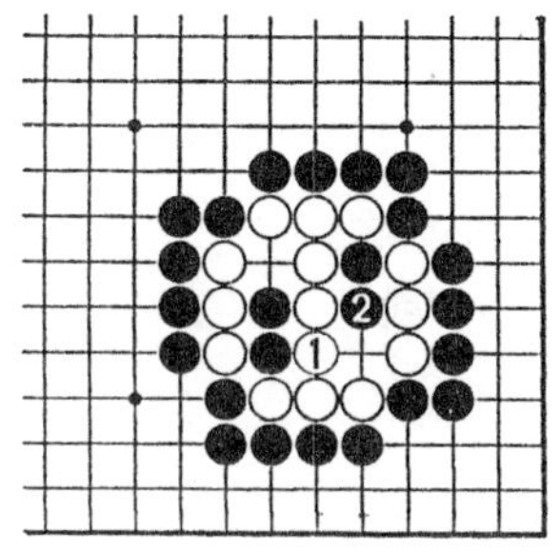
4 도

3 도 단수 흑 1 끊음에 대하여 백 2 의 단수는 흑 3 으로 백의 눈을 없애며 나가는 것이 좋은 수다. 백 2 로 3 의 곳을 이으면 흑 2 의 단수가 요령이다.

4 도(마술) 백사 다음에 백 1 로 이으면 흑 2 로 단수하여 맞보기가 된다. 백이 죽는다.

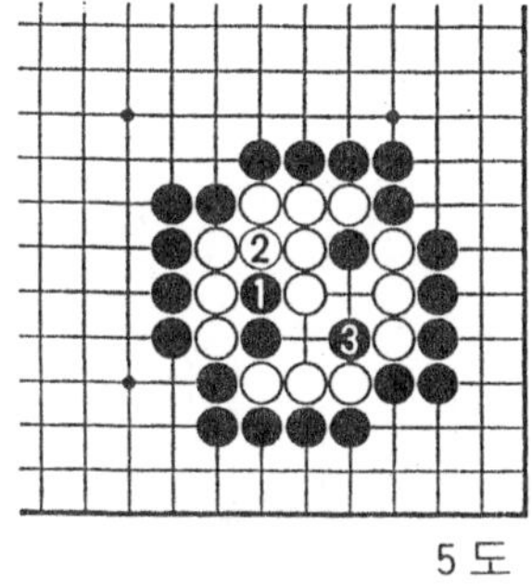
5 도

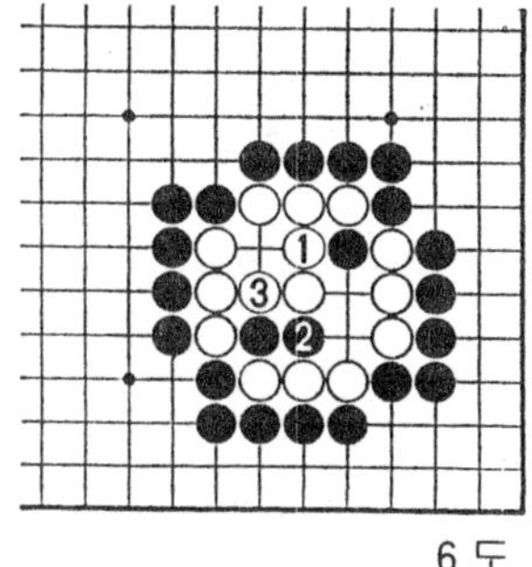
6 도

5 도(마술) 백사 3도의 변화기다. 흑 1 단수에 백 2 로 받으면 흑 3 의 양단수로 백이 죽는다.

6 도 실패 흑의 끊음에 백 1, 이다음 흑 2 로 나가는 것은 백 3 으로 되어 눈을 확보한다. 3도 흑 3 이 정착이다.

급소

제 6 형 흑선
외부에서 공격을 하여 안으로 파고든다. 촛점이 되는 국면으로 급소를 찾아야 한다.

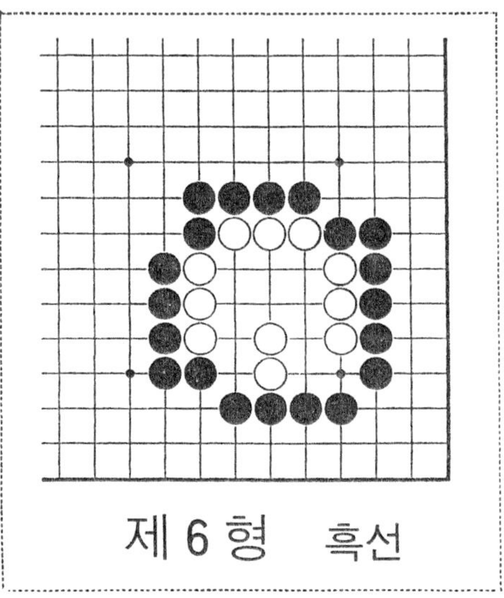
제 6 형 흑선

1 도 실패 순순히 1 로 외곽을 공격하는 수. 이다음 백 2 로 이으면 더이상 계속할 수 없다. 흑 3 에 붙여도 4,6으로 백은 산다.

2 도 실패 흑 1 의 젖힘에는 백 2 로 바로 차단한다. 이 다음의 수가 없다.

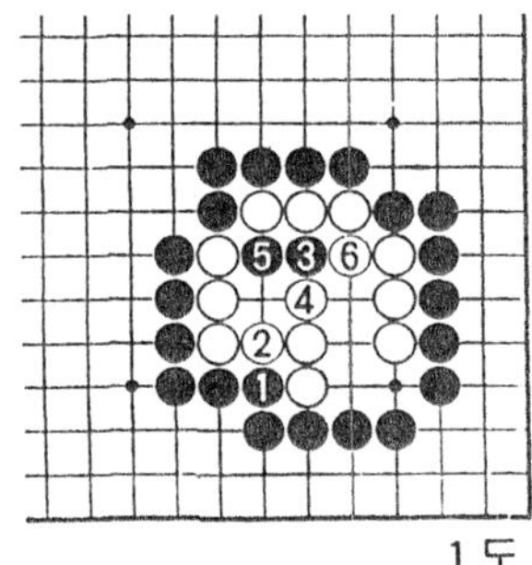
1 도

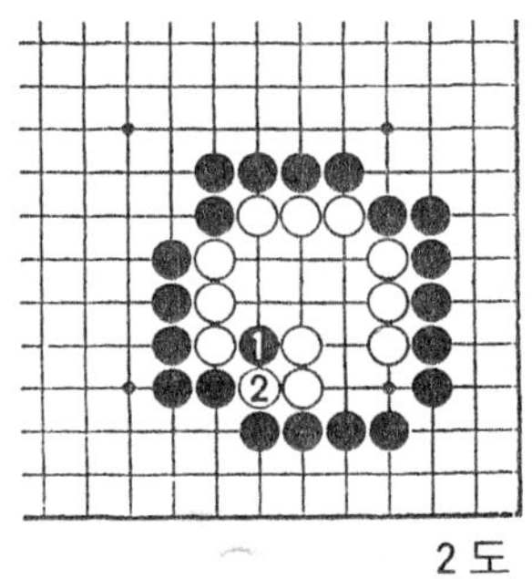
2 도

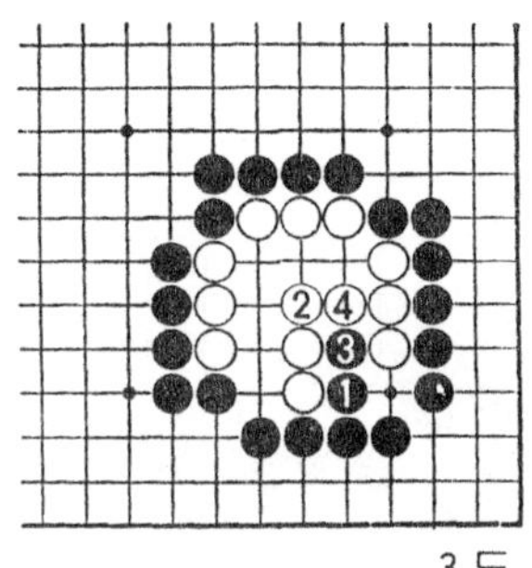

3 도

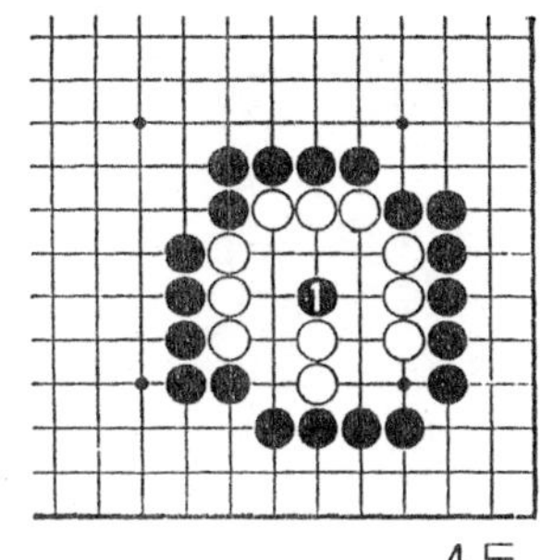

4 도

3 도 실패 흑 1 로 나가는 수는 이다음 백 2 로 병립하는 것이 정확한 응수. 흑 3 백 4 로 삶을 확인.

4 도(마술) 붙임 안쪽으로 붙이는 것이 매우 멋진 수. 단도직입이다. 흑 1 의 붙임. 이곳이 급소다.

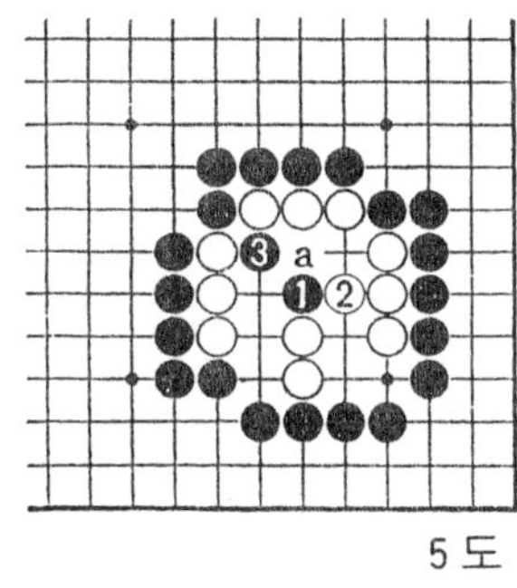

5 도

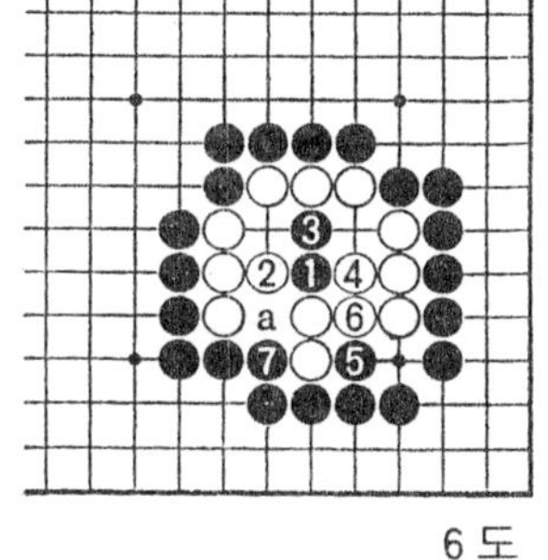

6 도

5 도(마술) 백사 흑 1 의 붙임에 백 2 는 흑 3 으로 끊음에서 a 나 양방의 3 점을 노리고 있다. 흑의 성공.

6 도(마술) 백사 흑 1 에 백 2 는 흑 3 으로 부딪힌다. 백 4 는 흑5,7로 그만이다. 백 2 로 a 의 곳을 이으면 3 으로 백이 죽는다.

베는 맛

제 7 형 백선

수순을 살피면 흑의 급소는 베는 맛을 요구하는 형이다.

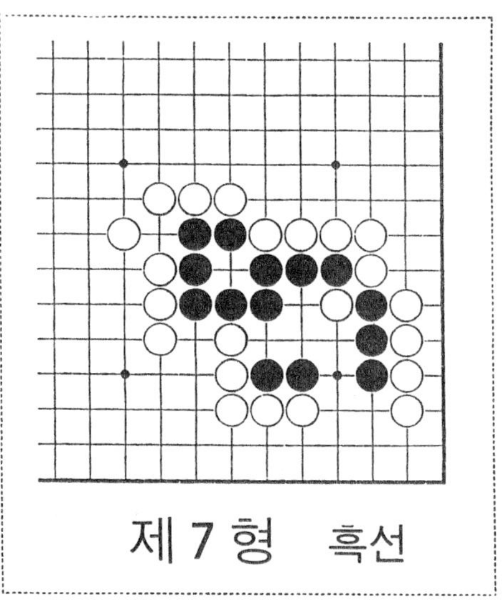

제 7 형 흑선

1 도 실패 백 1 의 나감은 흑의 상처를 치료하는 수가 생긴다. 흑 2 에 백 3 은 흑 4 로 산다.

2 도 실패 백 1 의 마늘모 붙임이 급소이긴 하나 성공하진 못한다. 흑 2, 백 3 의 젖힘이 있으나 흑 4 로 가만히 잇는 수가 있어서 안된다. 수순의 착오다.

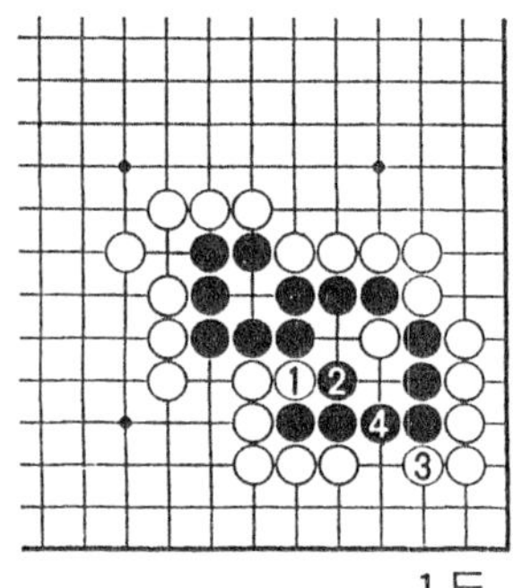

1 도

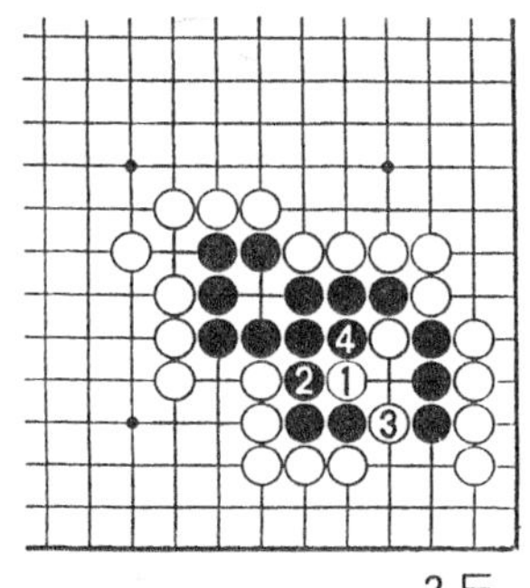

2 도

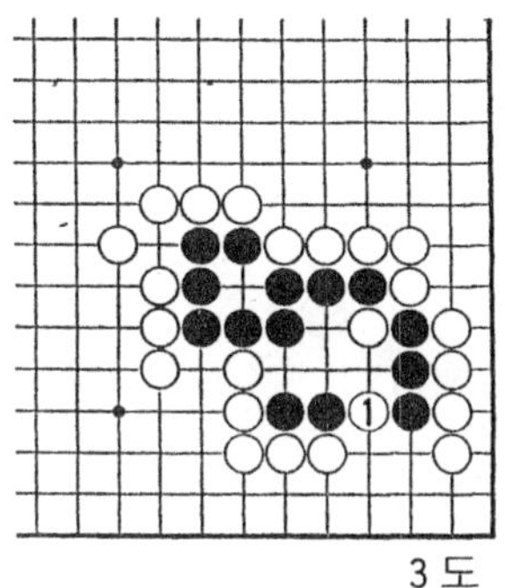

3 도

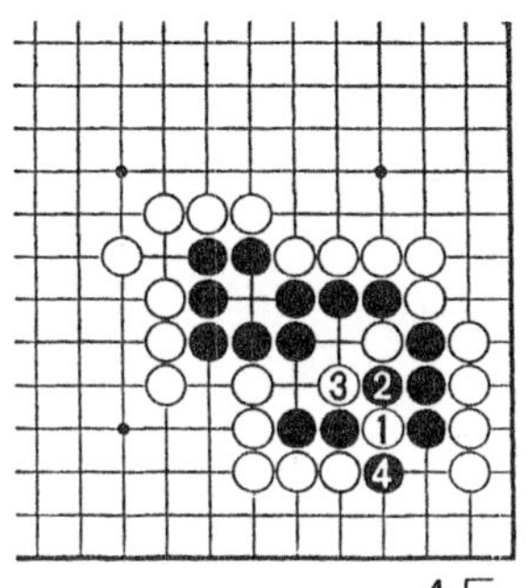

4 도

3 도(마술) 젖힘 급소는 어디인가. 백 1의 젖혀 끼움이 교묘한 맥점이다. 이다음에 흑의 모양이 일시에 허물어진다.

4 도(마술) 반발 백 1의 선수 젖힘에 흑 2로 응수하는 것은 3의 반발이 수순이다. 2도 백 1도 같은 점으로 급소이다. 흑 4 다음—.

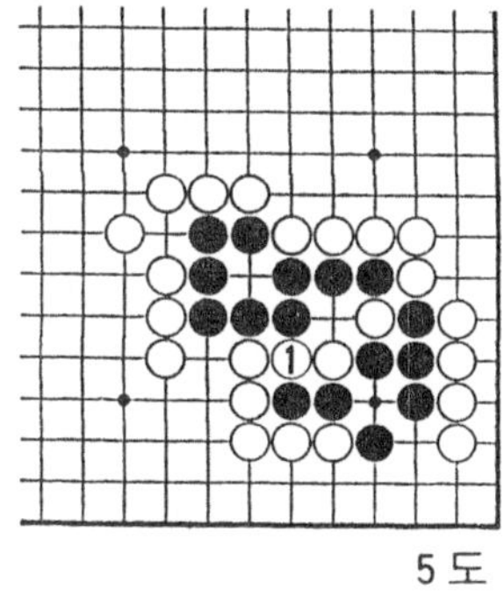

5 도

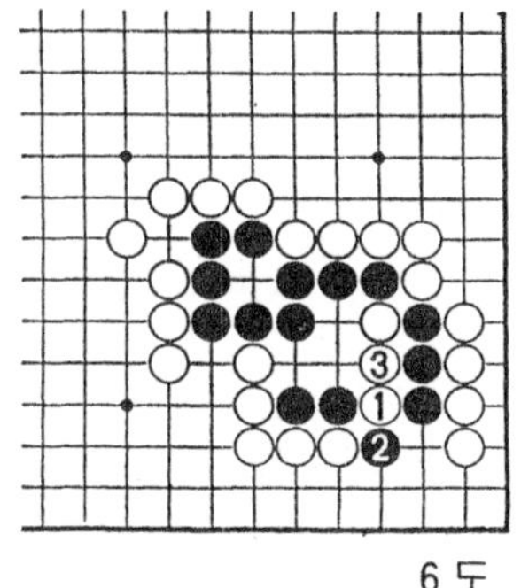

6 도

5 도(마술)흑사 백 1로 이어서 2 점을 단수하면 흑은 한 집밖에 내지 못한다. 베는 맛이 필요하다.

6 도 흑사 백 1에 흑 2로 아래쪽에서 받음은 백 3의 이음으로 흑 3 점이 떨어진다. 2의 젖힘이 성립되지 않는다.

복중(腹中)

제 8 형 백선

이것도 놓는 수에 관한 문제. 흑의 넓은 궁도를 어떻게 공격하여 눈을 빼앗는가가 관건이다.

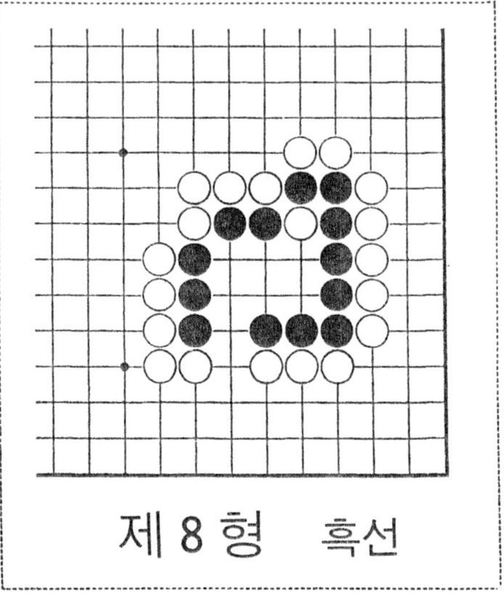

제 8 형 흑선

1 도 실패 백 1 로 젖혀 끼워 밖에서 공격하면 흑 2 의 응수로 다음 수가 없다. 다음 백a는 b로 때리고 백b는 a로 따서 그만이다.

2 도 실패 백 1 로 두는 것은 흑 2 로 계속 밀어올려 그만. 공부가 더 필요하다.

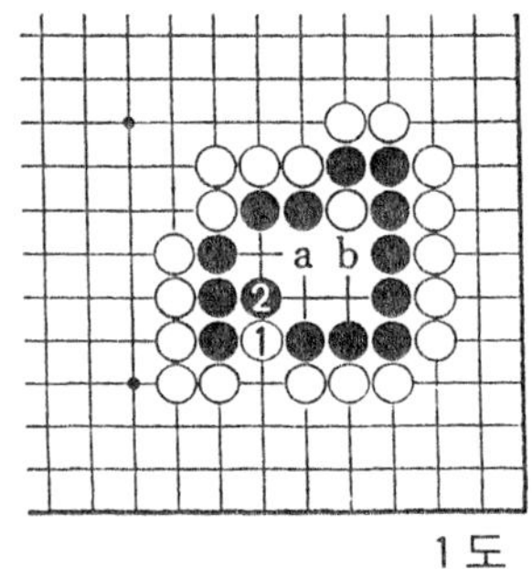

1 도

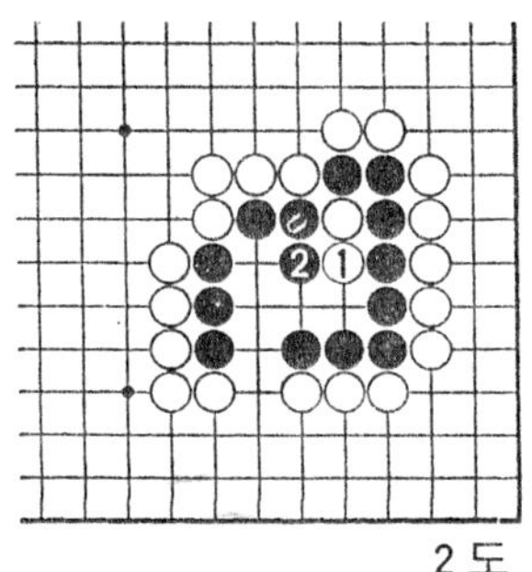

2 도

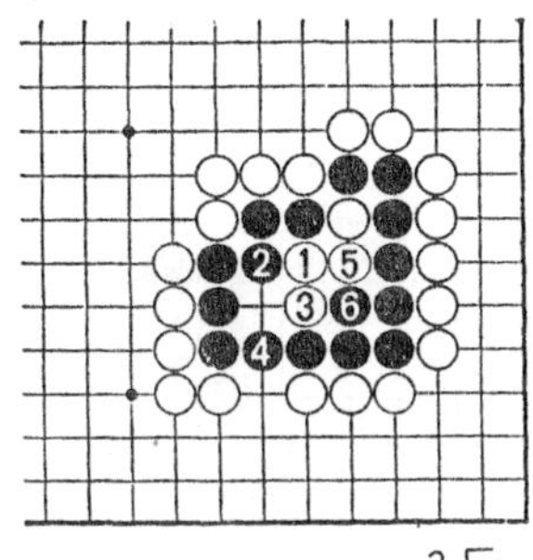
3 도

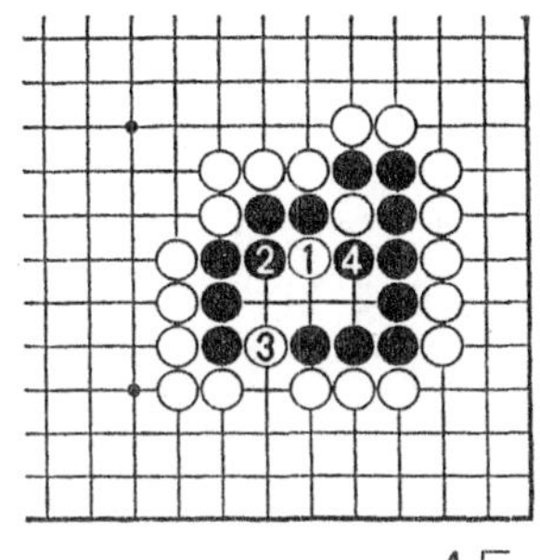
4 도

3 도 실패 백 1 의 단수에는 흑 2, 백 3 에는 흑 4, 백 5 의 이음엔 흑 6 으로 4 점을 따내어 타개를 한다. 흑이 산다. 흑 6 이 급소다.

4 도(마술) 호수순 백 1, 흑 2 를 교환하고 백 3 으로 바깥에서 공격하는 것이 수순이다. 기합이다.

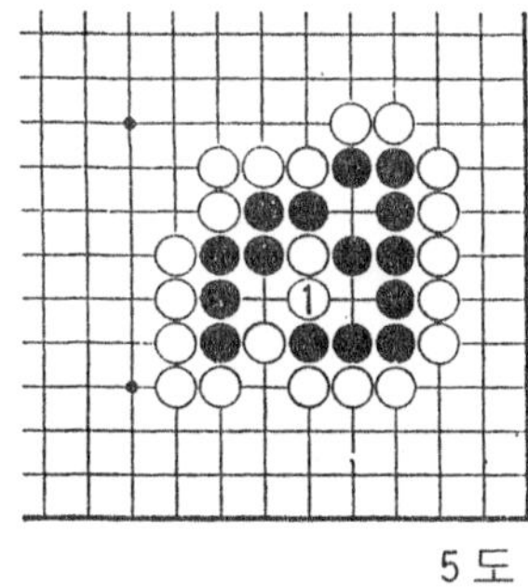
5 도

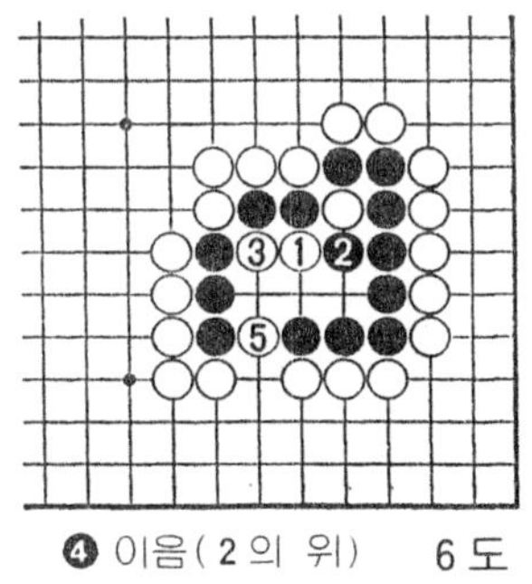
❹ 이음(2 의 위)　6 도

5 도(마술) 흑사 백 1 로 나와서 양자충이다. 이것이 흑을 요리하는 방법이다.

6 도 흑사 백 1 에 2 로 따내면, 3 의 단수 다음 5 로 흑이 죽는다. 1 도의 실패를 재차 확인하는 모양이다.

맥

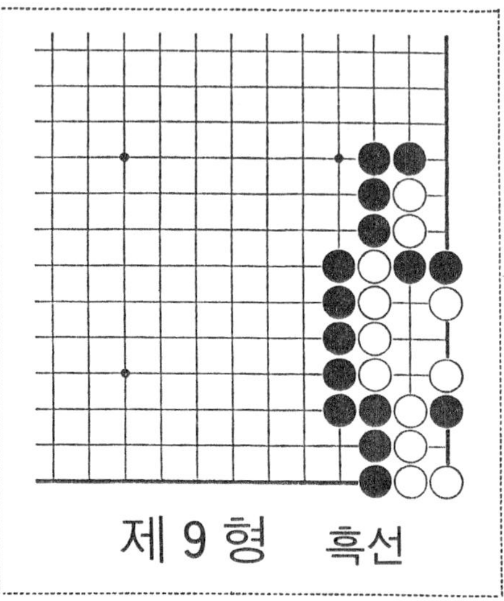

제 9 형 흑선

사활에 강한 사람일수록 맥을 한 눈에 볼 수 있어야 한다. 여기에는 아무런 조건이 없다.

1 도 죽음의 공도 흑 1 로 단수하며 나간다. 백 2 의 이음을 기대하기 때문이다. 이렇게 되면 성공이지만 다음 도의 강력한 저항수단이 있다.

2 도 실패 흑 1 로 단수하여 나가면 백 2 의 수가 기다리고 있다. 패는 실패다. 어떤 수가 있을까?

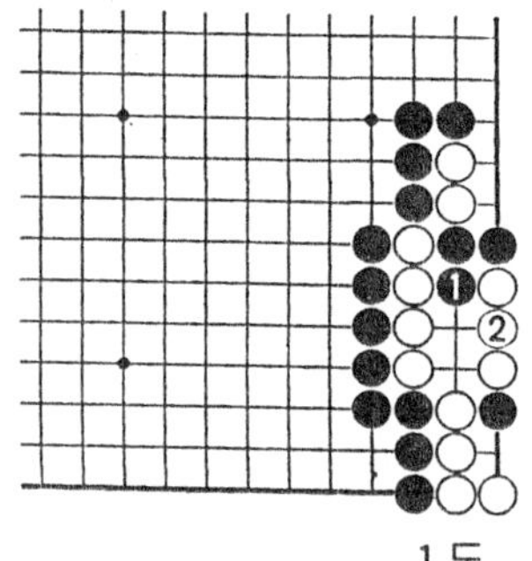

1 도

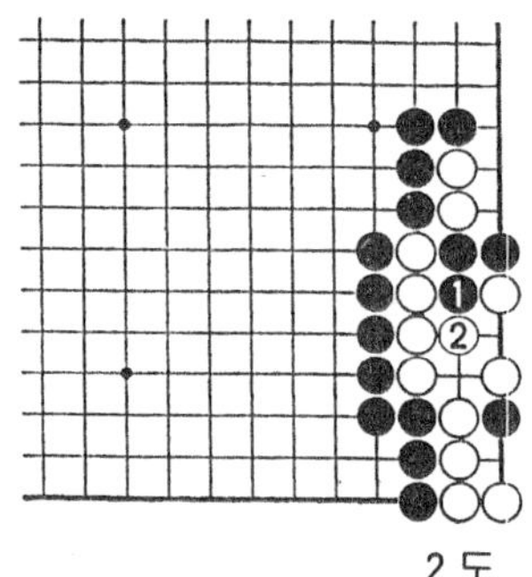

2 도

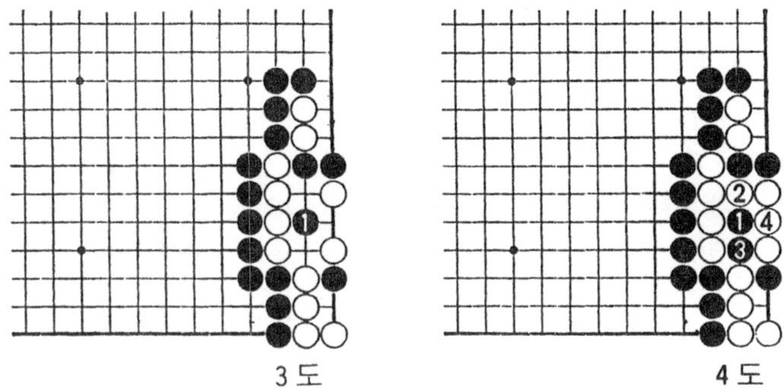
3 도　　4 도

3 도(마술) 붙임 흑 1 의 곳으로 나가서 타개를 한다. 백의 패를 피하는 수. 여기서 돌파구를 연다.

4 도(마술) 사석 흑 1 에 대하여 백 2 로 받으면 3 으로 부딪힘이 좋은 수순이다. 백 2 에 흑 3 으로 두는 수가 있다.

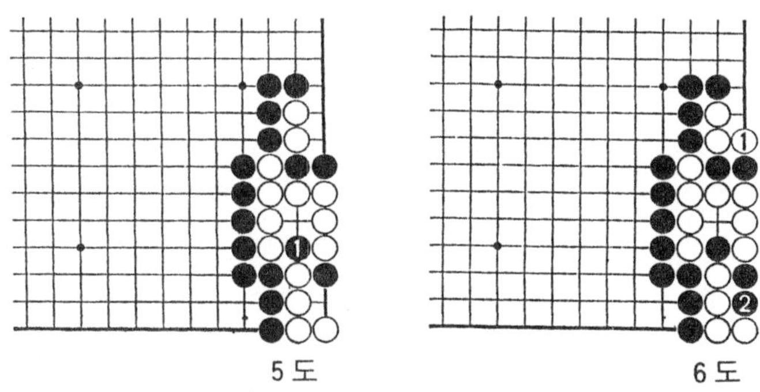
5 도　　6 도

5 도(마술) 환격 이다음 흑 1 로 단수하면 양단수가 되어 백이 어느곳을 따내도 살지 못한다.

6 도 백사 백은 귀를 두는 수단이 없기 때문에 1 로 2 점을 때리면 흑 2 로 4 점을 때린다. 백이 죽는다.

협로(挾路)

제10형 흑선

백에서 3점을 단수하는 것을 극복하여야 하는 것이 과제이다. 맥을 찾아야 한다.

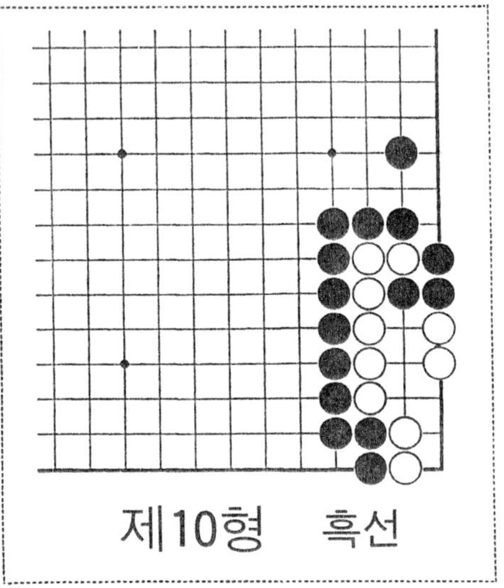

제10형 흑선

1도 실패 흑 1로 나가면 백 2로 단수하고 3으로 이을 때 4로 집을 낸다. 여기에서도 공부의 지혜가 필요하다.

2도 실패 앞에서 나온 모양처럼 흑 1로 바로 끊으면 백 2 흑 3 다음 4로 그만이다. 양단수가 되지 않는다.

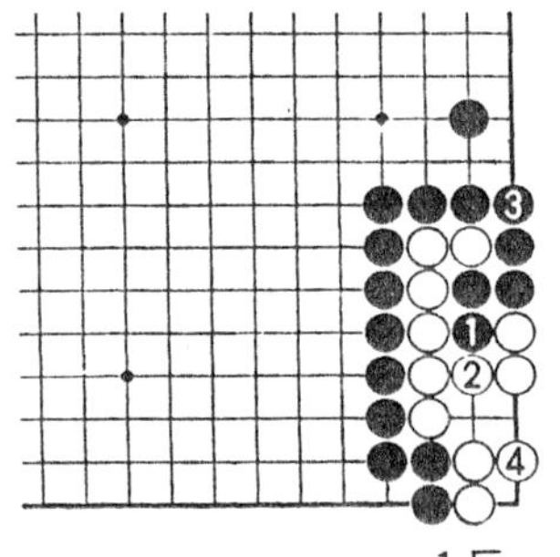

1도

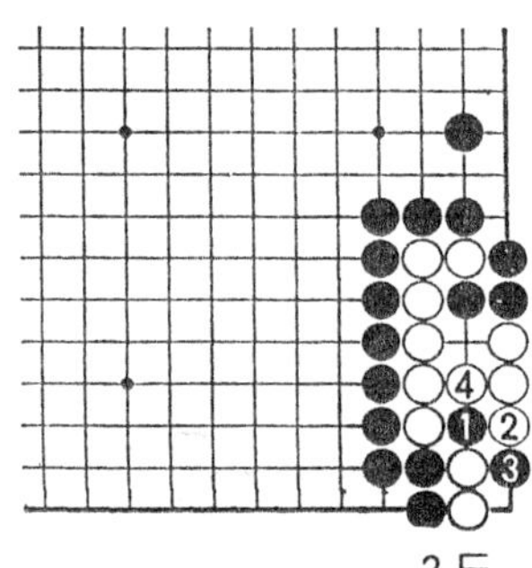

2도

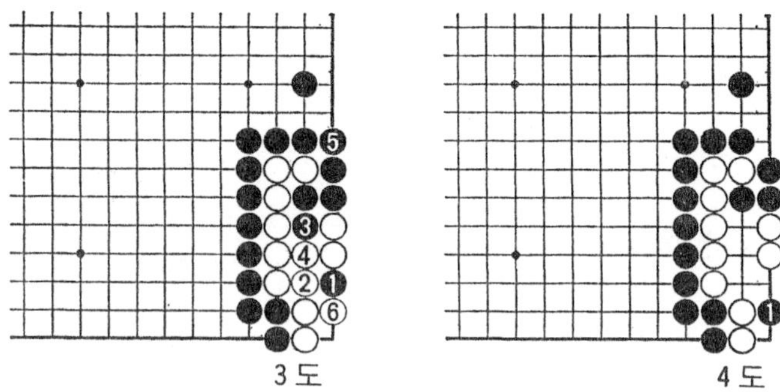

3 도 4 도

3 도 실패 흑 1 이 급소같이 보이나 이것은 2 로 응수하여 백을 죽이지 못한다. 2 집을 확보한다.

4 도(마술) 붙임 발상의 끊음이 필요하다. 흑 1 의 붙임. 백의 약점을 노리는 교묘한 수다.

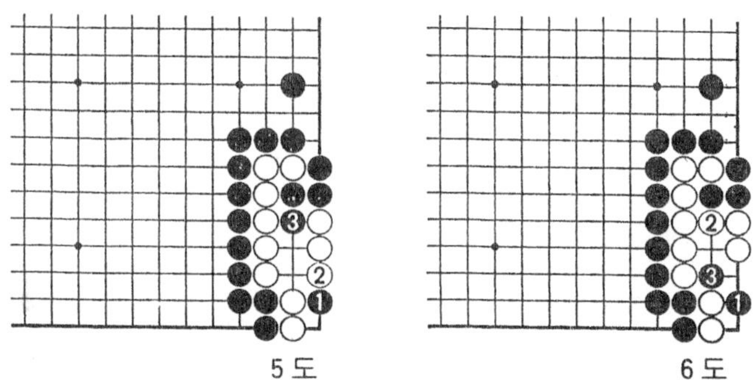

5 도 6 도

5 도 수 없음 흑 1 의 붙임에 백 2 로 응수하면 흑 3 으로 나간다. 이후 백의 응수가 없다. 놓는 수에 대한 묘미가 있는 장면이다.

6 도 백사 백 1 의 붙임에 백 2 로 3점을 단수하는 것은 흑 3 으로 2점을 취하여 백이 죽는다. 백은 2 집이 없다.

이 한수

제11형 흑선
14점의 흑이 살아야 하는 문제다. 귀의 백을 어떻게 하여야 하는가. 맥은?

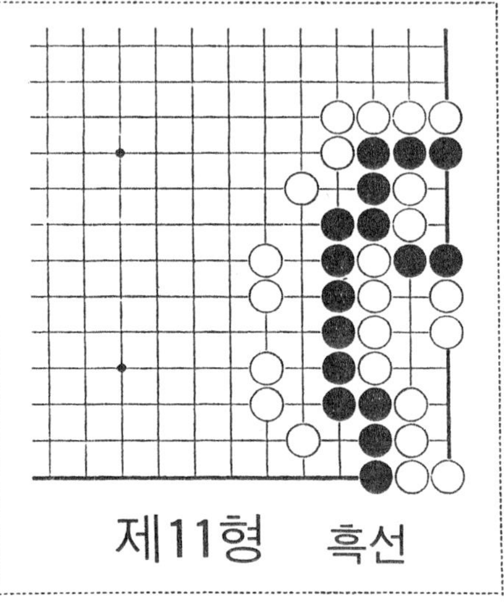
제11형 흑선

1도 실패 흑 1로 나가는 것은 백 2로 받게 되어 3으로 눈의 급소에 다가서면 4로 3점을 때리는 수가 생긴다. 흑 3으로 4하여도 나중에 후절수로 2점을 끊어 한집밖에 못 낸다.

2도(마술) 붙임 그래서 앞에 나온형을 참고하여 흑 1이 정해이다.

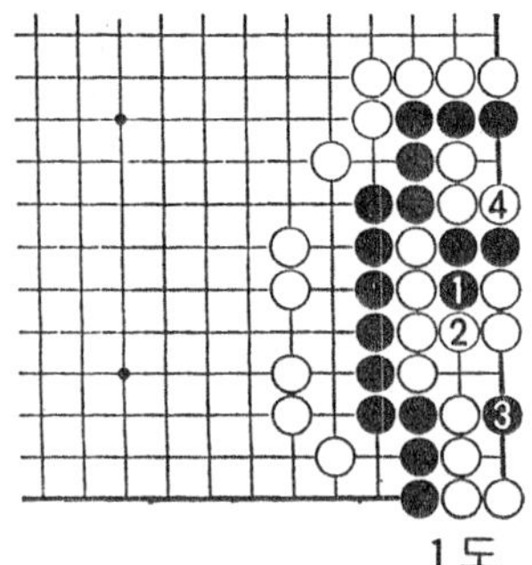
1도

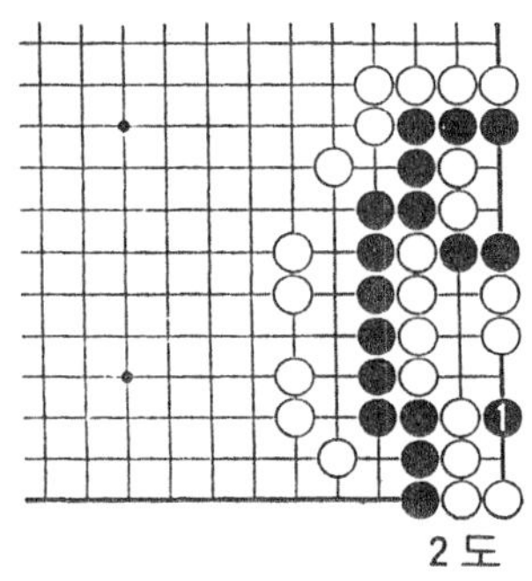
2도

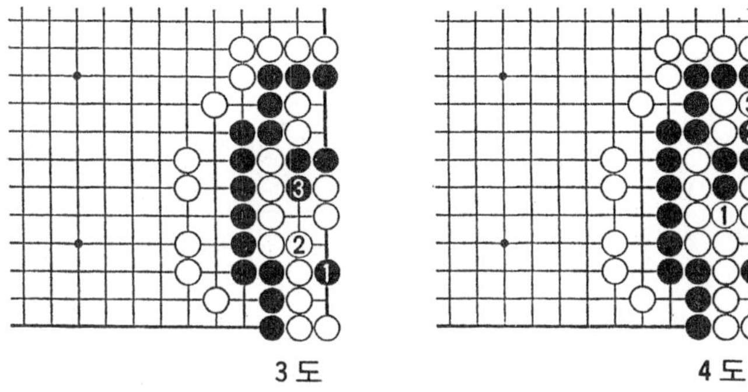

3 도　　　　　　　　4 도

3 도 안형(眠型) 흑 1 의 붙임에 대하여 백이 2 로 받는 것은 흑 3 으로 밀고 나오는 수가 있다. 1, 3 이 관련된 맥이다.

4 도(마술) 사석 다음에 백 1 로 단수하면 3점을 키워서 죽이는 것이 좋은 수순이다. 4 점을 사석으로 이용을 한다.

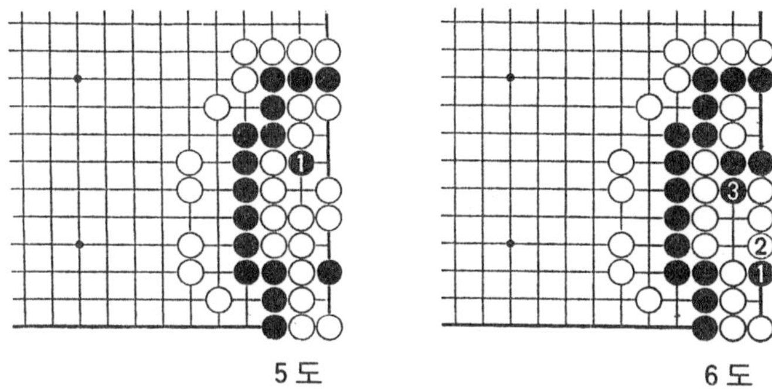

5 도　　　　　　　　6 도

5 도(마술) 백사 백이 4 점을 때려내면 흑은 1 의 곳을 끊는다. 흑14점이 소생한다. 이러한 수단을 후절수(後切手) 라 한다.

6 도(마술) 백사 흑 1 에 백 2 는 전형과 같은 모양으로 흑은 3 으로 밀어 백이 죽는다.

자충 수

제12형 흑선

기묘한 모양이 생겼다. 어떻게 두어야 할까. 패가 나면 안된다.

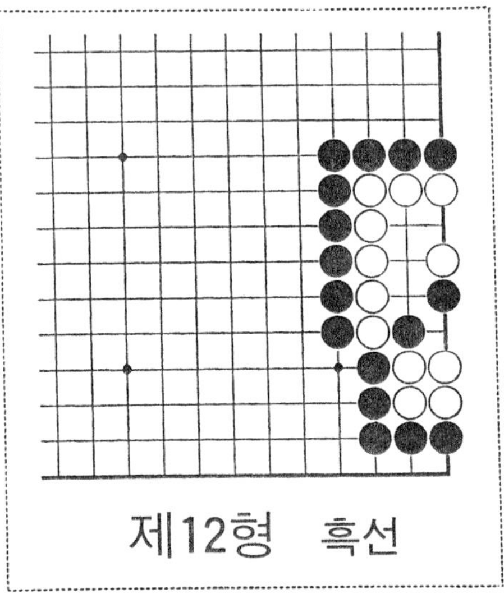

제12형 흑선

1도 실패 백돌 4점을 따내면 후절수를 노리는 점이다. 단순히 흑1로 4점을 취해서는 성공할 수 없다.

2도 실패 이다음 백1에 흑2로 받으면 백3으로 끊어 산다. 3점을 잡을 수 있다.

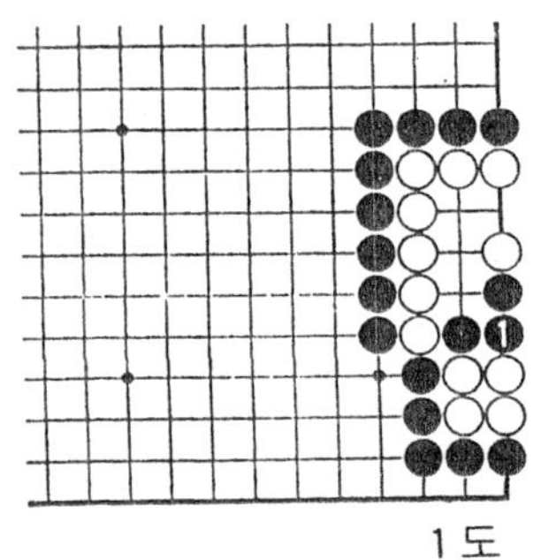

1도

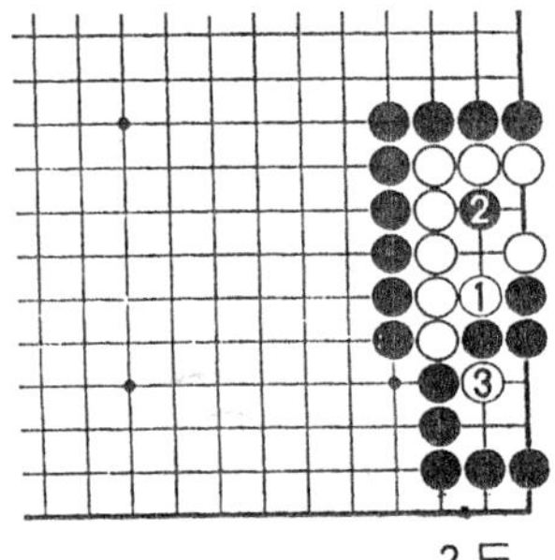

2도

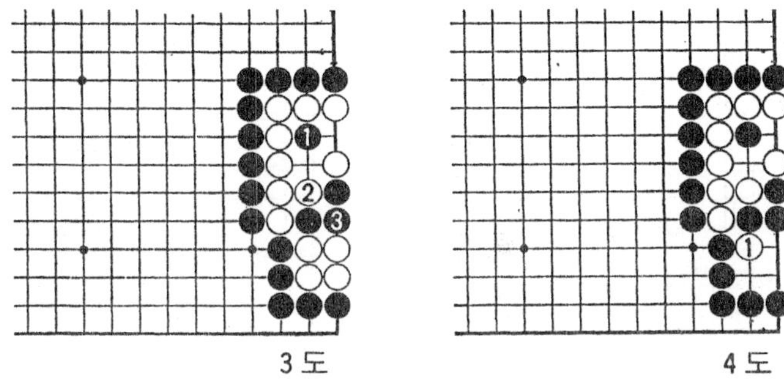

3 도　　　　　　　　　　　　　　4 도

3 도 실패 흑 1 로 단적으로 안형을 없애는 것은 1 도와 같은 종류다. 흑은 수가 나지 않는다. 3 으로 4 점을 따지만—.

4 도 실패 백 1 로 끊으면 살지 못한다. 상당한 연구가 필요한 곳이다.

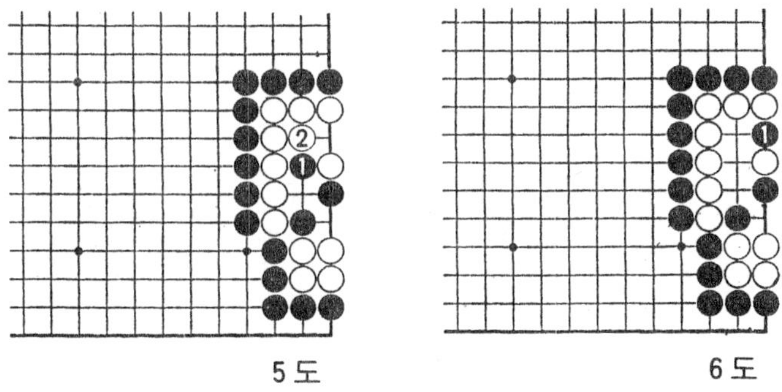

5 도　　　　　　　　　　　　　　6 도

5 도 실패 흑 1 로 젖히는 것은 1 도 이하에서 조금 나아갔다. 그래서 백이 2 로 두면 패. 패는 흑이 성공이라고 할 수 없다.

6 도 (마술) 끼워넣음 마음의 눈을 열고 생각하면 타개의 맥이 나온다. 흑 1 의 끼워넣음이 그것이다.

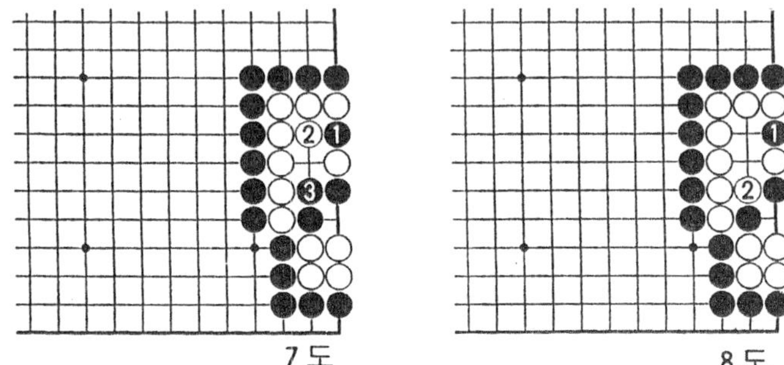

7 도 8 도

7 도(마술) 누르는 수없음 흑 1 의 맥은 기합이다. 백 2 로 한점을 때리면 흑 3 으로 빈 삼각이다. 어쨌거나 백은 수가 나지 않는다. 자충의 마술이다. 백 전멸.

8 도 백의 단수 흑 1 의 끼워넣음에 대하여 백 2 로 2 점을 단수하는 것은 어떨까?

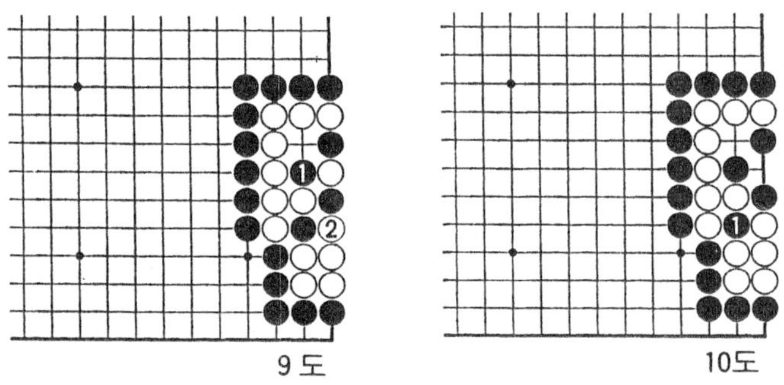

9 도 10도

9 도 역끊음 흑 1 로 한점을 따내는 역끊음으로 백 2 로 한점을 때리면 되따냄을 당한다.

10도(마술)백사 흑 1 로 5 점을 취하면 단수가 되어 미처 조일 수가 없다. 최상의 책략이다.

바른 길

제13형 흑선
이것도 일련의 계속되는 모양이다. 여기에서는 전체적인 근거를 염두에 두지 않으면 안 된다.

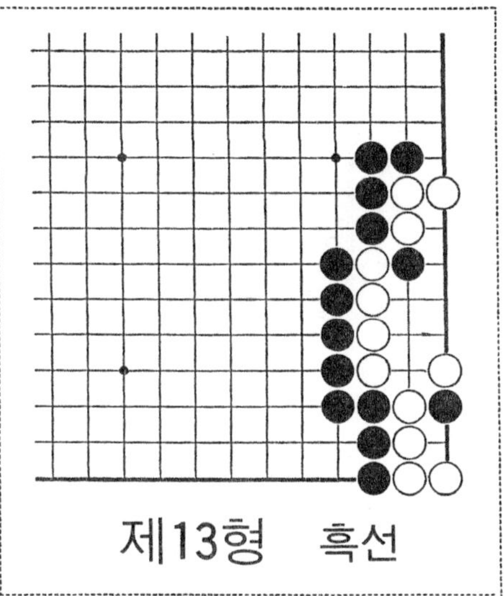

제13형 흑선

1도 실패 흑 1의 내려섬으로 백의 근거를 없애려는 것은 2집이 난다. 정해는 약간 심오하다.

2도 실패 흑 1의 껴붙임이 당연해 보이나 백 2의 붙임이 있어 실패다. 흑 3, 백 4로 산다. 근거를 없애야 한다.

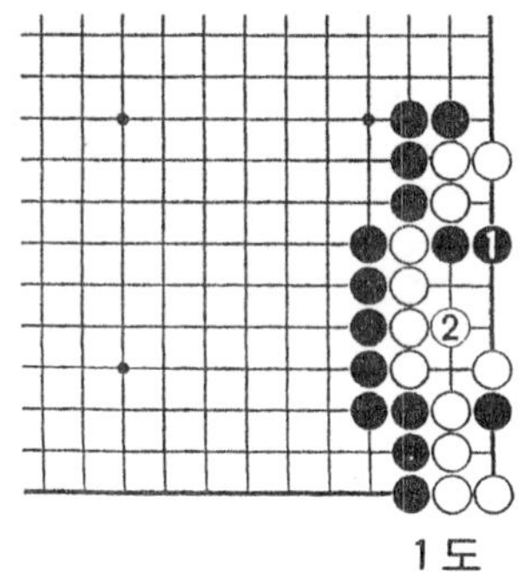

1도

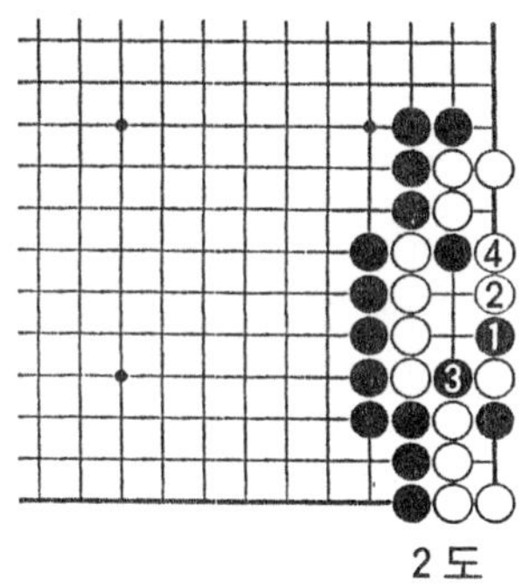

2도

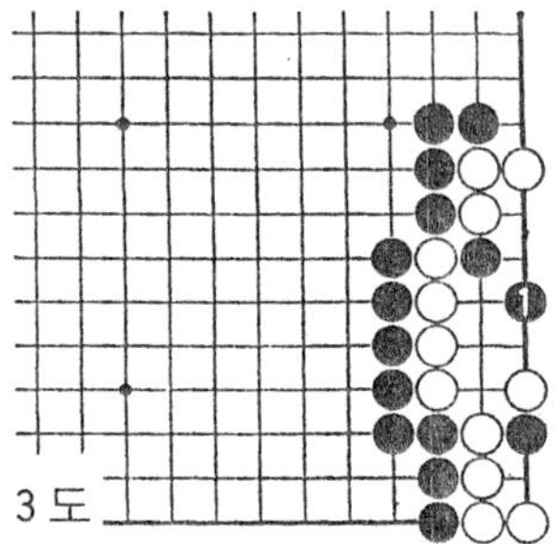

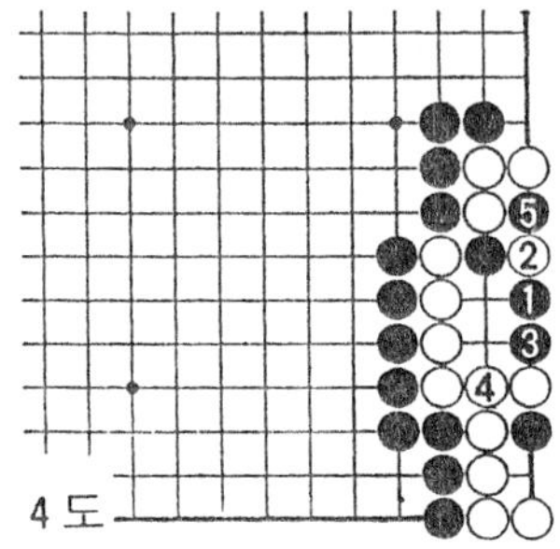

3 도(마술)마늘모 전체를 염두에 두고 흑 1 로 마늘모 하지 않으면 안된다. 전도의 실패를 생각해 보자. 동점이 급소다. 쟁점을 알아야 한다.

4 도(마술)패 흑 1 의 마늘모에 백은 2 로 젖혀 단수하는 것이 최강의 저항이다. 흑 3 으로 4 를 강요하고 5 로 따내는 것이 정해이다.

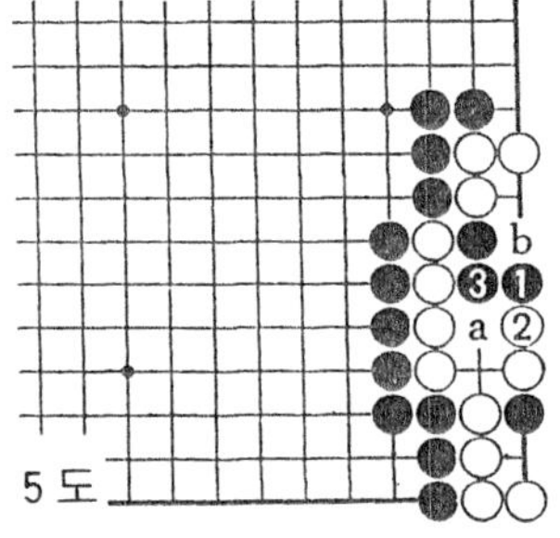

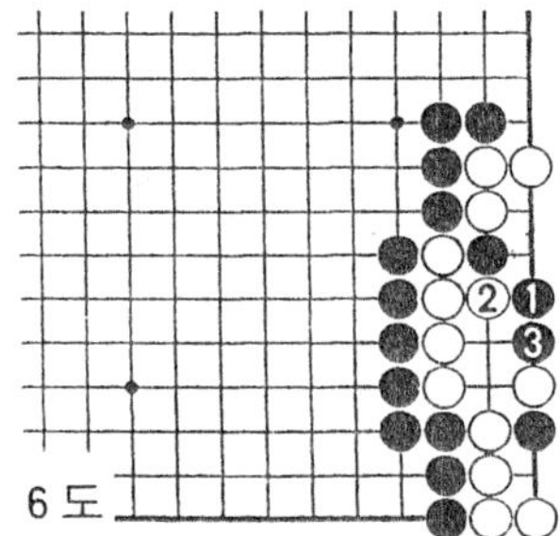

5 도(마술)패 흑 1 에 대하여 백 2 는 흑 3 의 빈삼각이 맥이다. 백은 a로 타개를 할 수 없고 b로 집어넣어 패를 할 수 밖에 없다.

6 도 직선으로 죽음 흑 1 의 마늘모에 백 2 로 위쪽을 단수하면 흑 3 으로 단수하여 더 이상의 수가 없다, 백은 3 의 왼쪽에 수가 나지 않기 때문에 죽는다.

막다른 신세

제14형 흑선

최후를 어떻게 결정을 짓는가 신경을 집중시켜야 하는 대목으로 자충을 나타내었다. 막다른 신세에 대해서 살피자.

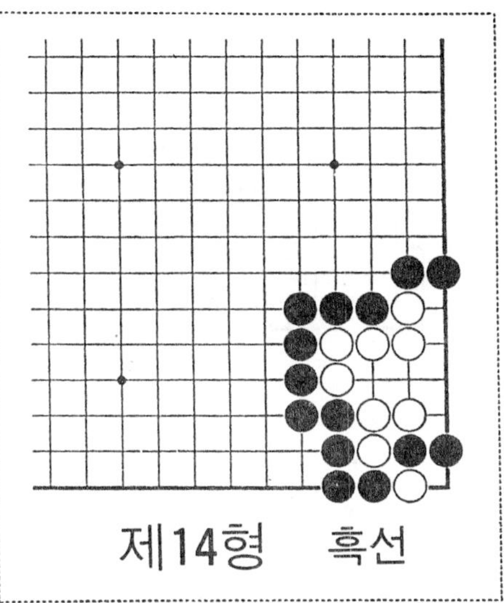
제14형 흑선

1도 실패 실패에 대한 사안을 보면 흑 1의 젖힘은 발이 늦은 것을 알 수 있다. 2로 귀쪽을 내려서면 저항수단이 없다. 3으로 밀어도 백 4로 두 눈을 만들기 때문이다.

2도 실패 백 1로 내려섬에 대하여 흑 2로 두는 것은 백 3의 내려섬이 있다. 우측의 흑 2점을 취할 수 있어서 죽지 않는다.

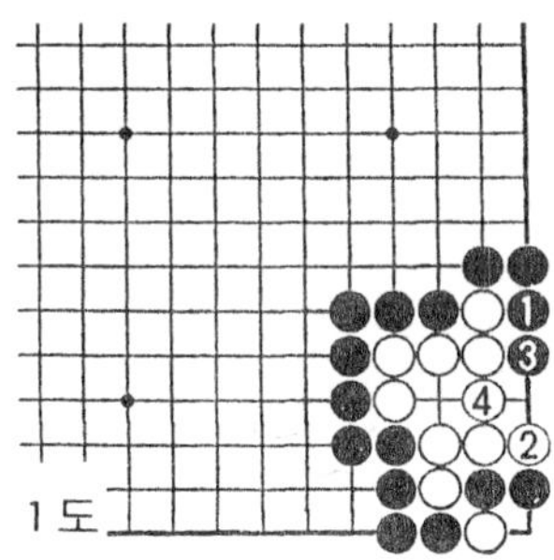
1도

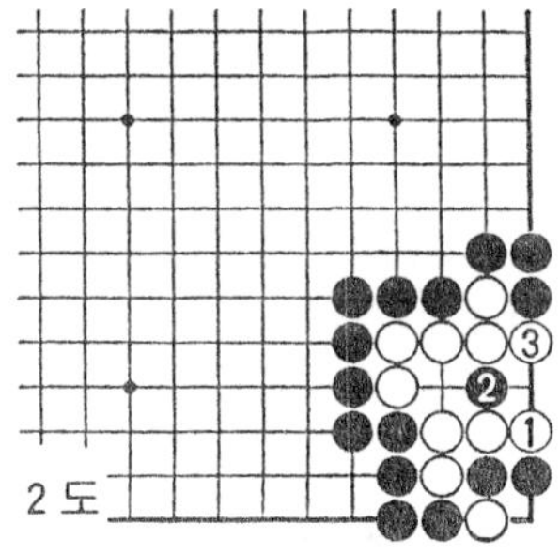
2도

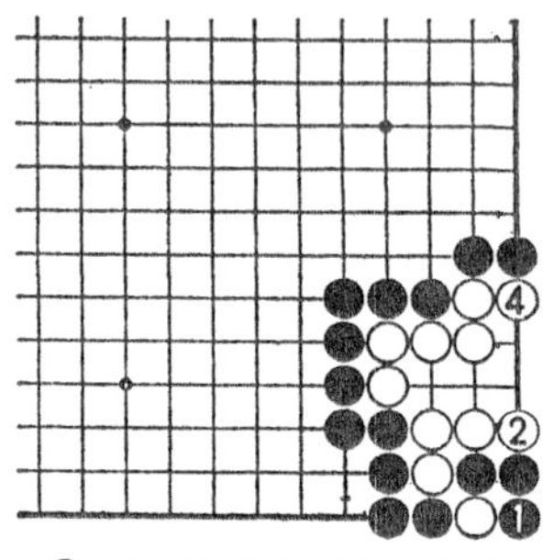

❸ 이음(1의 왼쪽) 3도

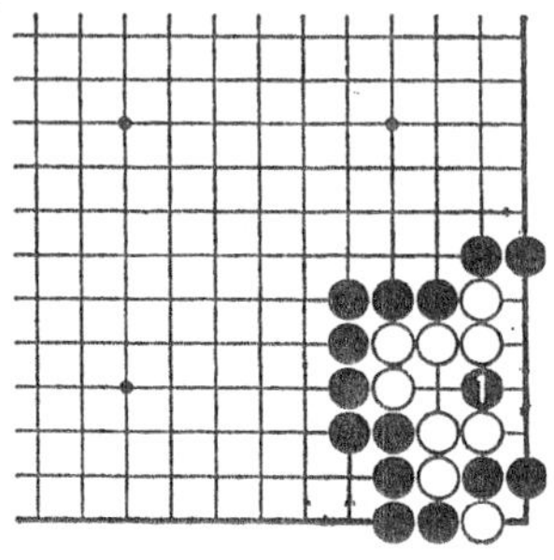

4도

3도 실패 그러면 흑 **1**로 귀의 2점을 따는 것은 어떤가? 백은 **2**로 내려서 **3**이 불가피할 때 **4**로 막는다. 곡4궁으로 사는 모양이다.

4도(마술) 침입 흑 **1**로 침입하는 것이 승부이다. 반신반의할 수 있는 방법이다.

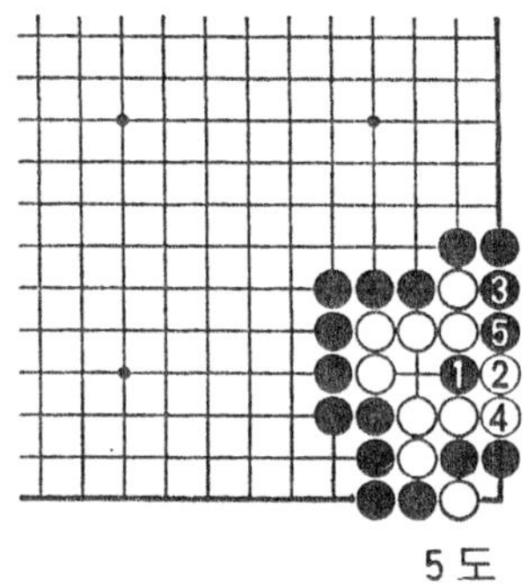

5도

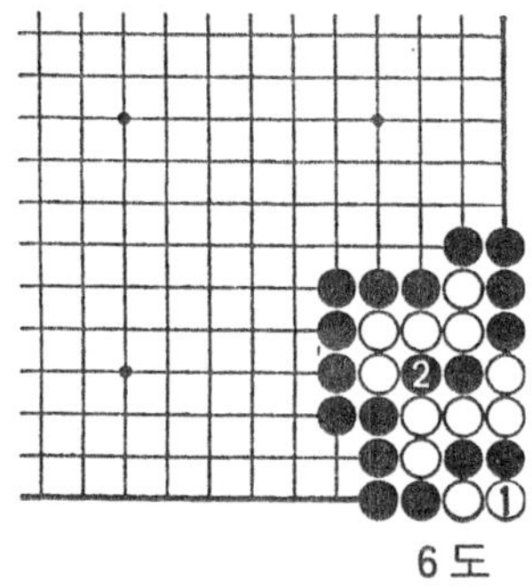

6도

5도 잇는수 없다 흑 **1**에 백 **2**의 단수는 흑 **3**으로 젖혀 백 **4**로 귀의 2점을 단수할 때 **5**의 단수이면 지충으로 백은 타개의 수가 없다.

6도 백사 다음에 백 1로 2점을 따내면 흑 **2**로 백 5점을 따서 그만이다.

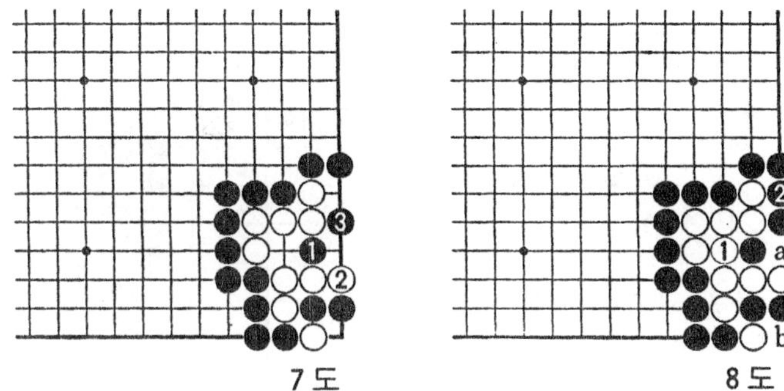

7 도　　8 도

7 도(마술) 젖힘 흑 1 의 침입에 백 2 로 귀쪽을 내리는 것은 흑 3 의 젖힘이 교묘하다. 이 3 으로 3 의 위를 젖히면 실패이므로 주의해야 한다. 그 다음——.

8 도(마술) 백사 백 1 로 단수하면 흑 2 의 이음이 교묘하여 a와 b를 맞보기로 하는 자충이다.

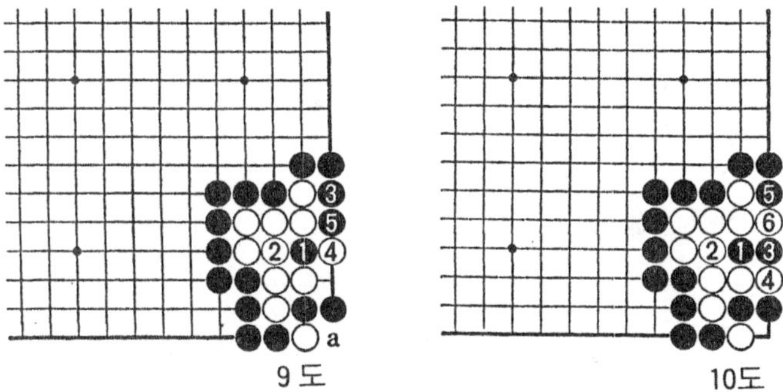

9 도　　10도

9 도(마술) 백사 흑 1 에 대하여 백 2 하는 것은 흑 3 으로 미는 수가 있다. 백 4 로 한점을 때려내면 5 로 두어서 자충이다.

10도 실패 흑 1, 백 2 다음 흑 3 으로 서는 것은 4, 6 으로 되어 산다.

일선(一線)

제15형 흑선

다음에서 공격은? 제 1 선에서 백을 자충으로 몰아넣는 문제이다.

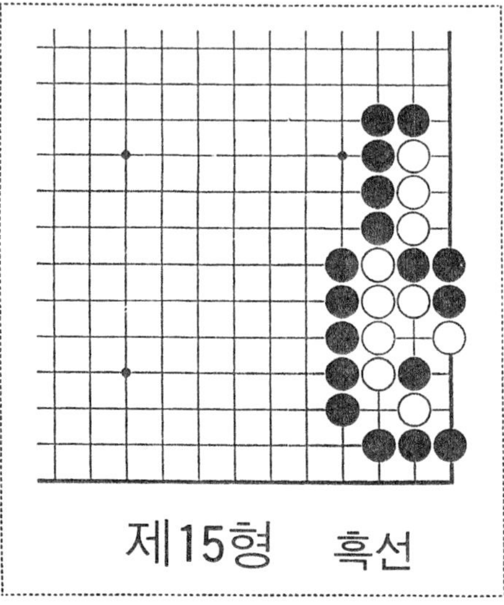

제15형 흑선

1 도 실패 흑 1 의 변으로 젖혀 오는 것은 너무나 평범하다. 성공할 수가 없다. 백 2 로 3점을 때리고 나면 이 모양에선 잡는 수가 없다. 이 다음에——.

2 도 실패 흑 1 로 귀쪽을 두어도 백 2 로 두집이 나는 모양이다. 흑은 a로 부딪힐 수가 없다.

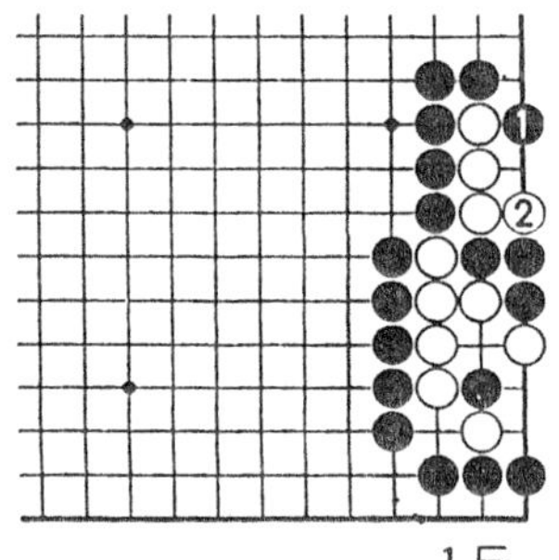

1 도

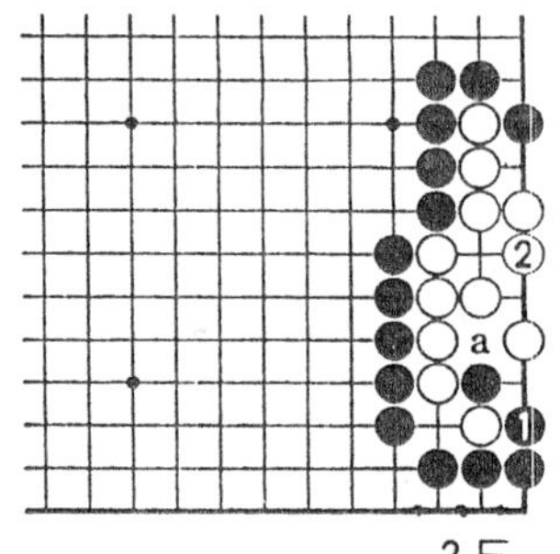

2 도

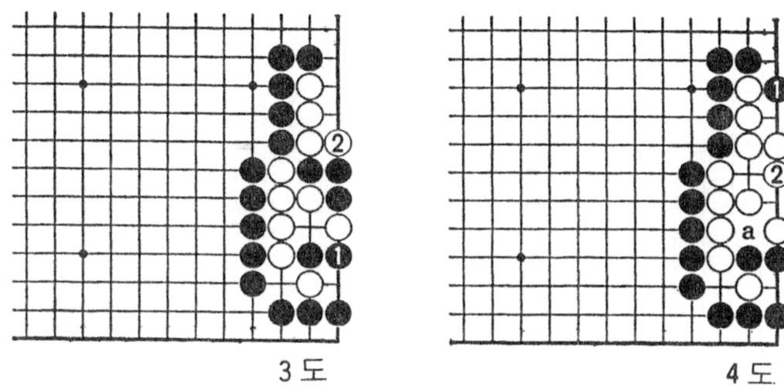

3 도　　　　　　　　　　　　　　4 도

3 도 실패 흑 1 로 내려서는 수도 생각할 수 있다. 백 2 로 3 점을 따내면 생각대로 되지 않는다.

4 도 실패 다음에 흑 1 로 젖히면 백 2 로 2 집을 확보한다. 흑이 a로 둘 수가 없다. 2 도의 동형이다. 흑의 약점을 보완해 보자.

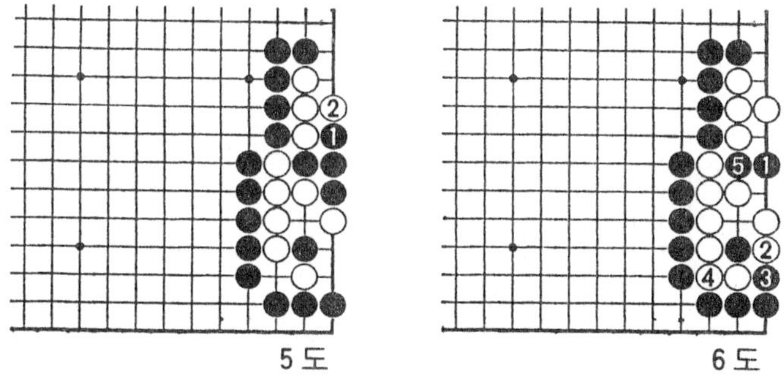

5 도　　　　　　　　　　　　　　6 도

5 도(마술) 사석작전 이곳은 지혜가 필요한 형이다. 흑 1 로 두어 4 점을 사석으로 이용한다. 백 2 로 따내고 나면——.

6 도(마술) 백사 흑 1 로 치중을 한다. 백 2 로 한점을 잡으려 하면 이하 흑 5 까지 자충의 비극이다.

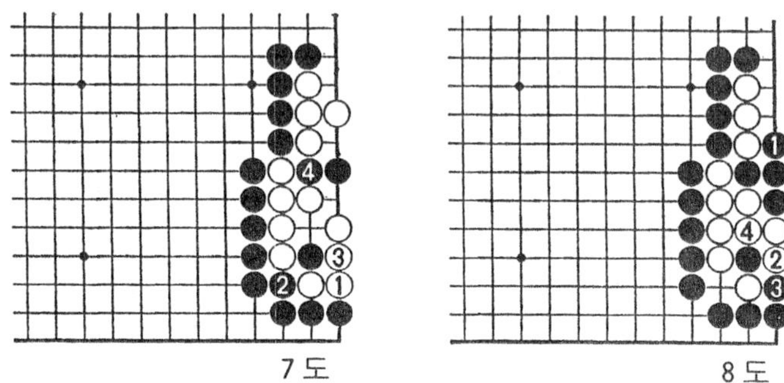

7 도　　　　8 도

7 도(마술) 백사 흑의 치중에 백 1 로 내리는 것은 흑 2 와 3 을 교환하고 4 로 끊는다. 양자충으로 백이 죽는다. 이 형은 5 도의 흑 1 이 교묘하다. 절로 감홍이 일어난다.

8 도 변화 흑 1 로 뻗을 때 4 점을 취하지 않고 백 2 로 두면 흑 3 , 백 4 까지 외길.

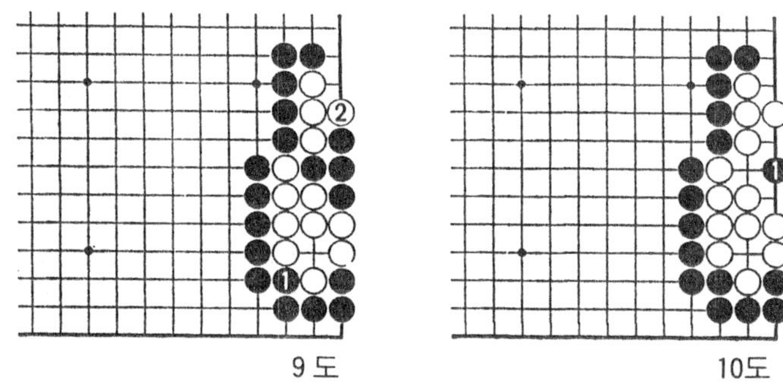

9 도　　　　10도

9 도 변화 그다음 흑 1 로 단수를 한다. 백 2 로 때려내면.

10도(마술) 백사 흑 1 의 치중이다. 백은 다음의 타개 수단이 없다. 이런 곳을 염두에 두고 잘 살펴야 한다.

작은 행위

제16형 흑선

변에 흑 한점이 비검처럼 놓여 있다. 이것이 승부이다. 작은 기술로는 수가 나지 않는다.

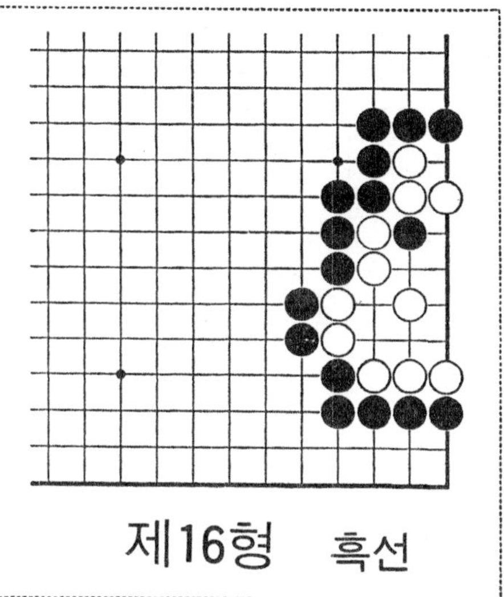

제16형 흑선

1도 실패 흑 **1**로 3점을 취하는 것은 너무나 정직하다. 백 **2** 다음 **4**로 내려서 간단히 산다.

2도 실패 흑 **1**로 단수하고 **3**으로 두어 3점을 취하는 것은 **4**로 내려서는 수가 있다. **4**의 의미는——.

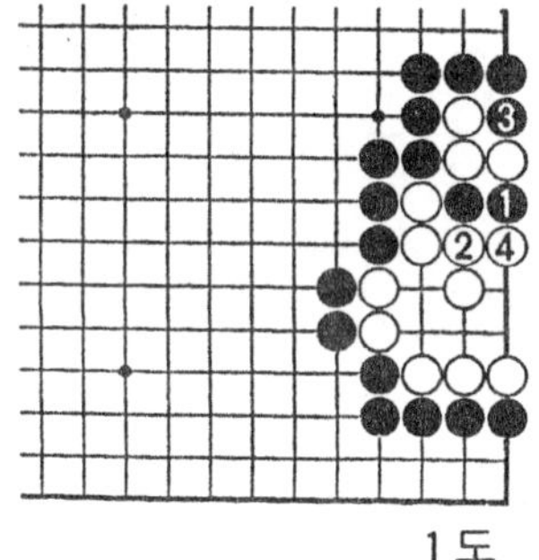

1도

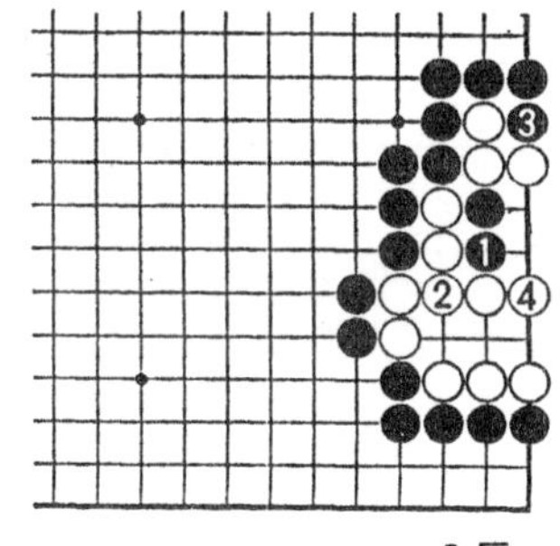

2도

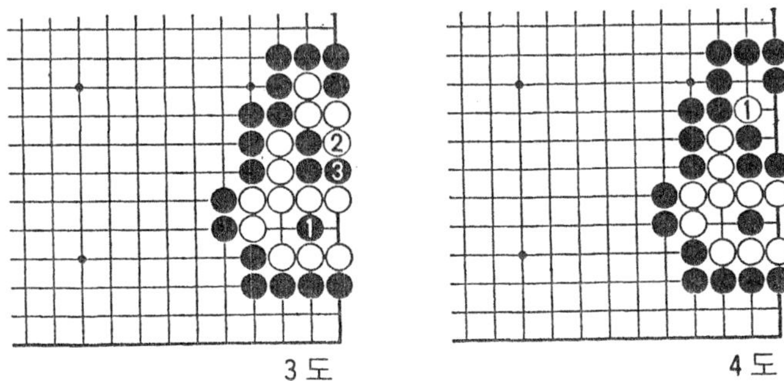

3 도 사석작전 흑 1 로 치중을 할 때 백 2 로 두어 4 점을 따게 만든다. 그 다음에 ——.

4 도 백삶 백 1 로 끊는 후절수가 있다. 기법을 사용하는 장면이다. 전도의 흑 1 로 하변을 방어하여 3 점을 취하면 백 1 로 산다. 제 1 선의 내림이 효과적이기 때문이다.

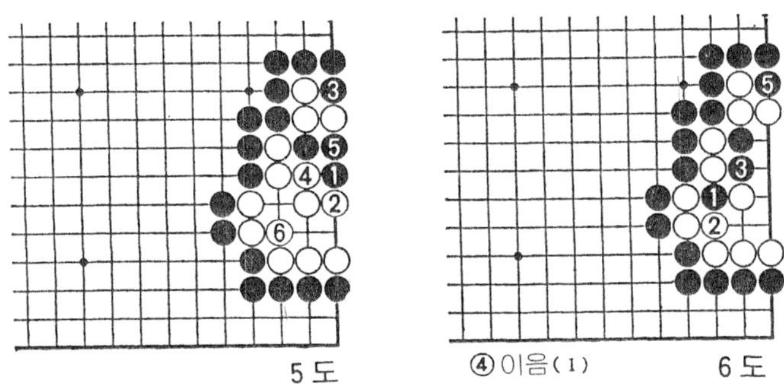

5 도 실패 흑 1 의 모행마는 맥 같으나 맥이 아니다. 백 2 로 내려서는 수가 있기 때문이다. 흑 3, 백 4 다음에 6 으로 희희낙낙 사는 모양.

6 도 죽음 흑 1 에 백 2 를 취하면 흑 3 으로 단수하여 백이 죽는다.

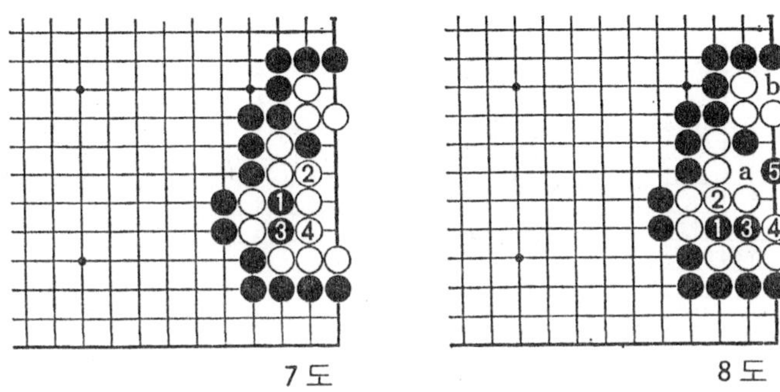

7 도　　　　　　　　8 도

7 도 실패 흑 1 에 대하여는 백 2 의 단수가 좋은 수. 흑 3 으로 때릴 때에 4 로 그만이다.

8 도 죽음 흑 1 의 끊음에 백 2, 3 으로 나가면 백 4, 흑 5 의 마늘모로 되어 a로 조이면 b로 그만이다. 이것은 흑 승인 것 같으나 사실은 모래 위에 누각을 짓는 모양이다.

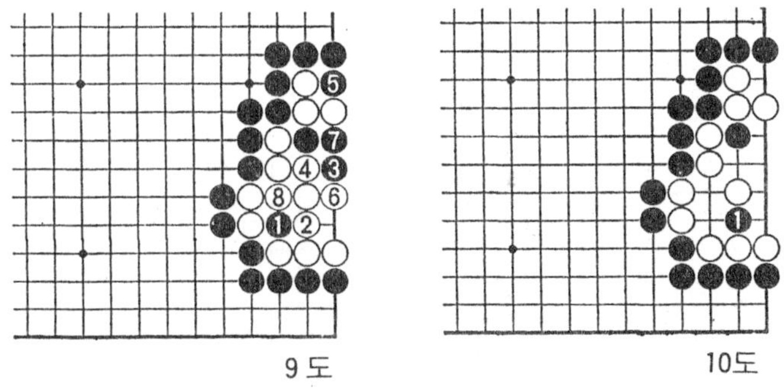

9 도　　　　　　　　10도

9 도 실패 흑 1 의 끊음에는 백 2 로 하변을 받는다. 흑 3 의 마늘모엔 백 4 , 6 으로 산다. 1 의 공격은 실패의 종말이다. 흑 3 으로 8 의 곳을 두면 백 4 로 산다.

10도(마술) 끼움의 침입 흑 1 로 끼움의 침입이 있다.

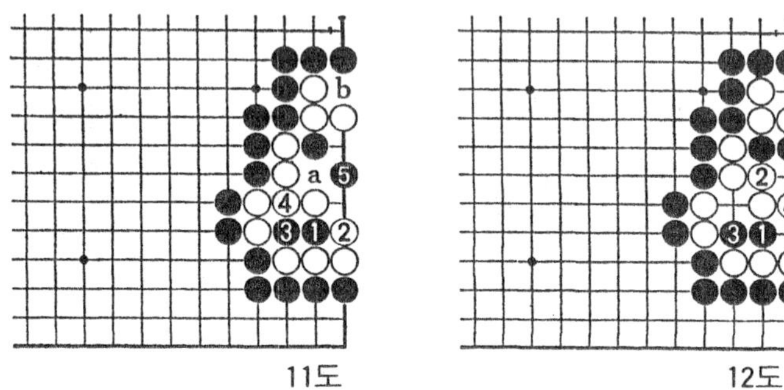

11도 12도

11도(마술) 백사 흑 1 의 끼움의 침입에 백 2 로 밑으로 받는 것은 흑 3 의 단수가 선수다. 백 4 로 따내면 흑 5 의 마늘모가 정착이다.

12도 백사 흑 1 에 대하여 백 2 로 두는 것은 3 으로 끊어버린다. 이 다음 백 4 는 흑 5 로 내려서 백이 죽는다. 두집을 만들 여유가 없다.

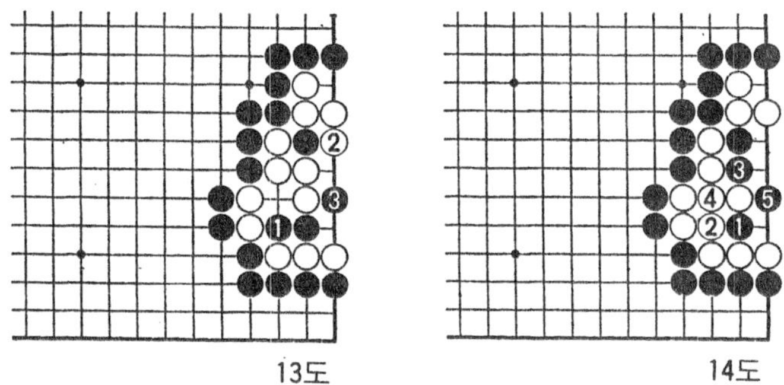
13도 14도

13도 백사 전도의 변화이다. 흑 1 로 끊을 때 백 2 로 따는 것은 흑 3 의 젖힘으로 죽는다.

14도(마술) 백사 흑 1 에 대하여 백 2 로 두는 것은 흑3, 5로 죽는다. 8 도의 한길이 급소이다.

실전형

제17형 흑선

백진형을 파괴하는 방법이다. 실전에 나타나는 형으로 세세한 곳을 볼 수 있어야 한다. 수를 읽는 방법을 생각하고 연구하여 보자.

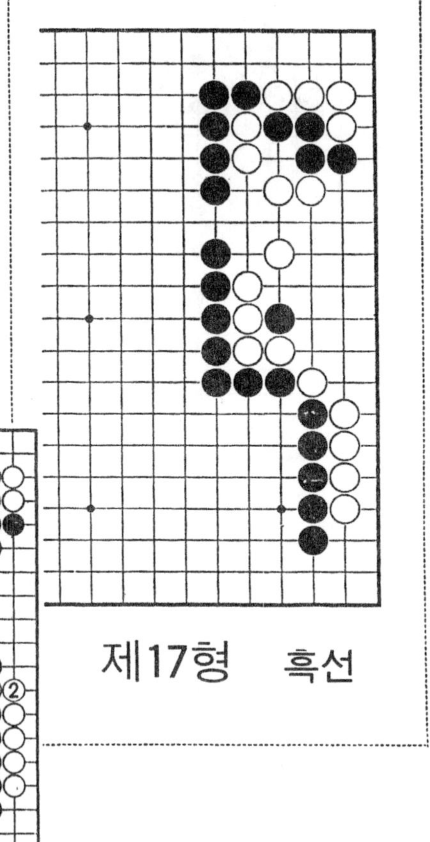

제17형 흑선

1도

1도 침입 흑 1로 끊어 백 2로 잇게 하는 것이 맥의 흐름. 그다음 흑 3의 침입의 끼움을 생각하여 보자.

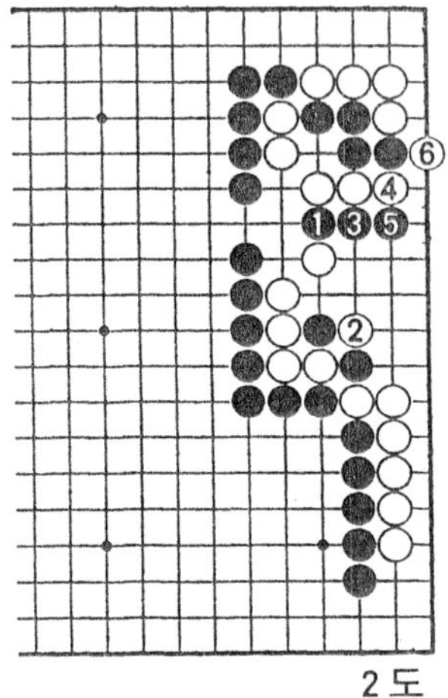
2 도

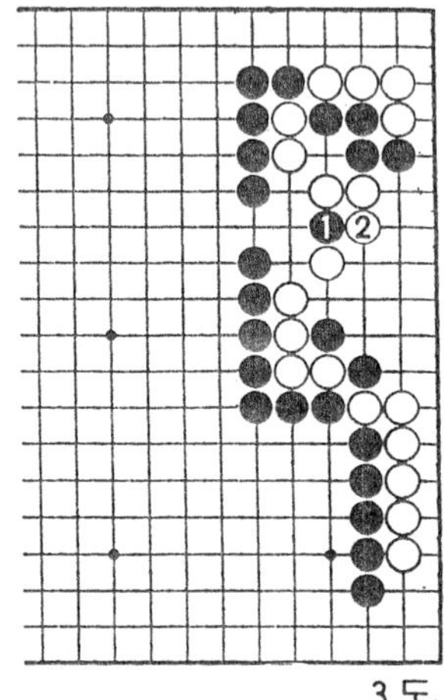
3 도

2 도 (마술) 선수로 나감 흑 1 의 침입에 다음의 도(圖) 이하의 이유가 있다. 흑 3 , 5 의 선수로 나간다.

3 도 백 위험 백 1 에 대하여 2 로 받는 것은 지극히 위험하다.

4 도 촉촉수 흑 1 의 단수에 백 2, 이하 흑 5, 백 6 까지——.

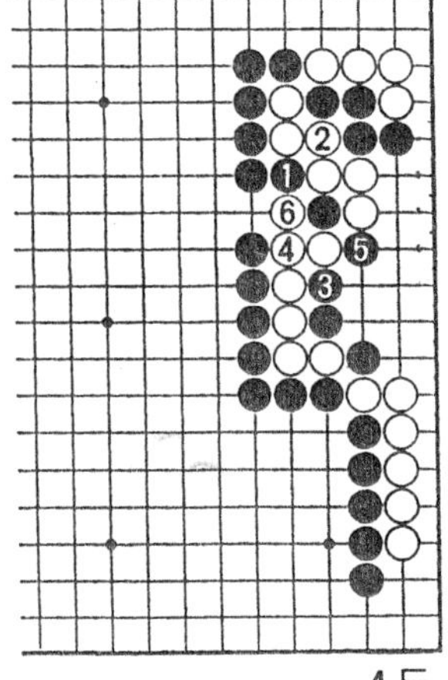
4 도

5 도(마술) 백 망하다 흑 1로 조이면 백이 크게 패한 모양이다.

6 도 늦추다 흑 1의 침입에 백 2로 늦추는 것은 흑 3, 5 이하 7로 나간다. 다음 9까지 이것은 사건이다.

7 도(마술) 빈사 상태 다음 백 1, 3으로 두면 흑 4, 백 5 다음 6으로 잇는다. 다음 백은 a로 붙이면 흑b, 백 c로 패가 난다.

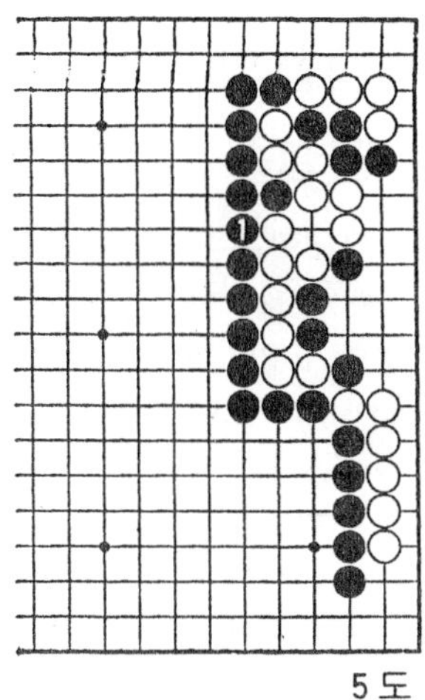

5 도

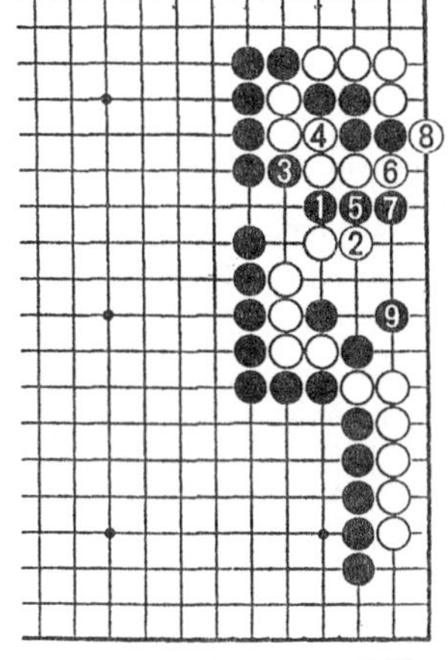

6 도

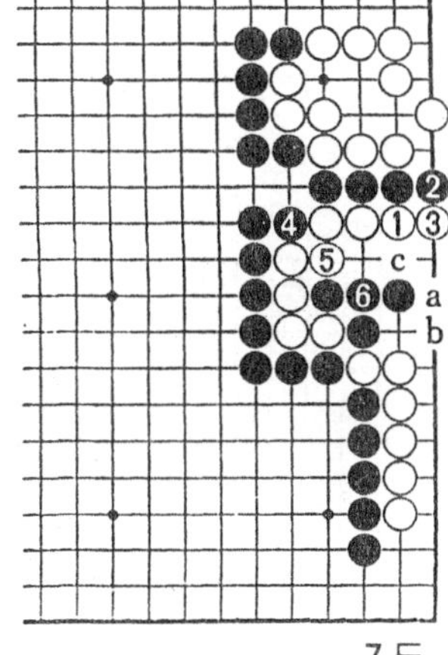

7 도

맥점의 연결

제18형 흑선

백의 제 1 선에 백한점이 치중이 되어있다. 흑이 응수를 약하게 하면 한점의 치중되어 있는 백한점이 맥으로 활용된다.

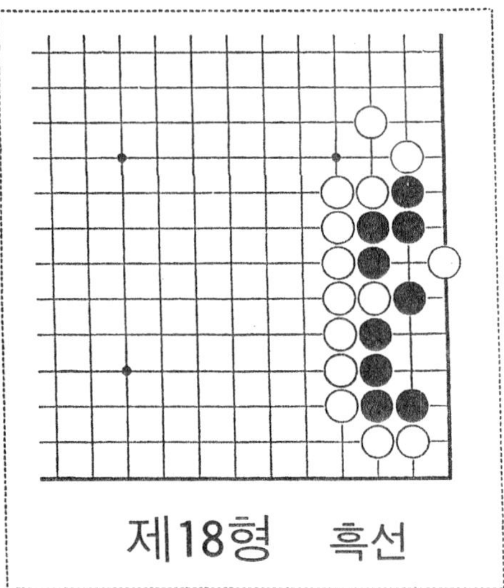

제18형 흑선

1 도 실패 흑 1 로 내려서서 막는 것은 백 2 의 치중 다음에 흑 3, 백 4 로 두눈이 날 수 없다. 흑 5 점을 취하면 죽는다.

2 도 실패 흑 1 로 견고하게 잇는 것은 백 2 의 치중에서 4 의 젖힘까지가 있다. 흑이 2 집을 낼 수 없다.

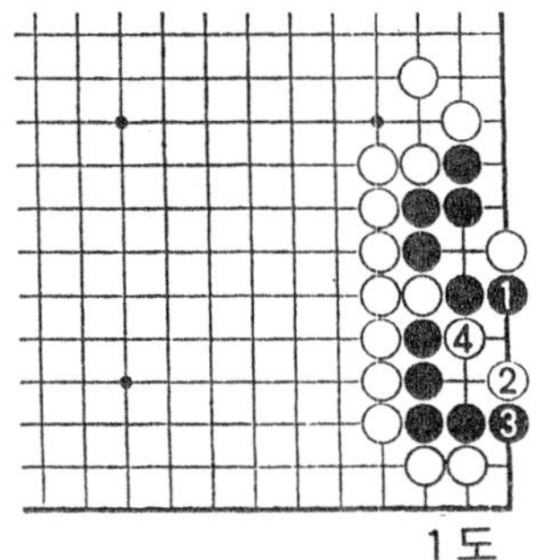

1 도

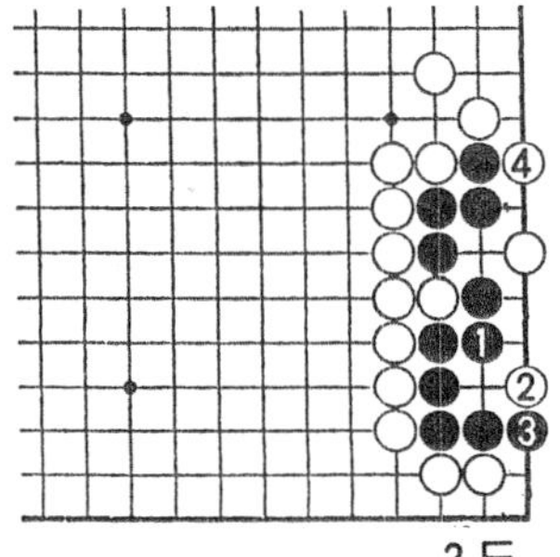

2 도

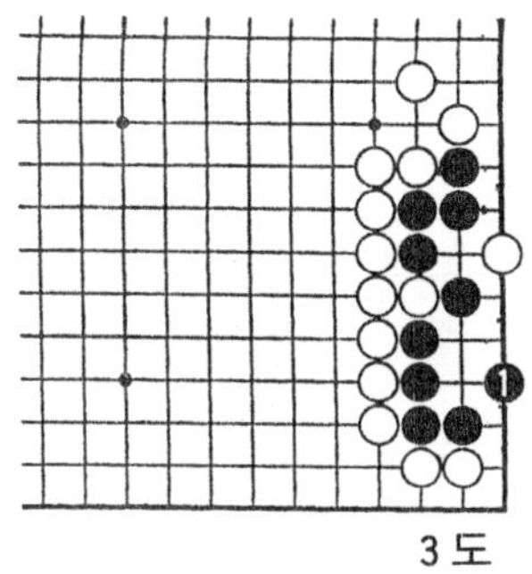
3 도

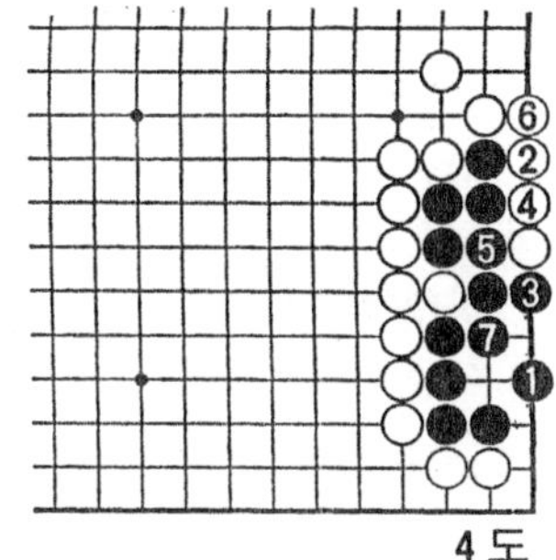
4 도

3 도(마술)마늘모 이런 모양에서 해결되는 점이 있다. 그것은 흑 1의 마늘모이다.

4 도(마술)흑삶 흑 1의 마늘모에 백 2의 젖힘은 흑 3, 5로 되어 백 6이 불가피할 때 7의 곳에 둔다. 꼬리의 4점을 사석으로 이용하는 경우도 있다.

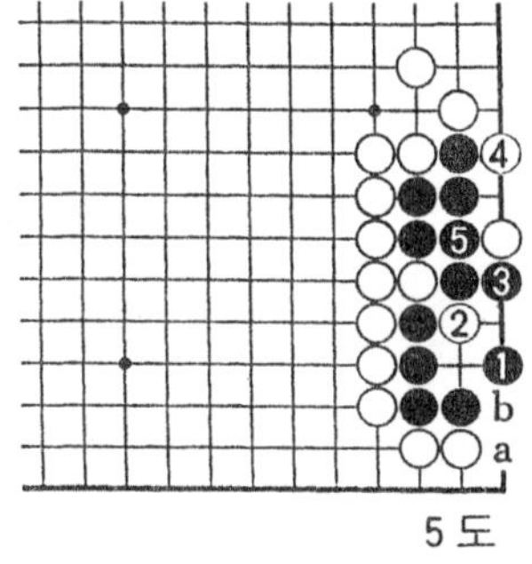

5 도

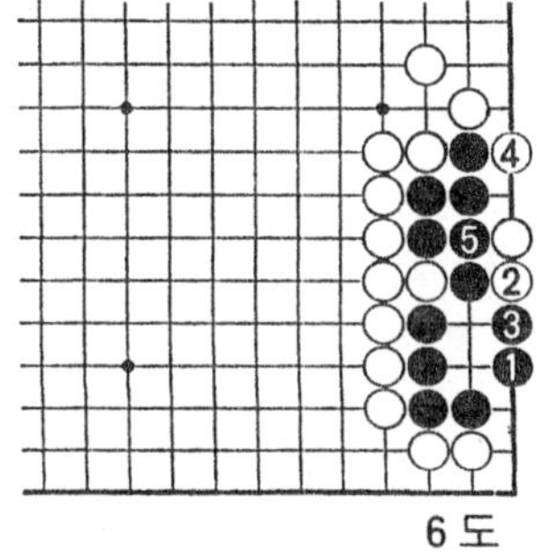
6 도

5 도(마술)흑삶 흑 1의 마늘모에 백 2로 끊는 것은 흑 3의 내려섬이 정해. 백 4, 흑 5로 한점이 살 수가 없다. 이 다음 백이 a로 내려서면 흑이 b로 받아서 아무 일도 없다.

6 도(마술)흑삶 흑 1에 대하여 백 2의 붙임은 흑 3의 부딪힘이 있다. 백 4로 젖혀도 흑 5로 이으면 그만이다.

결함의 기로

제19형 흑선

집 한가운데서 수를 찾아내는 것으로 문제는 국부적이지만 고급스럽다. 한눈에 알 수있는 눈이 필요하다.

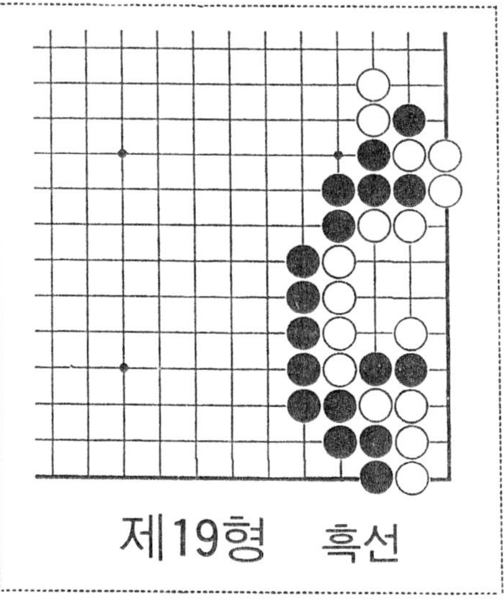

제19형 흑선

1도 실패 제 1감은 흑 1의 껴붙임이다. 백은 2로 2점을 취하는 수가 있다. 흑 3, 백 4로 단수하면 더이상 응수가 없다.

2도 젖힘 흑 1의 밑으로 젖히는 수가 있다. 여기서 백 2로 끊면 계속하여 3으로 끊는다. 여기서 백 4의 이음이 좋은 수이다. 수가 나지 않는다.

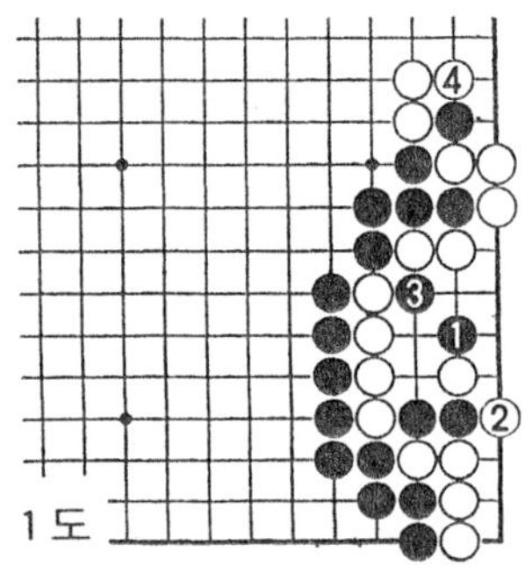

1도

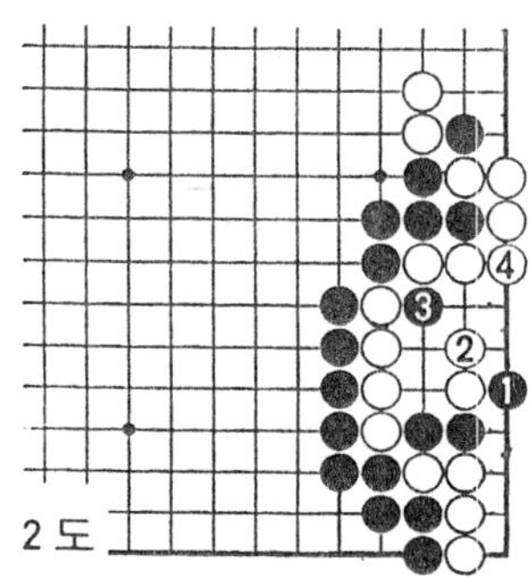

2도

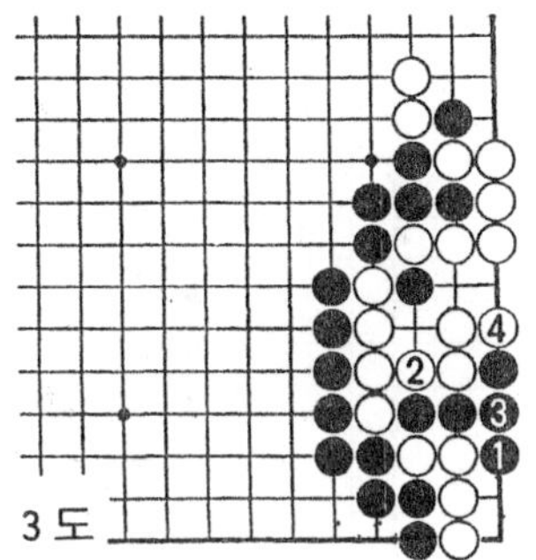

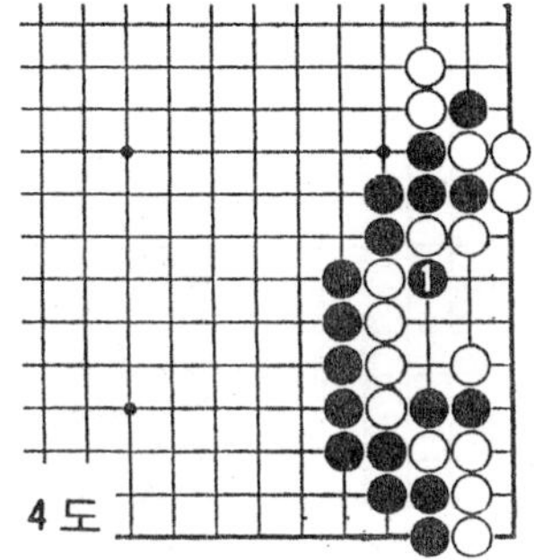

3 도 실패 그러면 흑 1 로 귀쪽을 젖히면 어떨까? 이것은 2에서 4 까지로 흑이 안된다. 전도의 수순에 실패의 원인이 있다.

4 도 (마술) 끊음 타개의 방법은 흑 1 의 끊음이다. 어떻게 두어도 타개가 된다.

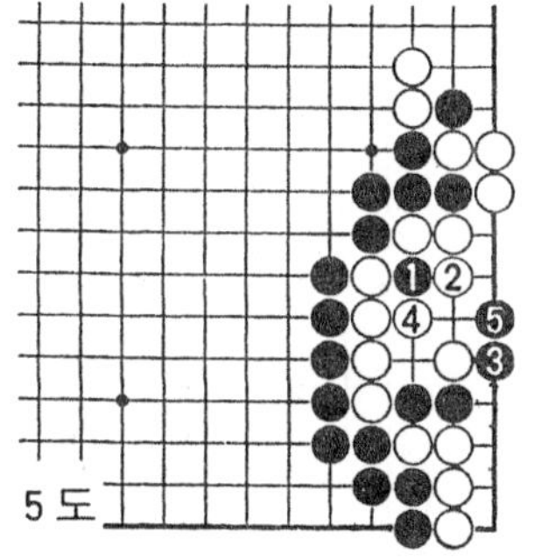

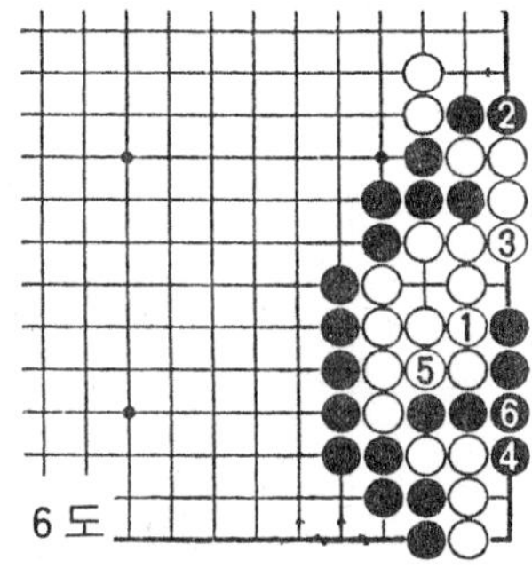

5 도 끊음에서 젖힘 흑 1 의 끊음에 대하여 백 2 로 단수하는 수가 있다. 그러면 흑 3 으로 젖히는 수가 교묘하다. 좋은 수순이다. 백 4 로 한점을 따내면 백 5 로 일선(一線)에 늘어 섬으로 본형은 해결된다.

6 도 (마술) 성공 백 1 에는 자충수를 유발하는 흑 2, 4 이다. 6 까지 되어 귀가 떨어진다.

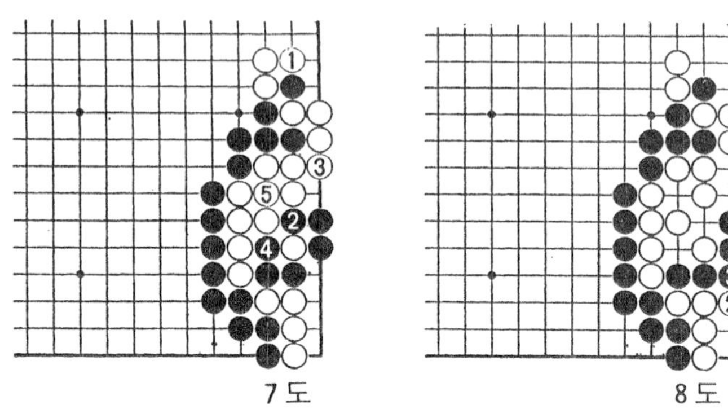

7 도　　　　8 도

7 도 흑승 흑의 일선의 뻗음에는 백 1 로 한점을　단수하는 것이 있다. 흑 2 로 나가서 성공이다. 대전과이다.

8 도 백 부담 흑 1 의 뻗음이 절묘한 호수다. 백은 2 로 귀쪽을 두는 수가 있다. 흑 3 으로 내려서면 2수와 3수의 수상전.

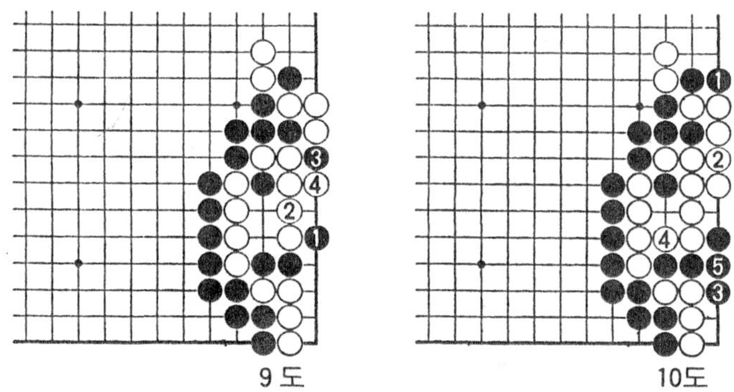

9 도　　　　10도

9 도(마술) 타개 그래서 흑 1 로 제 1 을 젖힐 때는 백 2 로 2 선을 잇는 것이 있다. 이다음 흑 3, 백 4 를 교환하고——.

10도(마술) 흑승 흑 1 의 단수에 백 2 로 잇는다. 그다음 5 까지 공격하면 흑승이다.

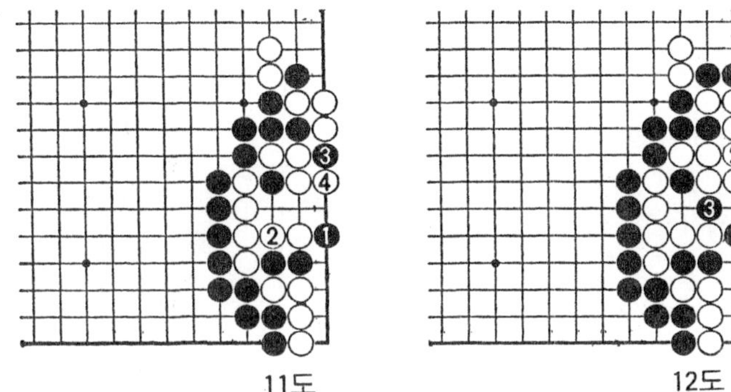

11도 12도

11도 타개 흑 1 의 젖힘에 대하여 백 2 로 잇는 것은 흑 3 으로 둔다. 백 4 다음——.

12도(마술) 백 망함 흑 1 에서 3 까지의 맥이 생긴다. 백은 3 의 좌측을 취할 수 있는 큰 기술이다.

수순

제20형 흑선
귀의 흑돌이 어지럽게 널려 있는 모양이다. 변의 백에 대한 어떤 수가 있을까. 해답을 찾아보자.

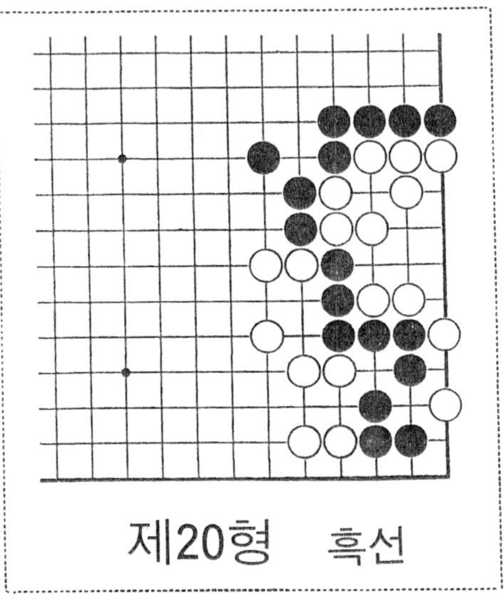
제20형 흑선

1도 실패 흑 1의 내려섬은 백 2, 4로 두어 실패이다. 다음에 흑a로 따내면 백b로 된다. 흑a로 c의 급소에 두는 것은 b로 그만이다.

2도 실패 흑 1로 귀쪽을 내려섬은 백 2로 잇는 수가 있다. 3의 치중엔 4로 그만이다.

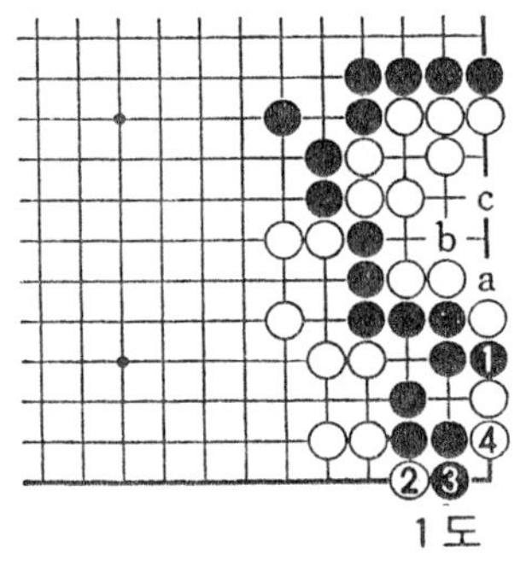

1도

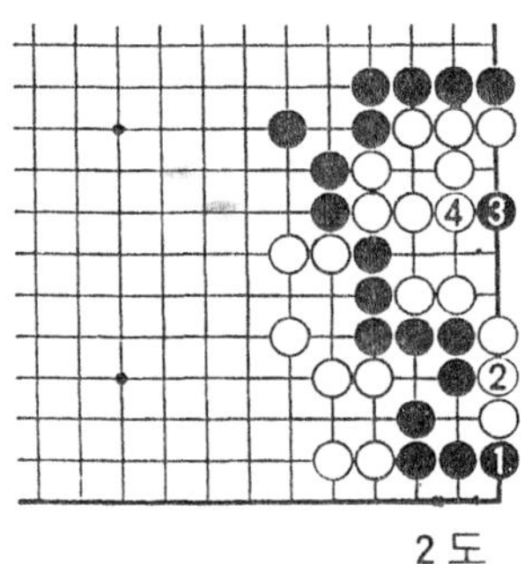
2도

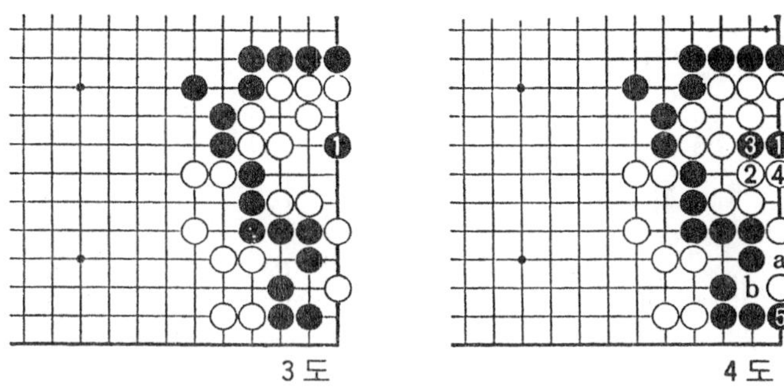

3 도　　4 도

3 도(마술) 치중 상대의 내부를 공격하는 것을 생각해 보자. 흑 1의 치중이 예리하다. 다음부턴 한길이다.

4 도(마술) 흑삶 흑 1의 치중엔 백 2 로 두는 수가 있다. 흑 3 이 좋은 수순이다. 백 4 로 응수를 하면 흑 5 의 내려섬이 있다. 백a 흑b로 사는 수가 교묘하다. 호수순의 승리.

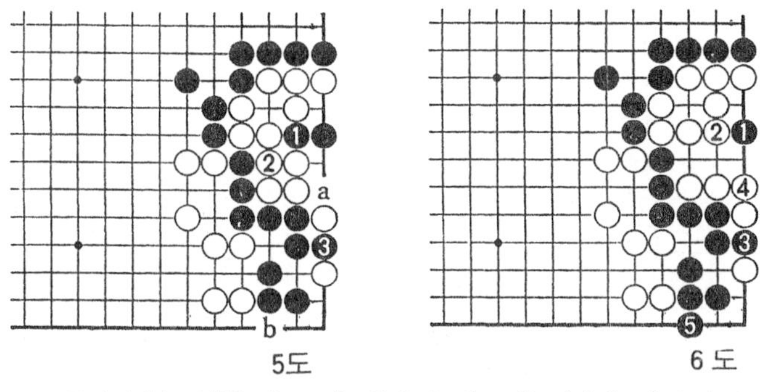

5도　　6 도

5 도(마술) 성공 흑 1 에 대하여 백 2 의 이음은 흑 3 으로 내려선다. 다음에 a 와 b가 맞보기로 하는 맥이 발생한다.

6 도(마술) 흑생 흑 1 의 치중에 백 2 의 받음은 흑 3 의 내려섬이 좋다. 백 4, 흑 5 로 산다.

넓이의 품

제21형 흑선

공격의 문제. 백의 넓이의 품에 대하여 눈을 낼 수있나 없나가 관건이다. 이런 것을 극복해야 수가 는다. 연구하여보자.

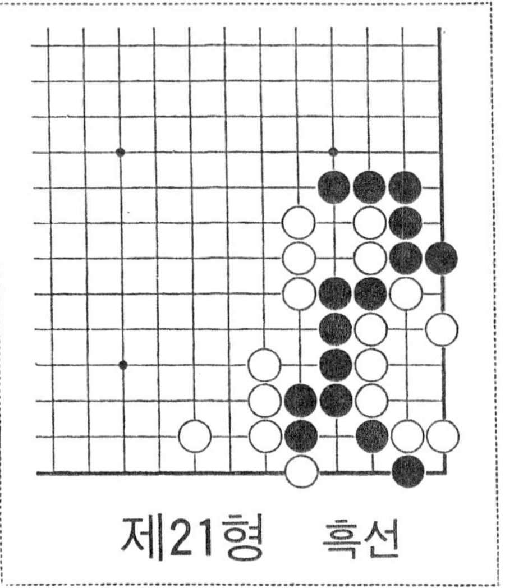
제21형 흑선

1도 실패 흑 1의 단수, 3의 이음으로 직접 공격하는 것은 백 4, 6으로——.

2도 실패 흑 1, 백 2로 되어 이다음 흑의 1수가 부담이 가는 수상전이다. 넓이의 품에 대한 연구가 필요하다.

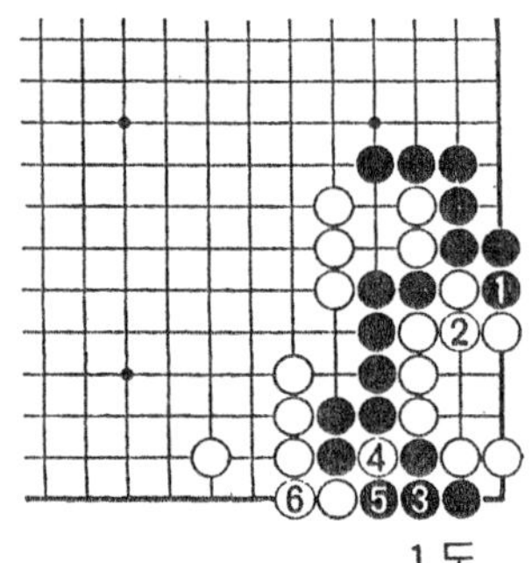
1도

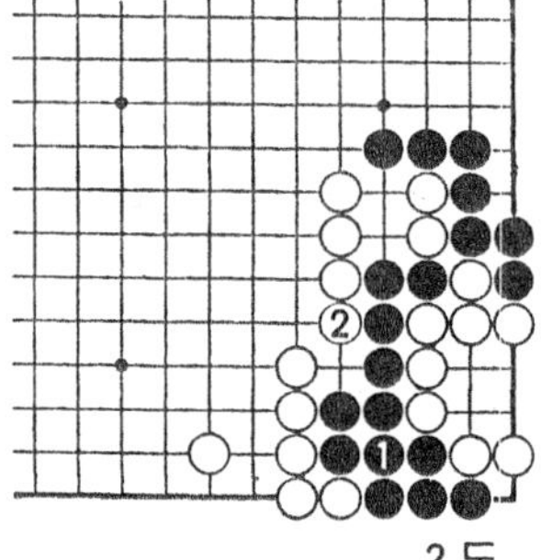
2도

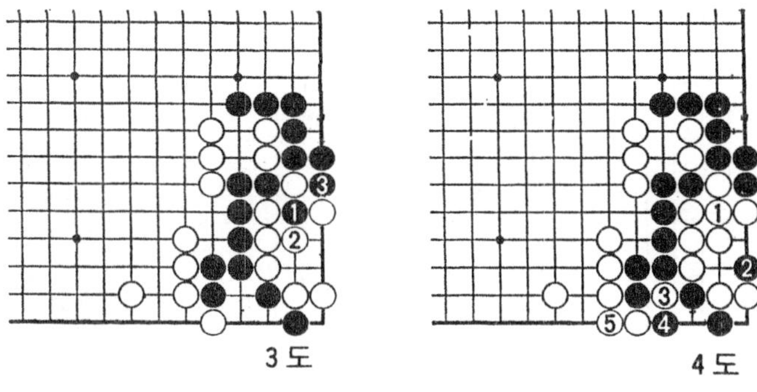
3 도　　4 도

3 도 결함의 습격 넓이를 좁게 함이 좋다. 흑 1 에는 백 2, 흑 3 으로 단수를 한다음——.

4 도 공격 백 1 이음에는 흑 2 로 공격을 한다. 백은 3, 5 로 선수 공작을 하는데——.

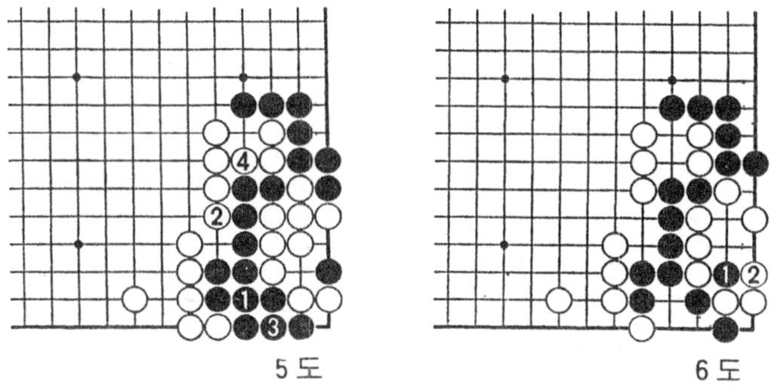
5 도　　6 도

5 도 흑 부담 여기서 1, 3 으로 이으면 백 4 까지 되어 흑이 안된다. 그래서 공격을 하는 수순을 바꿔보아야 한다.

6 도 단수 흑 1 의 끊음에는 백 2 의 단수가 있다. 냉정하지 않으면 성공할 수 없다.

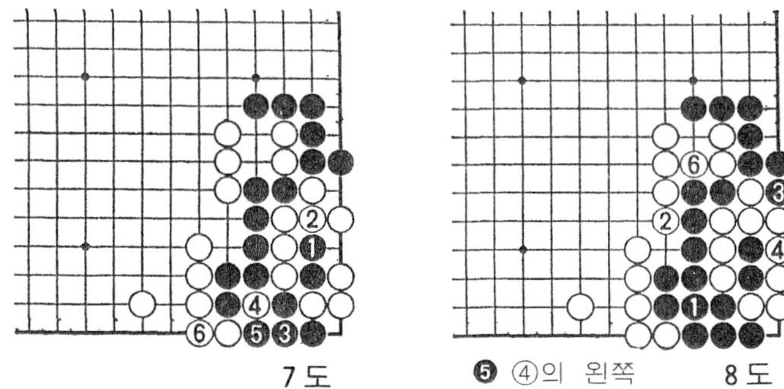

7 도

❺ ④의 왼쪽 8 도

7 도 공격 다음에 흑 1, 백 2 다음 흑 3 으로 이어 타개하려 한다. 백 4 다음 6 으로 잇는다.

8 도 흑 부담 그래서 흑 1, 3 은 6 의 곳에 두어서 흑은 공격을 극복할 수가 없다.

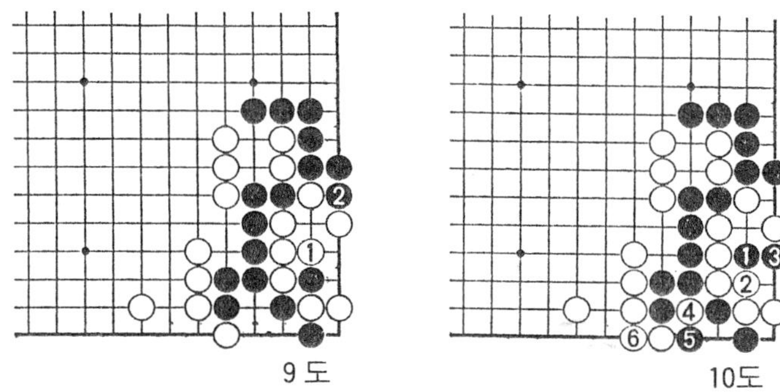

9 도

10도

9 도 환원 흑의 귀쪽 끊음에 대하여 백이 위쪽을 단수하는 것은 흑 2 로 단수, 이 다음 어떻게 두어도 수가 나지 않는다.

10도 실패 실패안을 나타냈는데 흑 1 의 붙임은 어떨까 ? 여기에서는 백 2, 흑 3 이 있다. 백 4 , 6 으로 공격하면 8 도와 같다.

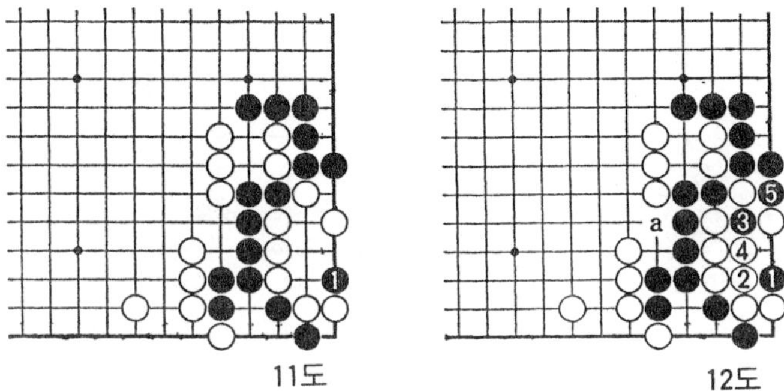

11도　　12도

11도(마술) 여기에서 흑이 타개하는 방법은 1의 붙임이 있다. 사실은 이곳이 정해이다.

12도(마술) 패 흑 1 의 붙임이 묘수. 백 2 의 이음에서 3, 5 까지 된다. 다음도 이하를 살표보자. 백a로 외곽을 조이면 패가 정해이다.

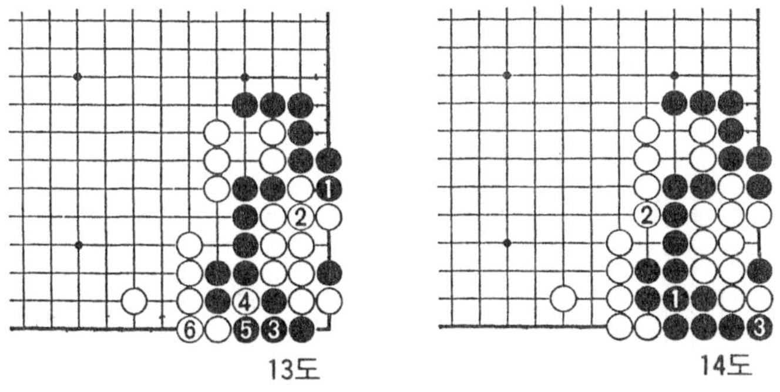

13도　　14도

13도 공격 흑 1 의 단수에 백 2 로 이으면 흑 3, 5 이하로 공격을 한다. 백 6 다음에——.

14도(마술) 흑승 흑 1, 3 으로 공격하면 흑승이다. 최대의 이긴 원인은 12도 흑 1, 백 2 의 묘수의 교환 때문이다.

극복

제22형 흑선
백을 어떻게 하여야 하며 변의 흑 2점을 어떻게 처리하여야 하는지가 과제이다. 급소를 찾아야 한다.

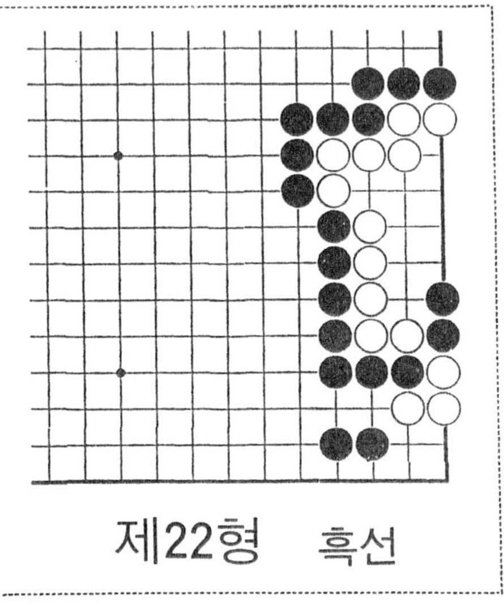
제22형 흑선

1도 실패 흑1의 뻗음을 생각해보자. 백2로 응수한다. 변의 돌 3점이 취할 수 있는 장면이다.

2도 실패 흑1이 급소 같아 보이는데 백2로 받으면 흑3에서 4, 6으로 둔다. 더 이상 어떻게 해볼 수가 없다.

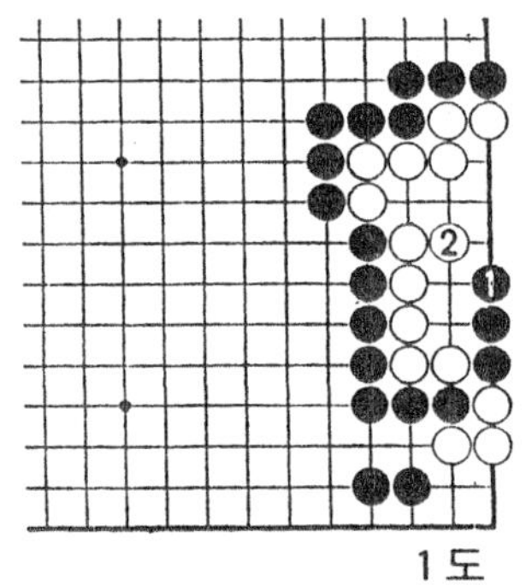
1도

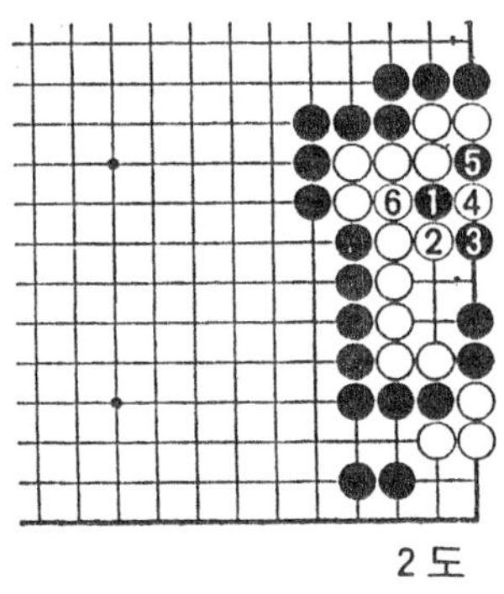
2도

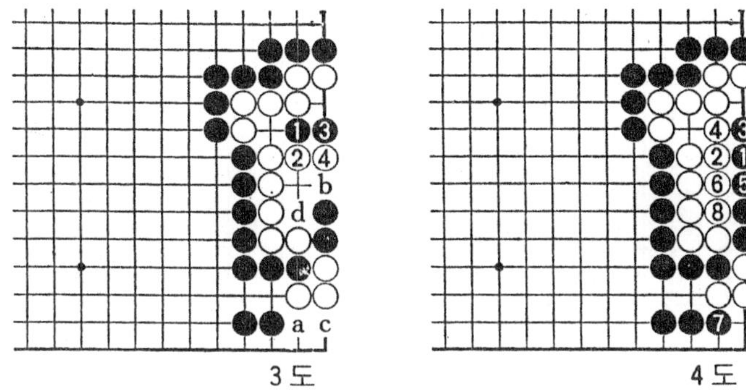

3 도　　　　4 도

3 도 실패 전도의 타개 방법에 대한 변화로 흑 3 으로 내려서면 백 4 로 응수한다. 흑a, 백b, 흑c, 백d까지 타개.

4 도 실패 흑 1 의 제 1 선의 뜀은 백 2 · 4 로 평이하게 받아 8 까지 5점을 취할 수가 있다. 변의 2 점을 직접 움직이는 것은 성공할 수 없다.

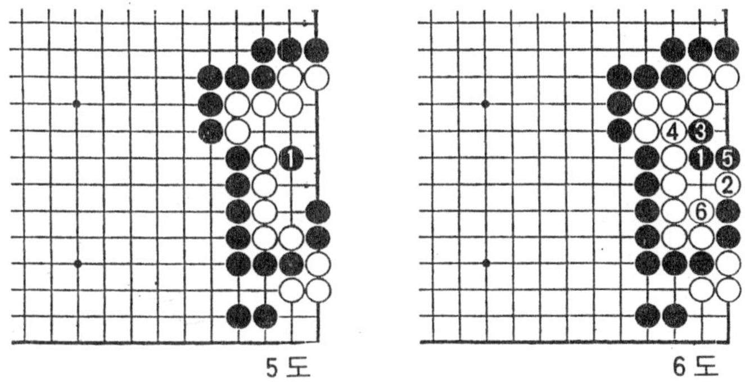

5 도　　　　6 도

5 도(마술) 붙임 정해는 흑 1 의 붙임이다. 2 도보다는 붙임의 한수이다.

6 도 급소 흑 1 에 대하여 백 2 의 붙임은 2점을 6 까지 취할 수가 있지만——.

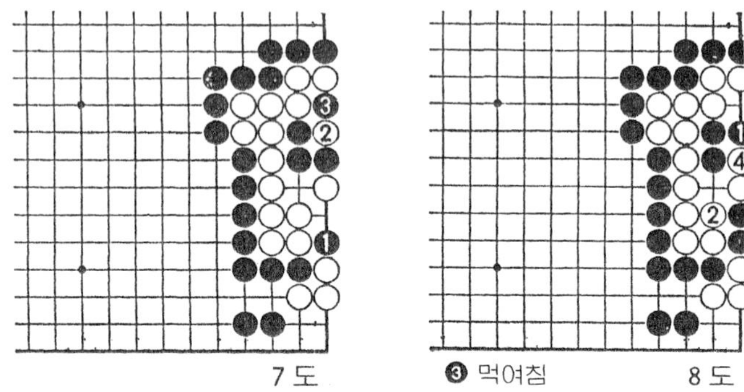

7 도　　8 도

7 도(마술) 패 흑 1 로 결점을 찌르는 것이 당연하다. 백은 2 로 집어넣으면 흑 3 으로 패가 난다. 이것이 정해이다. 자충을 유발하는 경이로운 수이다.

8 도 실패 6 도 흑 5 로 두지 않고 다음의 1 로 두는 것은 이맥이다. 백 4 로 두면 빅이 된다.

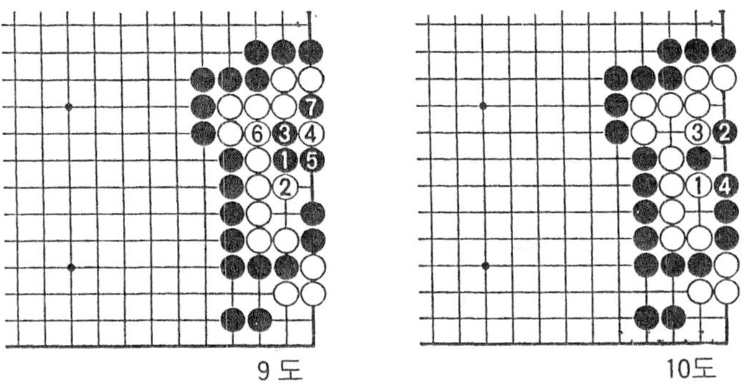
9 도　　10도

9 도 패 흑 1 의 붙임에 백 2 로 나가면 흑 3 다음 이하 7 까지 패가 난다. 패가 정해이다.

10도 패 백 1 로 나가면 흑 2 로 젖힌다. 3 의 단수에 4 로 버티어 패가 나는 것이 정해이다.

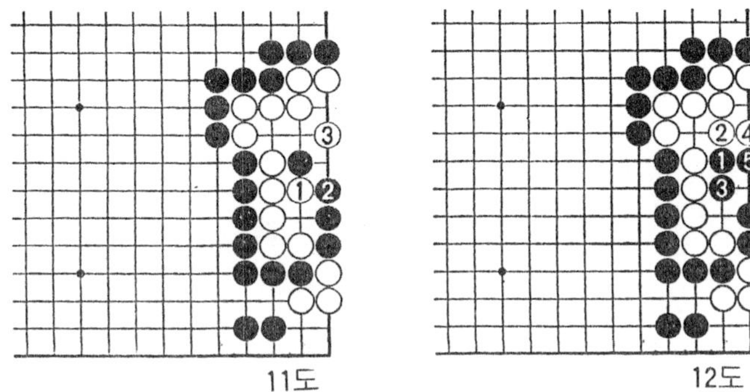

11도　　　　　　　　12도

11도 실패 백 1의 나감에 흑 2의 받음은 3이 있어서 실패다. 3이 급소이기 때문에 백은 사는 수가 있다.

12도 백사 흑 1의 붙임에 관한 변화이다. 여기서 백 2로 응수하는 것은 흑 3으로 끈다음 백 4에는 5의 자충으로 그만이다.

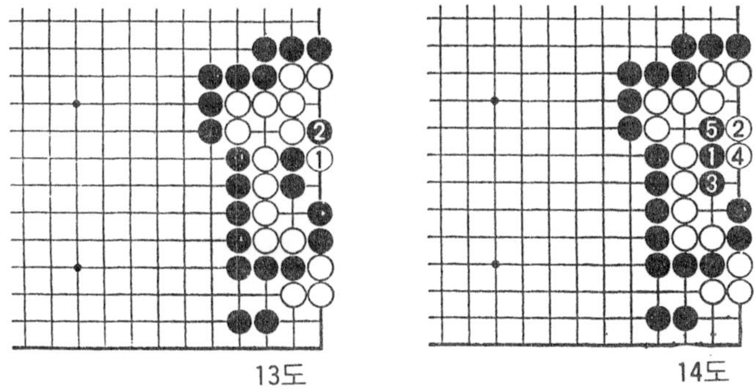

13도　　　　　　　　14도

13도 백사 전도 4의 내려섬으로 1로 젖히는 것은 흑 2의 결점을 찔러 백이 죽는다.

14도 실패 흑 1의 붙임에 백 2로 두는 것은 이하 5까지 백이 죽는다.

제 2 장

지혜와 테크닉

동형(同型)

본장에서는 귀와 변을 중심으로 사활에 관해 연구하여 보기로 한다.

제 1 형 흑선
백을 잡는 방법이다.

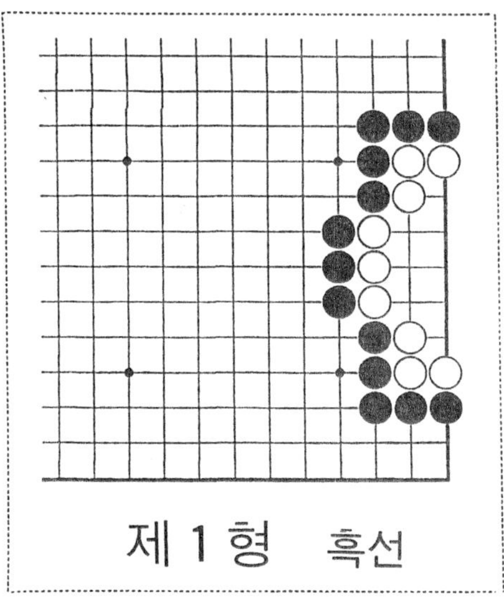

제 1 형 흑선

1 도 실패 흑 1 로 3 점을 끊어 잡는 것은 백 2, 4 로 눈을 확보한 형이다.

2 도 실패 이다음 흑 1 로 집어넣는 것은 패가 난다. 명확한 실패이다.

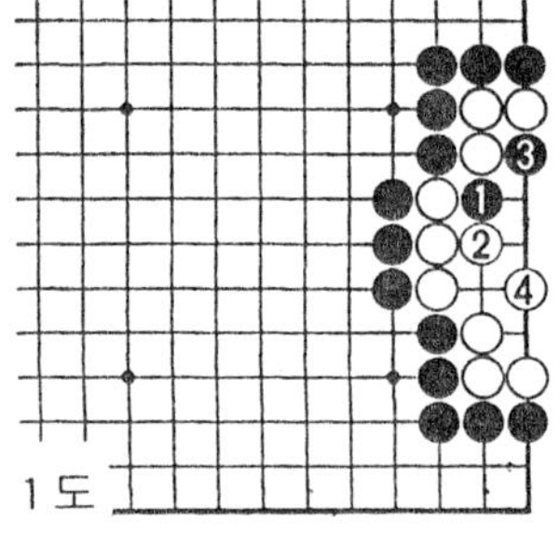

1 도

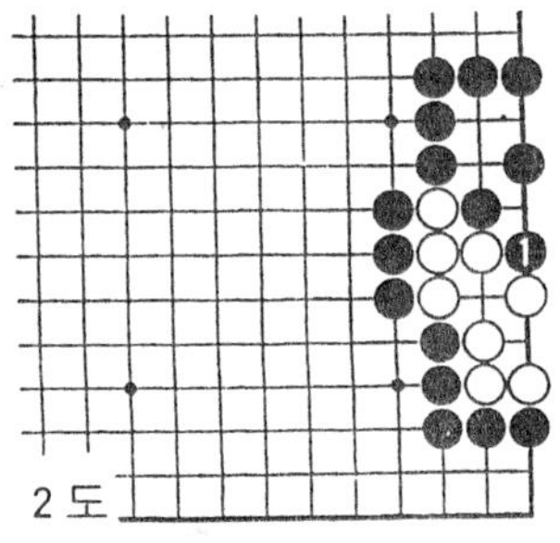

2 도

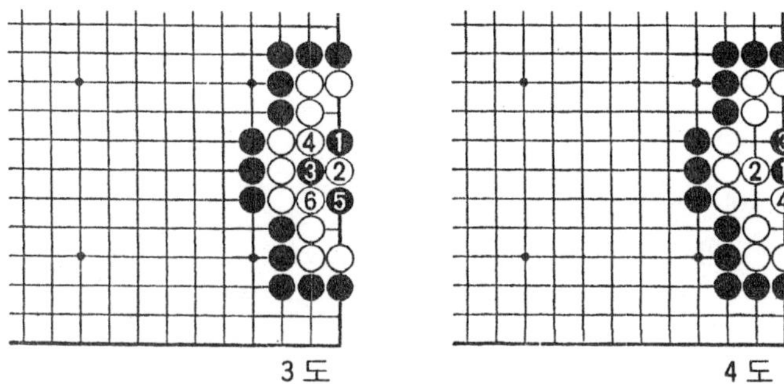

3 도　　　　　　　　4 도

3 도 실패 그러면 흑 1의 치중은 어떨까. 백 2의 붙임, 흑 3의 젖혀나감, 백 4에서 6까지 흑이 2의 점을 이으면 빅이 난다.

4 도 붙임 흑 1의 제 1선의 치중은 실패한다. 백 2의 누름이 있기 때문이다. 간단히 4까지 사는 모양이다.

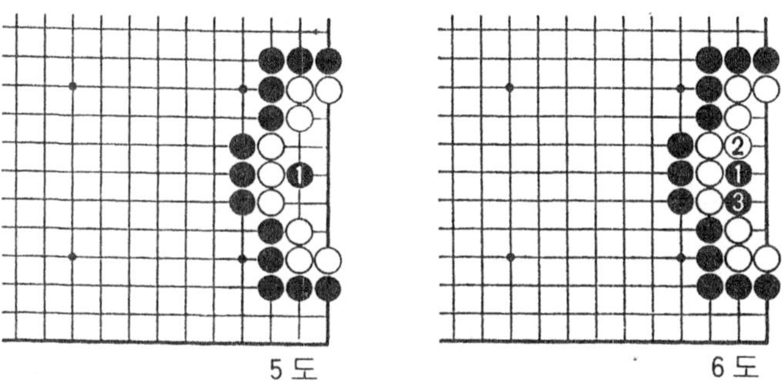

5 도　　　　　　　　6 도

5 도(마술) 붙임 이상의 실패를 검토한 다음에 단도직입적으로 흑 1에 붙인다. 좌우동형은 중앙에 수가 있다. 이런 곳은 깊이 생각하지 않아도 명쾌한 답을 얻어야 한다.

6 도 백사 흑 1의 붙임에 백 2로 이으면 흑 3의 끊음으로 간단히 죽는다.

변의 안형

제 2 형 흑선

중앙에 한집이 나있는 형이다. 변의 안형에 관한 것으로 한 눈에 알 수 있어야 한다.

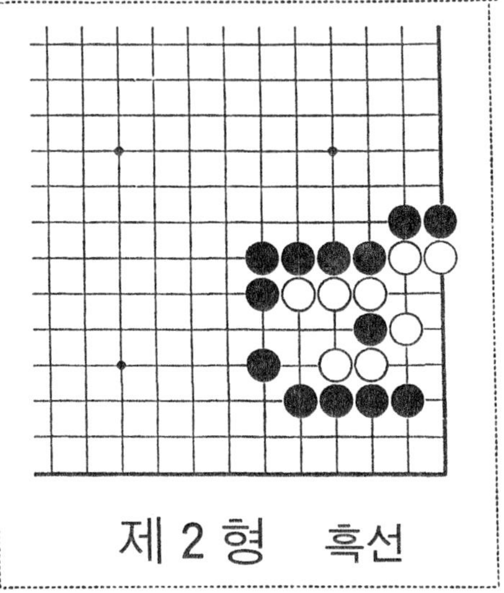

제 2 형 흑선

1 도 실패 먼저 1로 두는 것을 생각해 보자. 백 2로 한점을 따낸다.

2 도 실패 흑 1로 두면 다음 백 2로 내려서는 수가 있어 더이상 추격을 할 수 없다.

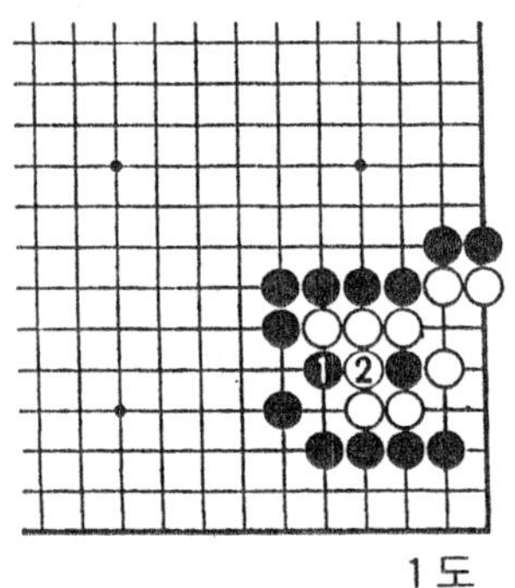

1 도

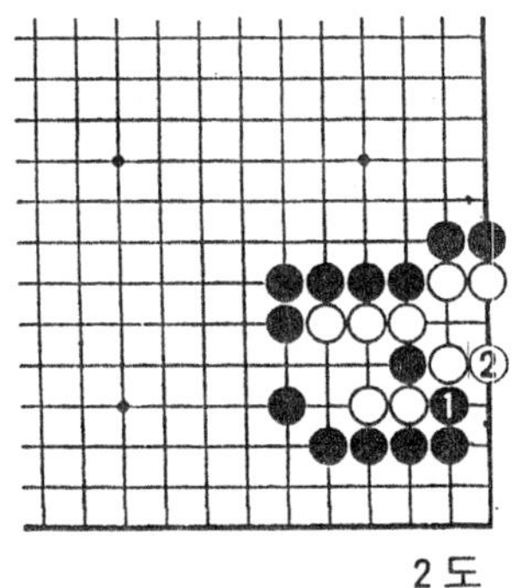

2 도

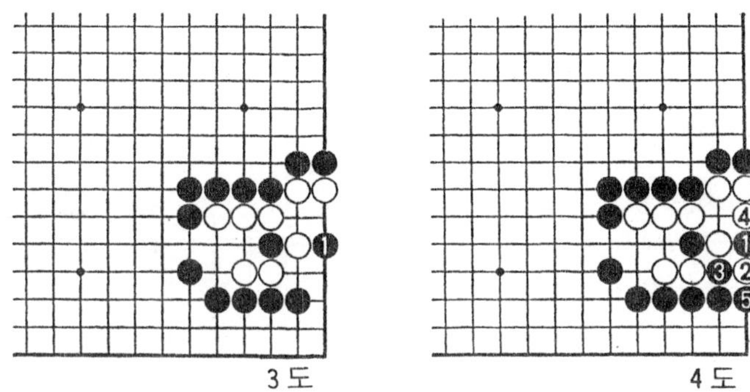
3 도　　4 도

3 도(마술) 붙임 테크닉에 관한 수이다. 흑1의 붙이는 수가 안형을 파괴한다.

4 도 한점을 먼저 땀 흑1의 붙임에 백2로 젖히면 흑3으로 끊는다. 한점을 따내면 5로 단수한다.

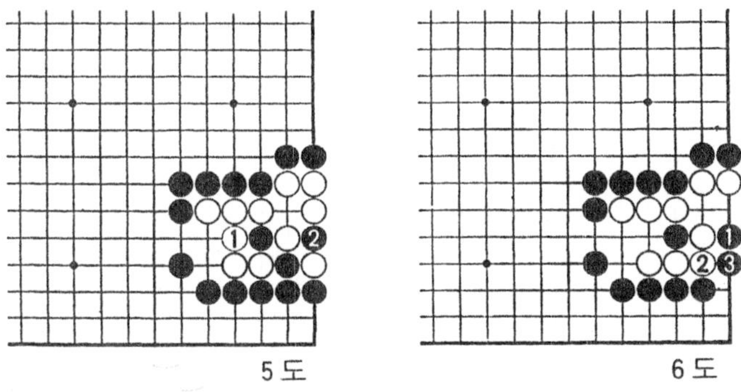
5 도　　6 도

5 도 패 다음에 1로 때리면 2로 따낸다. 패가 정해이다.

6 도 백사 흑1의 붙임에 백2로 느는 수는 3으로 백이 죽는다.

이기고 있다

제 3 형 흑선
공격에서 백의 집 품이 넓다. 지혜를 움직여 이기는 맥을 찾아보자.

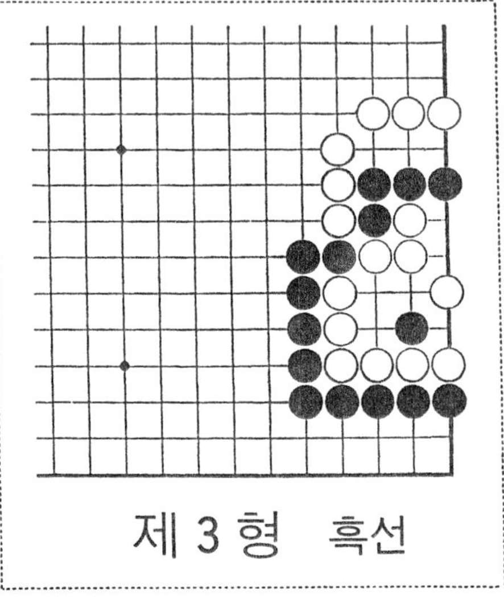

제 3 형 흑선

1 도 실패 흑 1 로 밀면서 공격하는 것은 백 2 로 응수하여 실패다. 흑 3 에는 백 4 로 외곽을 조이고 흑 5 에는 6 으로 따낸 다음에 —— .

2 도 흑 부담 흑 1 의 안형의 급소에 다가서도 흑은 2 수 정도의 부담이 있다. 백은 전도의 4 를 생략하여도 된다.

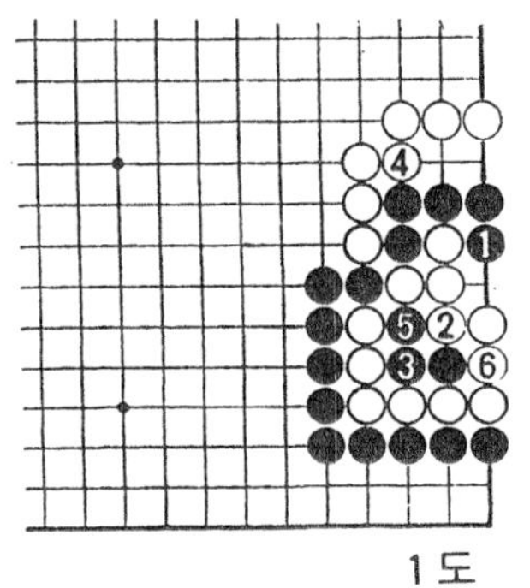

1 도

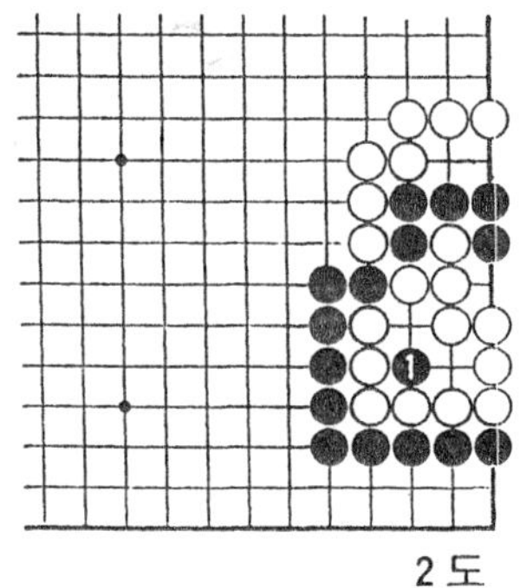

2 도

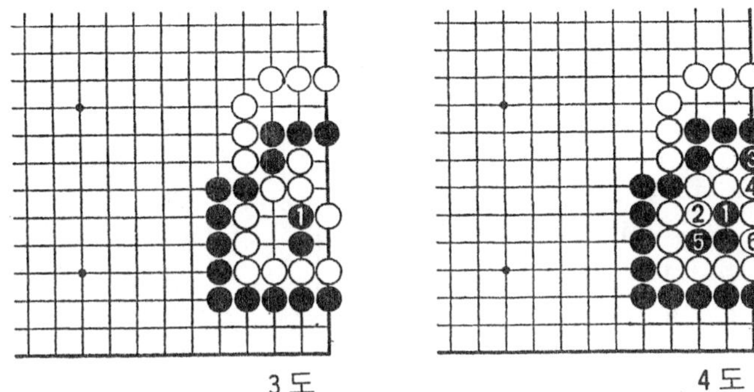

3 도　　　　　　　　4 도

3 도(마술) 단수침입 백 1 로 내부에서 부딪혀 싸우는 것이 좋은 수이다. 수수를 압축할 수 있는 급소이다.

4 도 3 점을 땀 흑 1 에 백 2, 흑 3, 백 4 이하 6 까지 된 다음——.

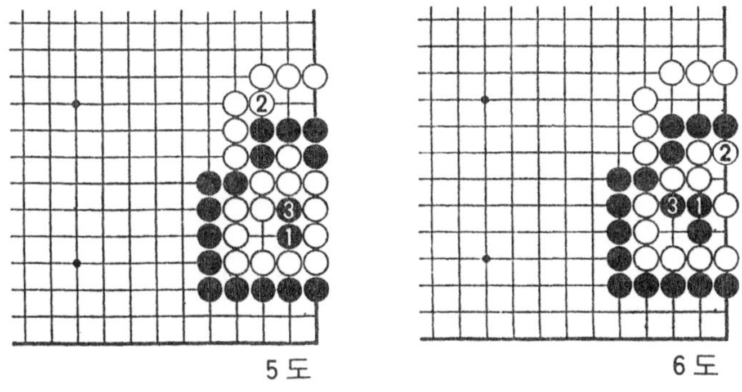

5 도　　　　　　　　6 도

5 도(마술) 흑성공 흑 1, 3 으로 공격하면 한 수 빠르다. 전도의 부딪힘이 주효하였다.

6 도 백 부담 흑 1 의 부딪힘에 백 2 로 두는 것은 흑3 으로 끝이다.

상처를 냄

제 4 형 흑선

흑의 대마가 죽기전이다. 귀의 백 모양에 대해서 어떻게 두어야 할까.

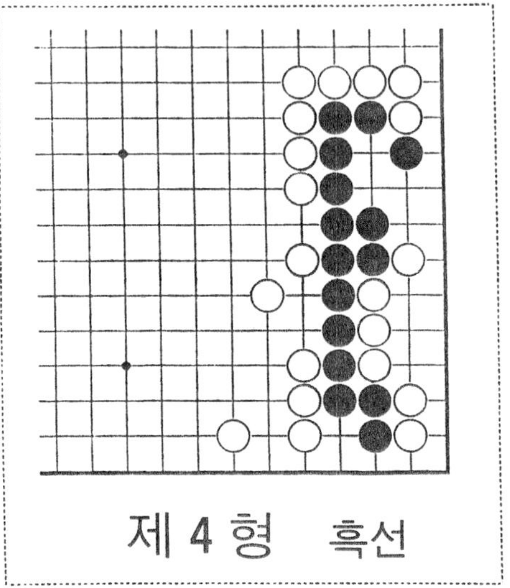

제 4 형 흑선

1 도 실패 흑 1 의 내려섬에 백 2 로 이은 다음——.

2 도 흑사 다음에 흑 1 로 내려서 흑이 죽은 모양이다. 흑 a의 젖힘에는 b의 급소에 둠이 그곳이다. 흑은 수가 나지 않는다.

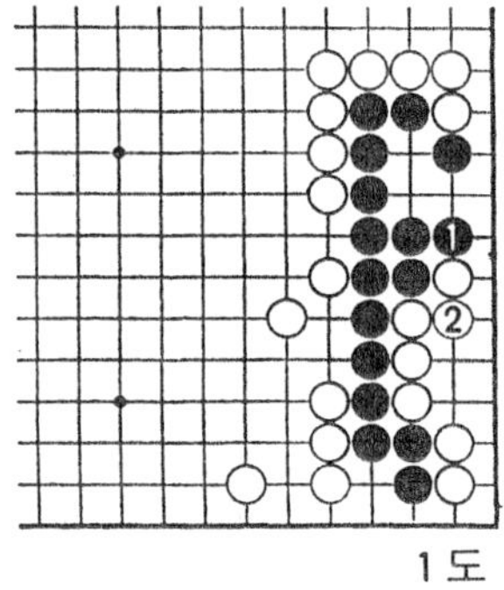

1 도

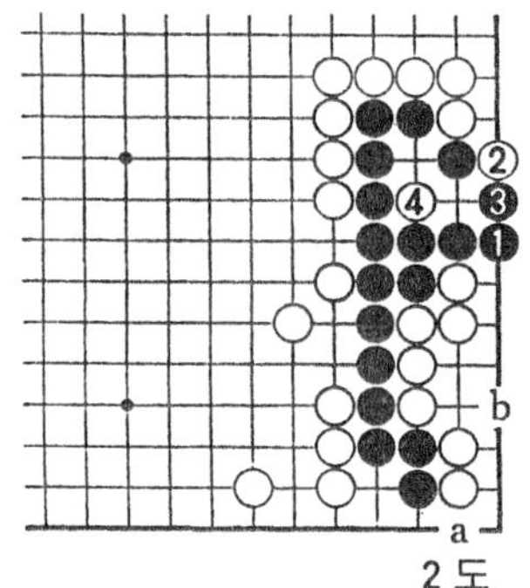

2 도

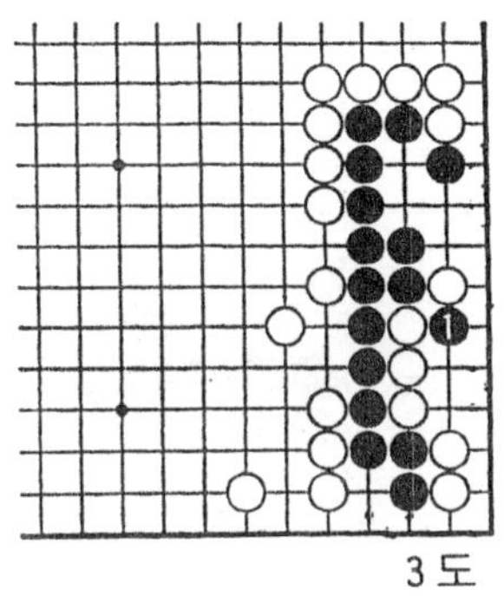

3 도

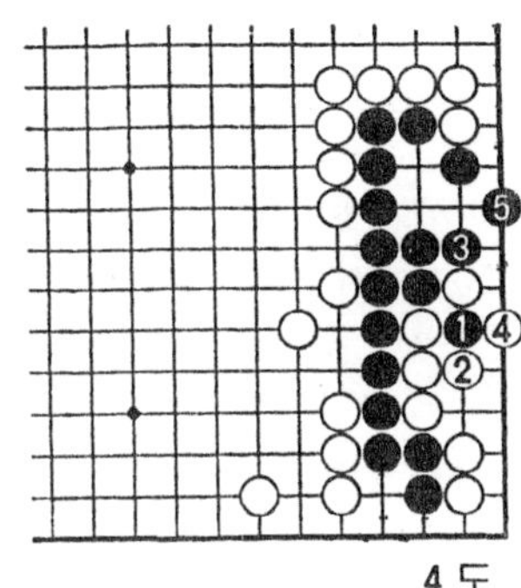

4 도

3 도(마술) 끊음 백을 상처내어 수를 생각해야 함이 보통이다. 흑 1 의 끊음에서 수가 생긴다.

4 도 납짝함 흑 1 에 백 2 는 흑 3 으로 단수하여 4 로 딸때 5 로 둔다.

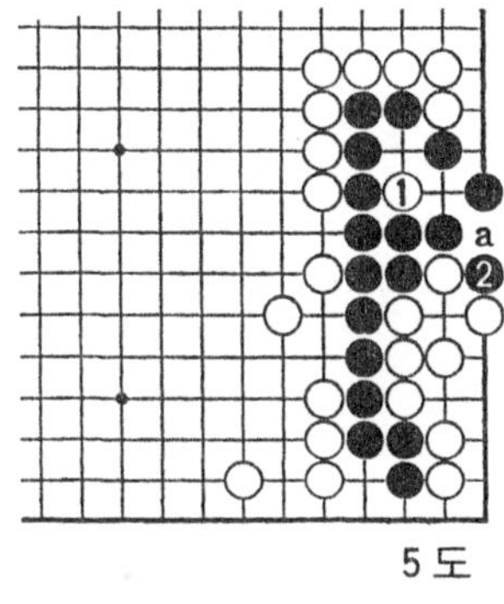

5 도

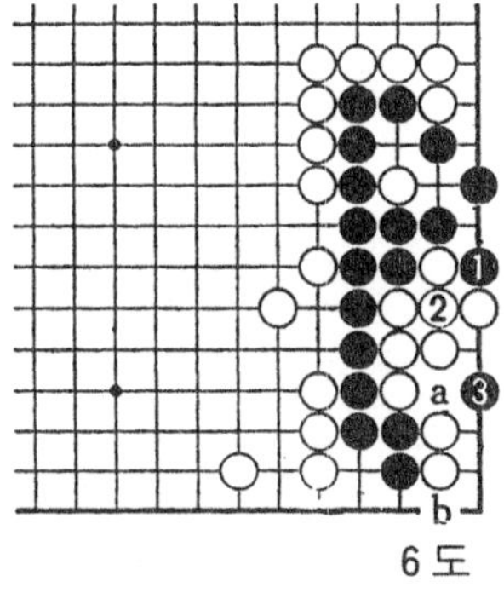

6 도

5 도(마술) 패 이다음 백 1 로 치중을 하면 흑 2 로 두는 것이 맥이다. a 로 때려 패가 정해이다.

6 도 패의 내용 흑 1 의 찌름에 대해 백 2 로 이으면 흑 3 의 치중이 통렬하다. 백a 의 이음엔 흑b 의 젖힘으로 죽는다.

앙버팀

제 5 형 백선
흑에서 제 1 선에 침입을 한 모양이다. 백의 앙버팀에 관한 수가 있다.

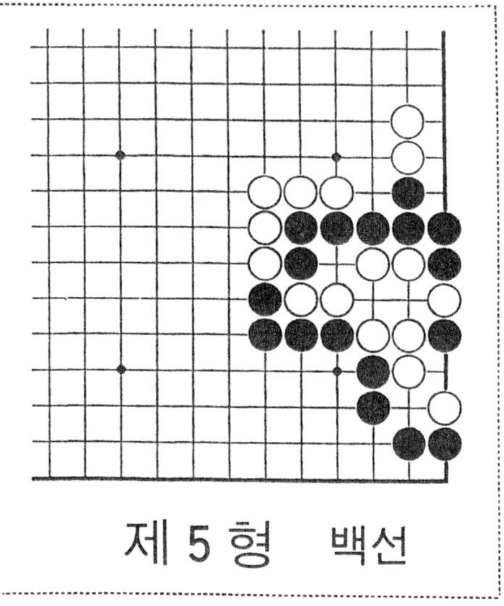

제 5 형 백선

1 도 한점 땀 의외로 흑의 모양이 강하다. 백의 버팀은.

백 1 로 간단히 때림은 2의 집어넣음이 있다. 3 으로 때려내면 —.

2 도 백 부담 다음에 흑 1 의 단수는 백의 부담이 된다.

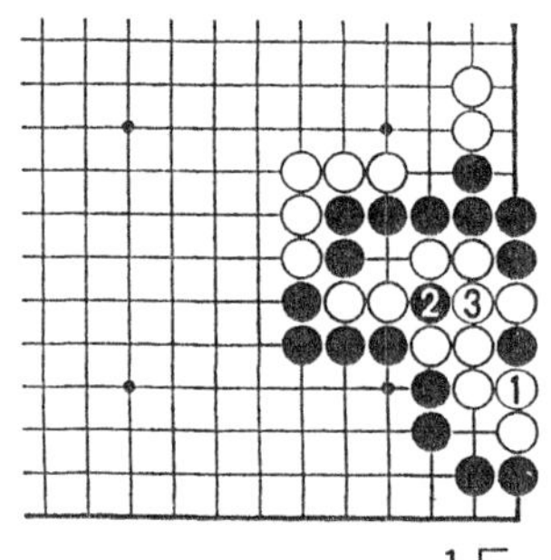

1 도

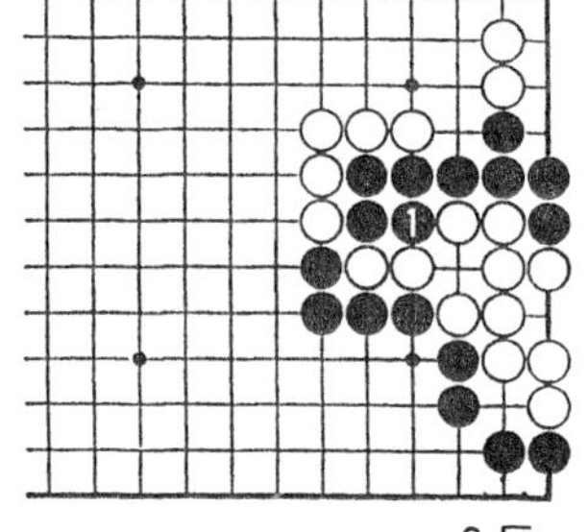

2 도

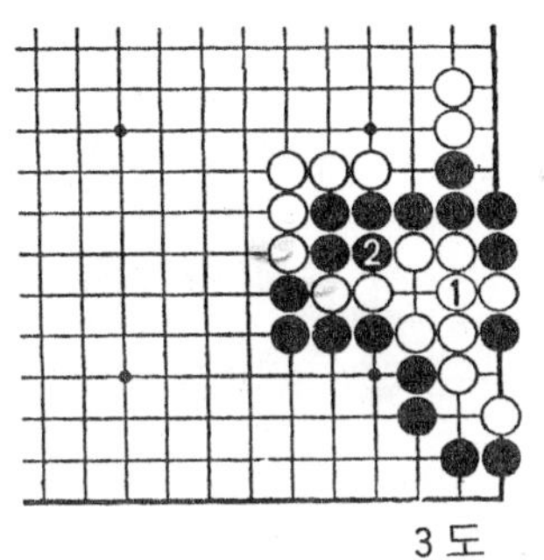

3 도

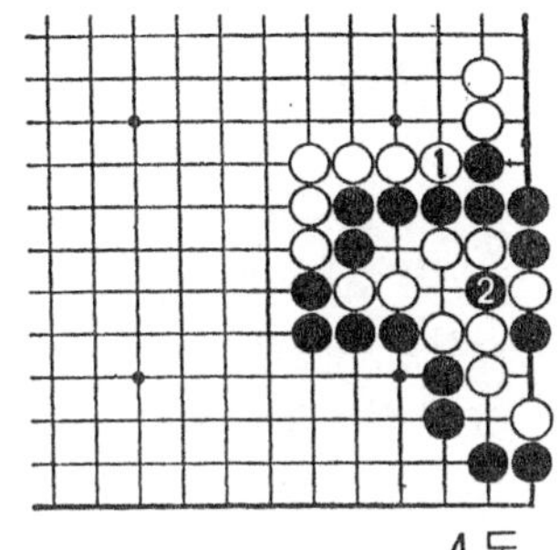

4 도

3 도 백 부담 그러면 백 1 로 이으면 흑 2 의 단수로 같은 결과이다.

4 도 실패 백 1 로 외곽을 조이는 것은 흑 2 로 한점을 따내어 저항을 한다.

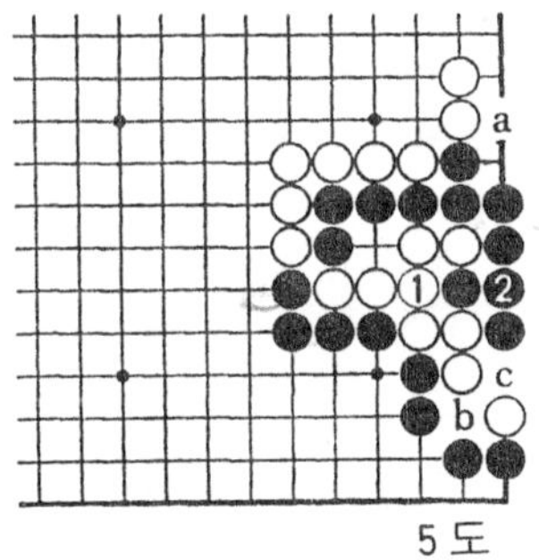

5 도

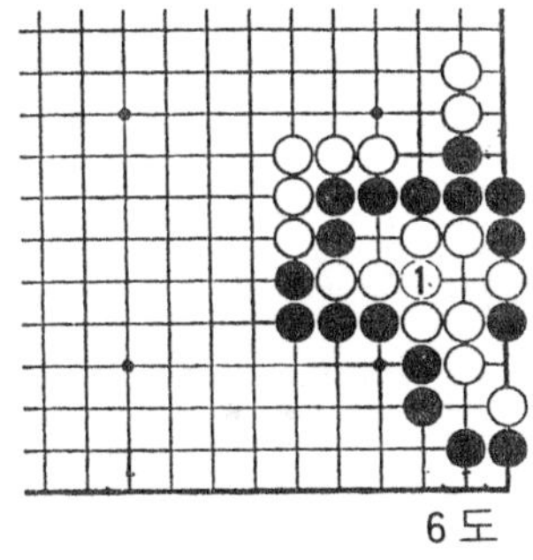

6 도

5 도 흑 부담 2다음 백 1 의 단수에는 흑 2 의 이음이다. 그다음 백a 에는 흑b 로 단수한다. 흑승.

6 도(마술) 패 백 1 로 받아서 때를 다투는 것이 정해이다.

지혜

제 6 형 흑선

제 1 선의 내려섬을 이용하여 백모양에 침입하는 것이 과제이다.

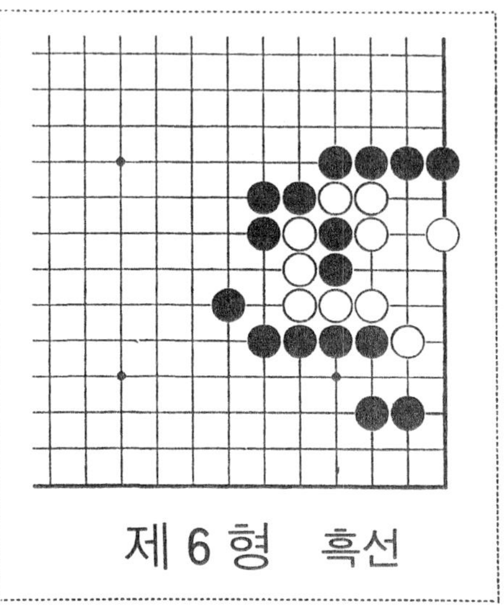

제 6 형 흑선

1 도 실패 흑 1 로 나가면 백 2 로 이어서 실패다. 서로의 상처를 내어 타개하여야 한다.

2 도 실패 흑 1 의 치중에 백이 2 로 이으면 흑 3 으로 끊는다. 4 의 젖힘까지. 백의 제 1 선에 대한 효과로 살아있는 모양이다.

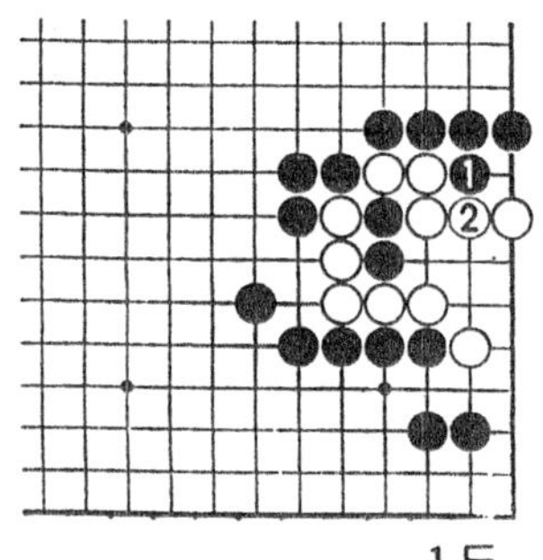

1 도

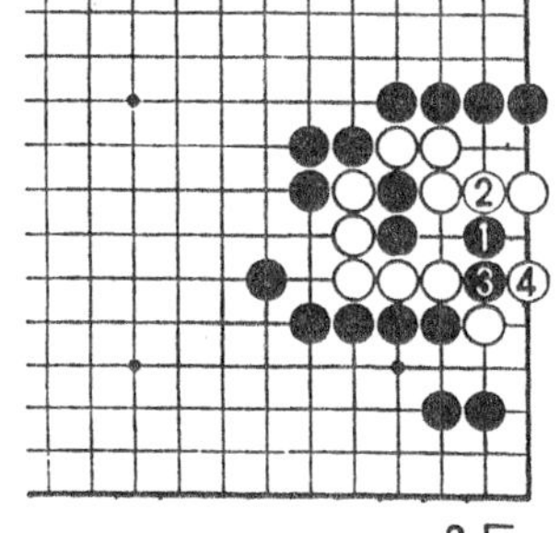

2 도

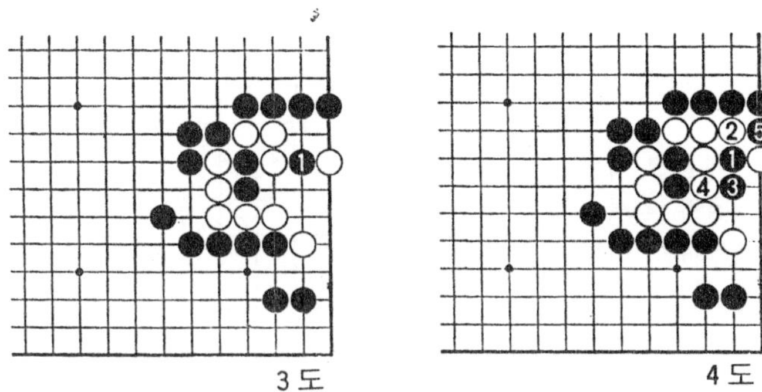

3 도　　　　4 도

3 도(마술) 침입의 끼움 흑 1 의 끼움이 정해. 이 한점이 마술의 끼움으로 좌우로 움직인다.

4 도(마술) 백사 흑 1 에 대하여 바깥쪽의 단수는 흑 3 다음 백 4 로 따내어 흑 5 로 끊는 것이 정해이다.

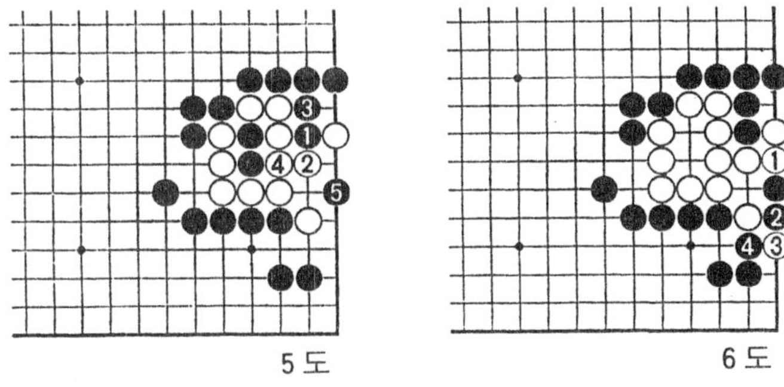

5 도　　　　6 도

5 도(마술) 치중 흑 1 의 끼움에 대하여 백 2 로 안에서 단수하는 것은 4 까지 된다음 5 의 치중이 있다. 다음에 ―.

6 도(마술) 백사 백 1 의 이음에 흑 2, 4 까지로 백이 죽는다.

꼬리

제 7 형 흑선

백의 안형을 추격하는 것으로 이 모양에서도 테크닉이 필요하다.

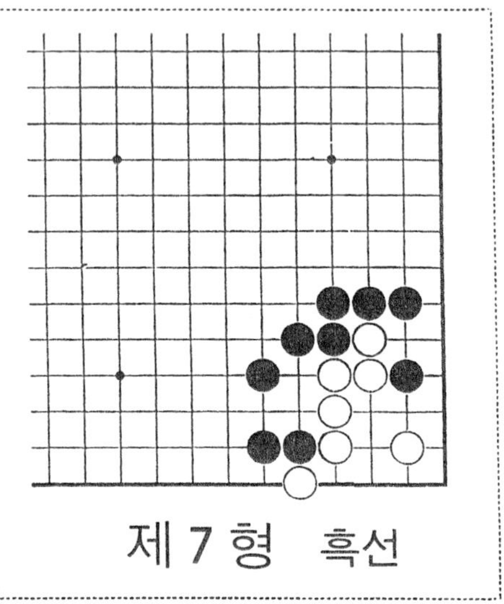

제 7 형 흑선

1 도 실패 흑 1 의 이음엔 백 2 의 막음이 있다. 흑 3, 백 4 로 삶을 확인하는 형이다.

2 도 실패 흑 1 에 백 2 로 나가면 이하 6 까지 되는데 흑a, 백b, 흑 4 의 이음, 백c 까지 된다.

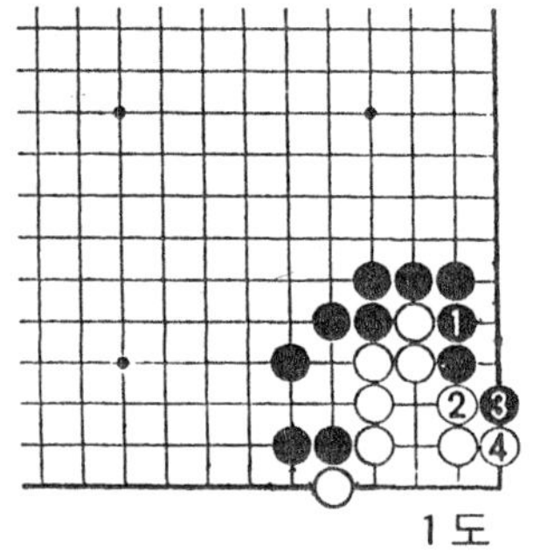

1 도

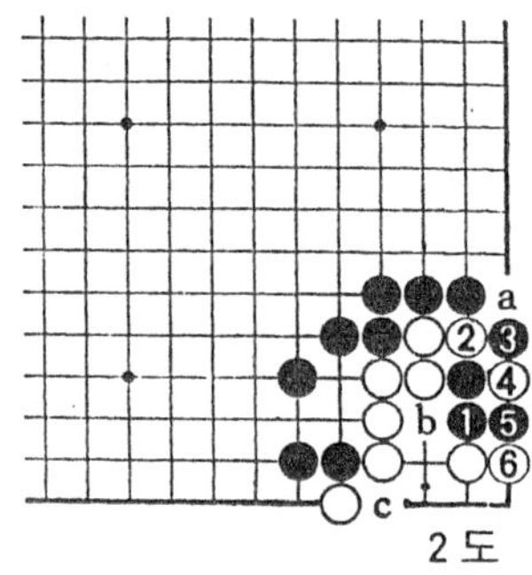

2 도

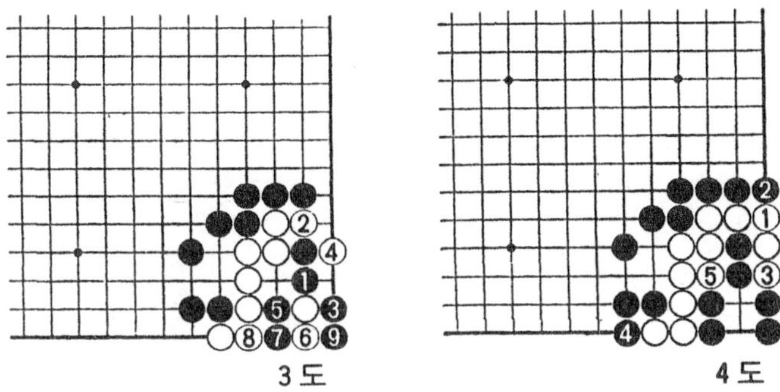

3 도 실패 흑 1, 백 2, 흑 3 의 젖힘에서 9 까지 2 점을 따내면—.

4 도 백삶 백 1 에서 5 까지 흑 6 점을 잡고 산다. 밖에서 공격하여야 이긴다.

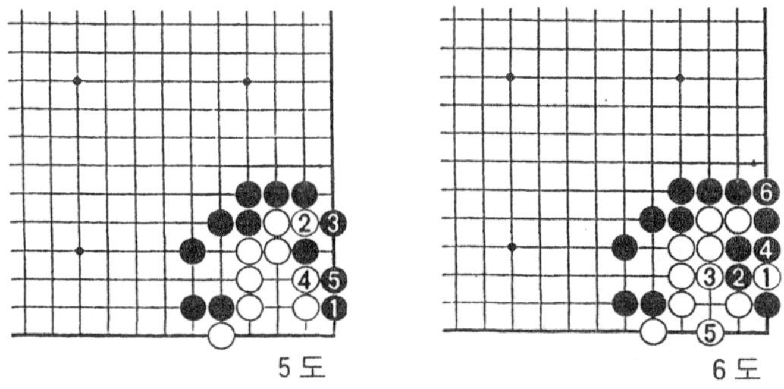

5 도(마술) 패 흑 1 에 백 2 는 5 까지의 비상수단이 벌어진다.

6 도 백사 흑의 이음에 백 3, 5 까지. 6 으로 패를 피하는 수가 있다.

급소

제 8 형 흑선
다음의 흑한점이 부자유스럽다. 이를 극복함이 필요하다. 급소는?

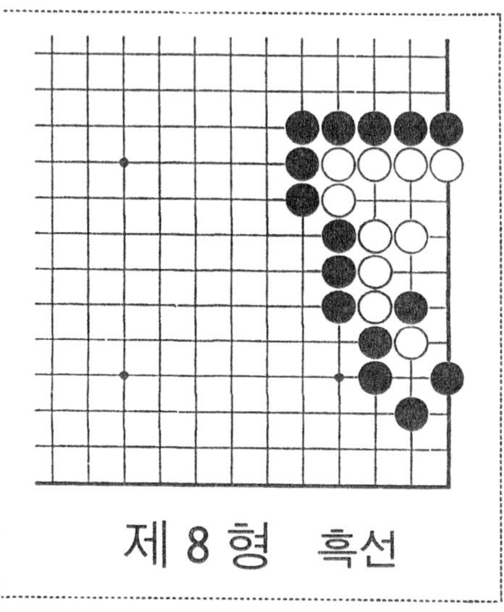
제 8 형　흑선

1 도 실패 흑 1 로 한점을 이어가는 것은 너무 정직하여 성공할 수 없다. 백 2 단수에서 4 까지 백은 곡 4 궁으로 산다.

2 도 실패 흑 1 의 마늘모는 이맥이다. 다음의 6 까지 사는 형태다.

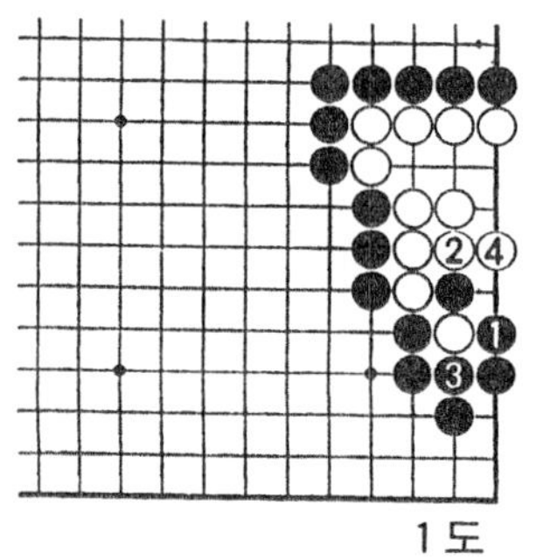
1 도

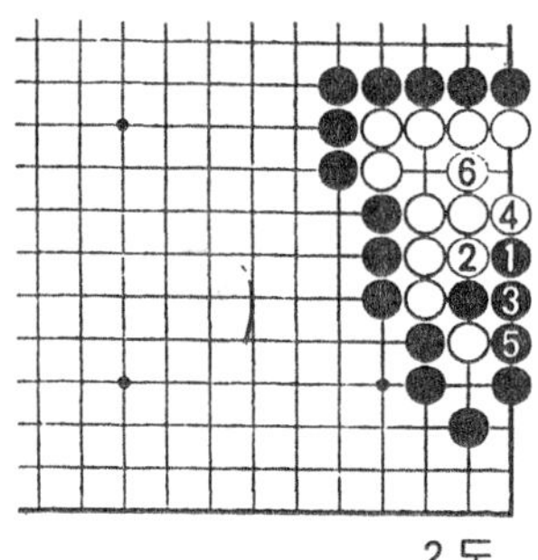
2 도

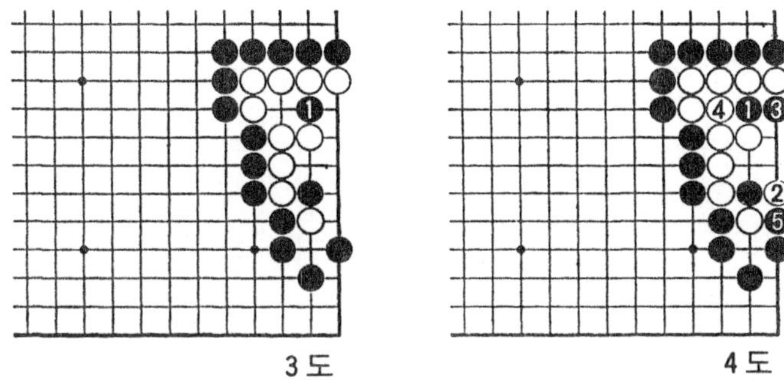

3 도　　4 도

3 도(마술) 붙임 이 형은 먼저 급소에 두는 것을 생각해야 한다. 2 도 백 6 으로 사는 그 점이 급소다. 어떻게 받을까?

4 도 선수 흑 1 에 대하여 백 2 의 단수는 흑 3 으로 단수하고 백 4 로 이으면 5 로 부딪혀간다.

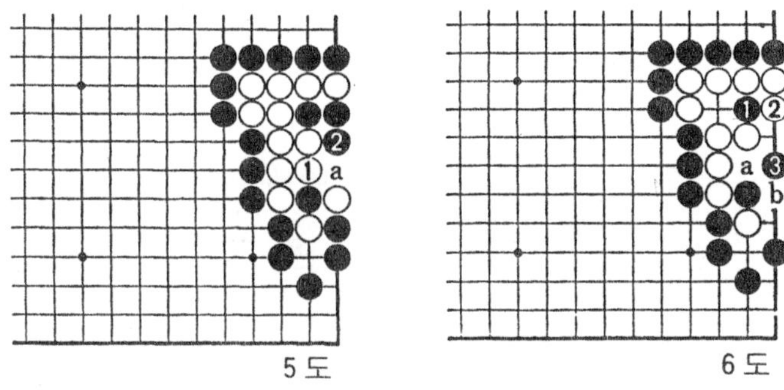

5 도　　6 도

5 도(마술) 백사 다음에 백 1 로 따내면 흑 2 로 백이 죽는다.

6 도(마술) 백사 흑 1 에 대하여 2 로 받는 것은 흑 3 으로 그만이다. 다음에 백a 에는 흑b 로 그만이다

패

제 9 형 흑선

표제는 패에 관한 것으로 패에 의문부가 붙는 형이다. 무조건 살려주어선 안된다.

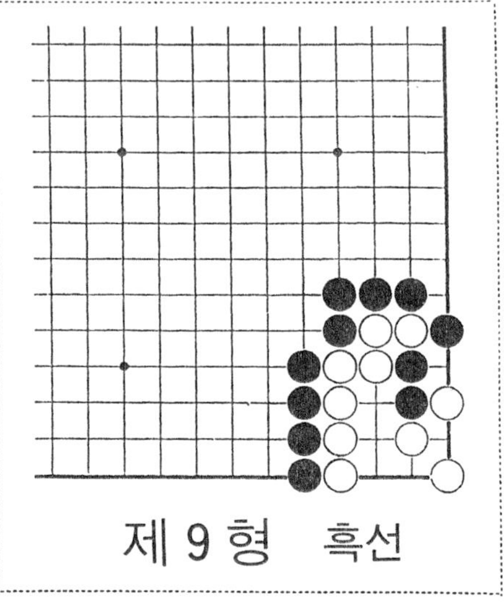

1 도 실패 흑 1 의 젖힘은 가장 나은 타개방법. 이다음—.

2 도 패 흑은 1 로 두어 3 까지 패가 나는데 실은 정해가 아니다.

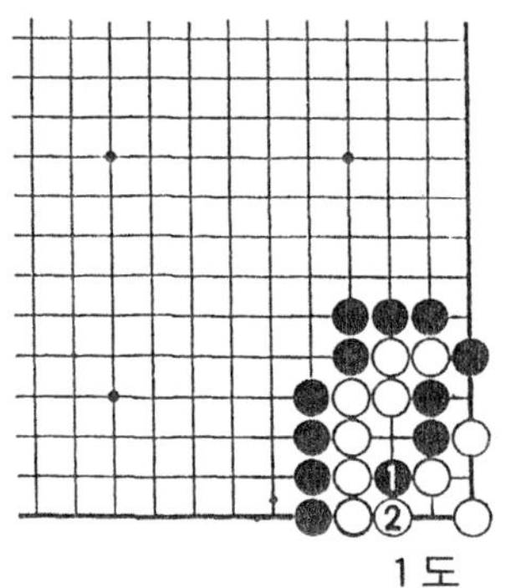

1 도

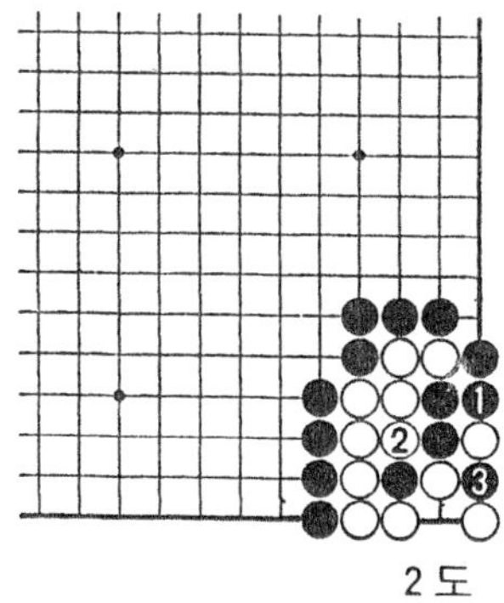

2 도

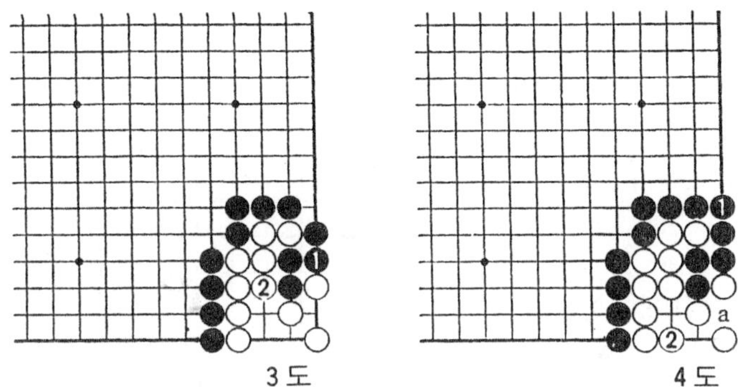

3 도　　　　4 도

3 도 실패 흑 1 로 간단히 이음은 정해가 아니다. 그 다음에 ―.

4 도 패 백이 a 로 때리지 않고 1 로 이으면 흑은 2 의 곳의 급소에 둔다. 이것도 만족을 할 수 없다.

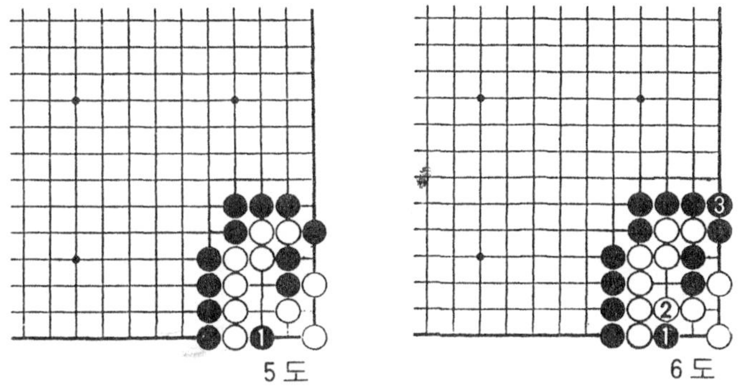

5 도　　　　6 도

5 도(마술) 붙임 흑 1 로 붙이는 것이 좋은 맥점이다. 이런 점은 한눈에 볼수 있어야 한다.

6 도(마술) 백사 흑 1 에는 백이 위쪽을 잇는다. 흑 3 으로 이어 백이 죽는다.

귀의 변화

제10형 흑선
앞에 나온 형과 비슷한 형(型)으로 제의(題意)를 보고 정해를 찾아야 한다.

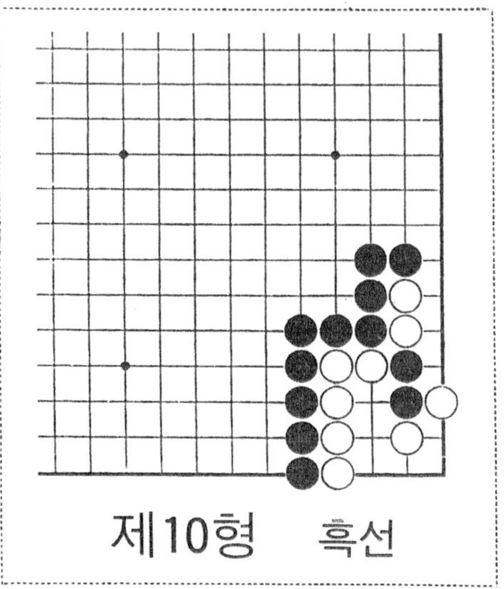

제10형 흑선

1 도 실패 흑 1 로 2 점을 취하는 것은 백 2 의 단수 다음에 4 로 즐겁게 살아버린다.

2 도(마술) 단수 이 장면에서 흑 1 로 단수하는 것은 좋은 수이다.

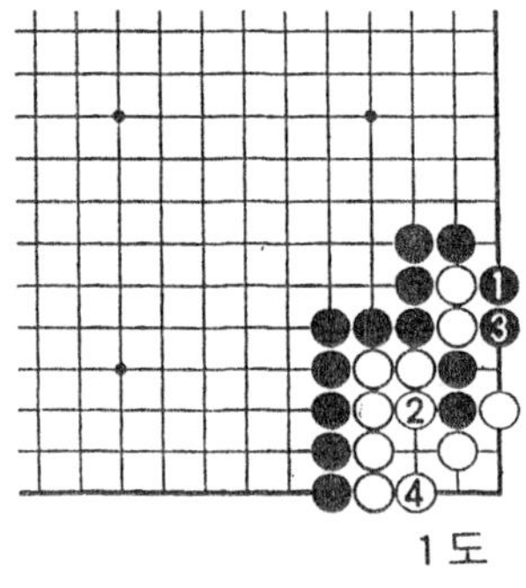

1 도

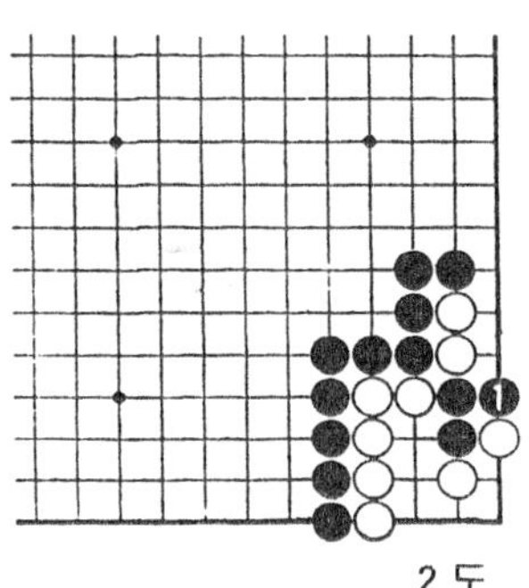

2 도

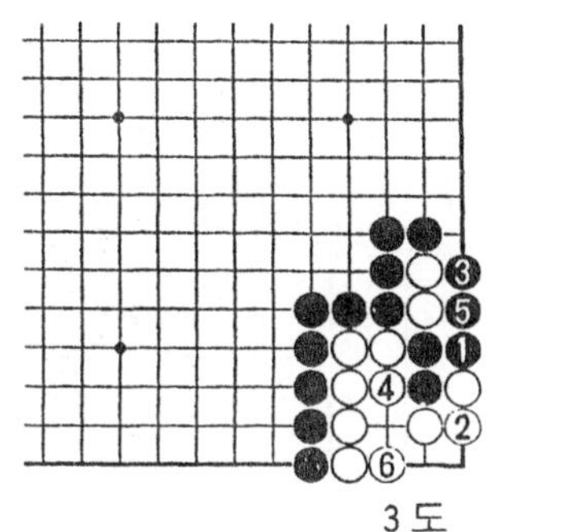

3 도

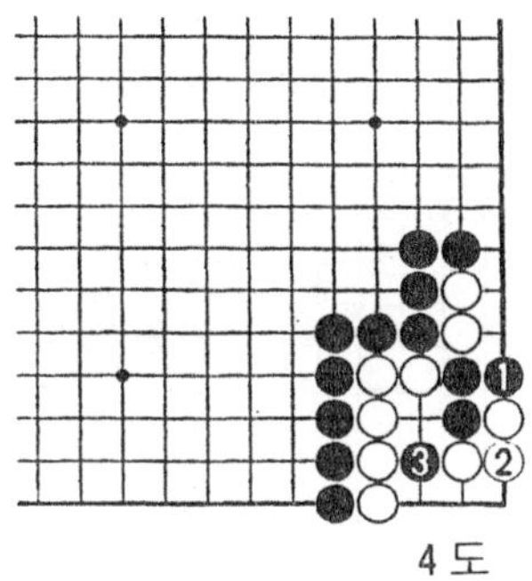

4 도

3 도 실패 흑 1 로 내려서 단수하는 것이 정해인데 백 2 로 이으면 6 까지의 백의 주문이다.

4 도(마술) 젖혀끼움 흑 1 의 단수에 백 2 의 이음. 그다음 흑 3 의 젖혀끼움이 있다.

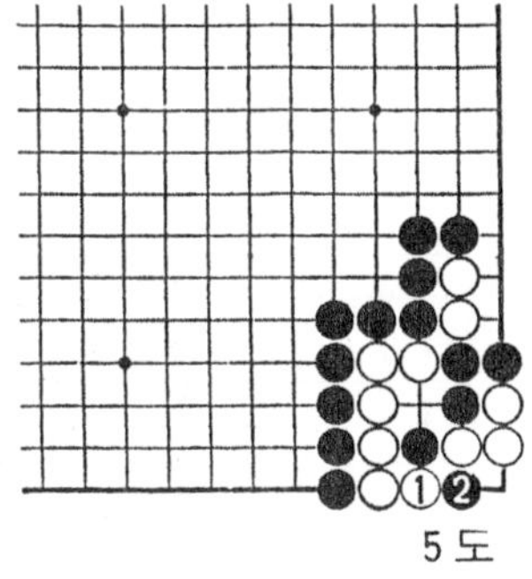

5 도

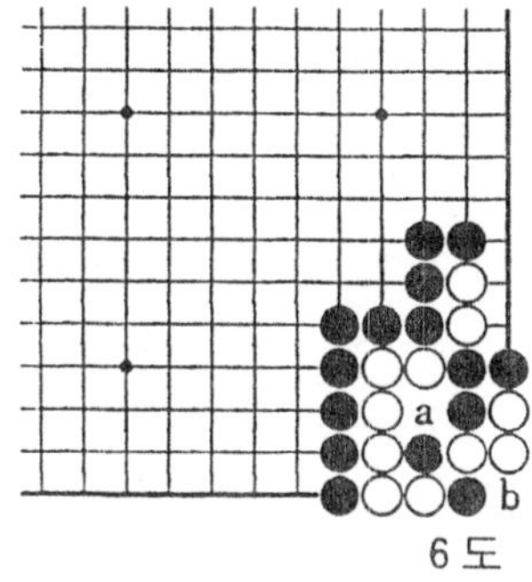

6 도

5 도(마술) 환격 흑의 젖혀끼움에 대하여 1 로 받는 것은 2 의 환격으로 백이 죽는다.

6 도 환격 이런 형에서는 a 나 b 의 곳 어느쪽도 손을 쓸 수가 없다. 본형은 변화를 나타내었다.

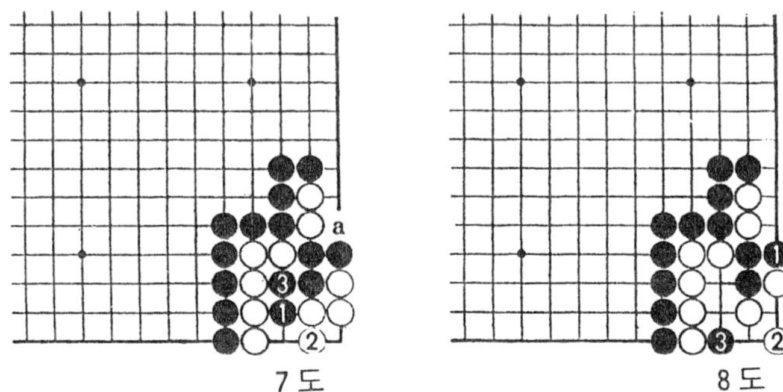

7 도 8 도

7 도 백사 흑 1 의 젖혀끼움에 대하여 백 2 가 급소의 내려섬 같으나 3 의 이음이 있다. 일련의 흑의 수단이 성립함에 주의.

8 도 백사 흑 1 의 내려섬에는 백 2 로 패를 유혹하여도 3 으로 급소에 놓아 백이 죽는다.

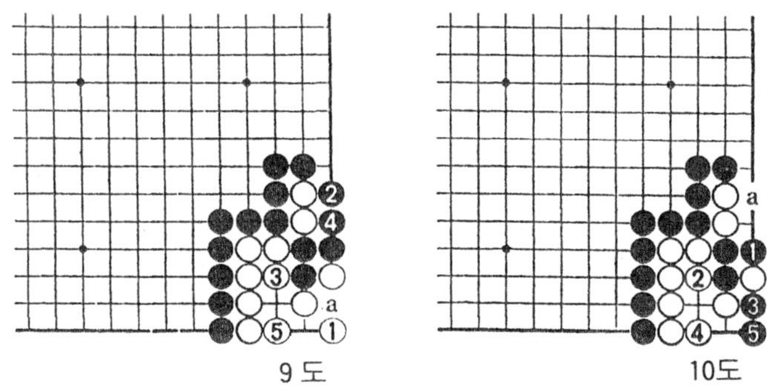

9 도 10도

9 도 실패 백 1 의 벌림에 흑 2 , 4 로 2 점을 때리는 것은 흑의 실패이다. 전도 흑 3 이 정수이다.

10도 백사 흑 1 의 단수에 백 2 의 단수는 5 의 내려섬이 정수이다. 흑 5 로 a 는 패가 난다.

귀의 공방

제11형 흑선

백을 죽이는 수는 없을까. 급소를 찾아내 보자.

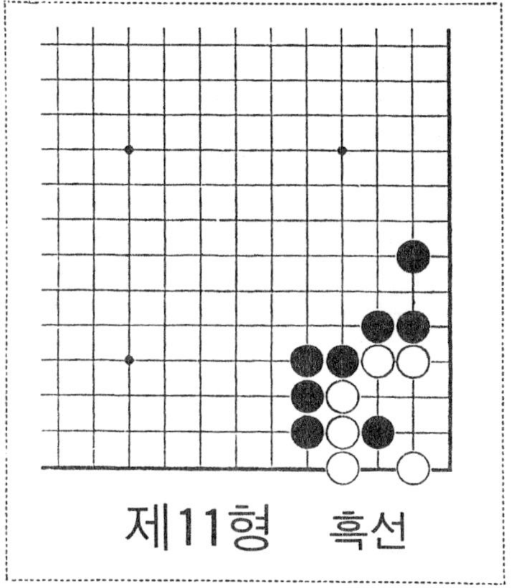

1도 실패 흑 1의 끊음에는 백 2가 있다. 흑 3의 젖힘엔 4로 살아버린다.

2도 실패 흑 1의 젖힘에는 백 2가 급소이다. 흑 3, 백 4 다음 흑a이면 백b이다. c로 이으면 a로 끊는다.

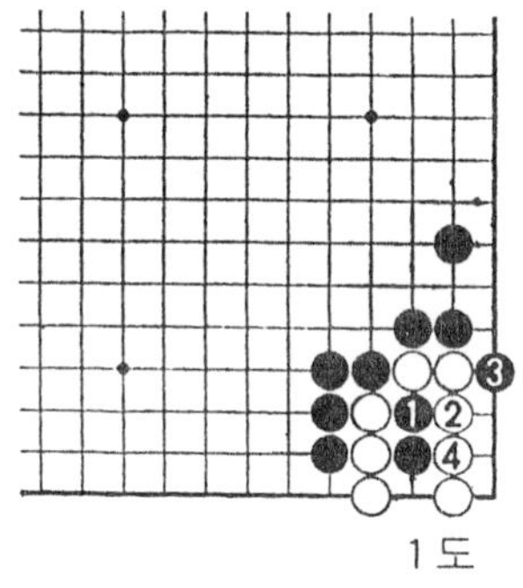

1도

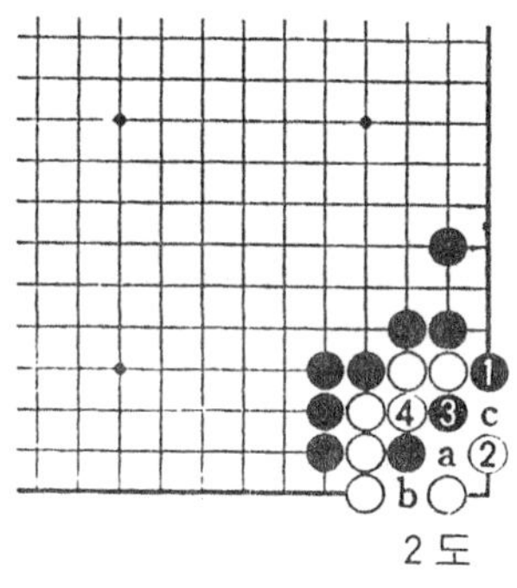

2도

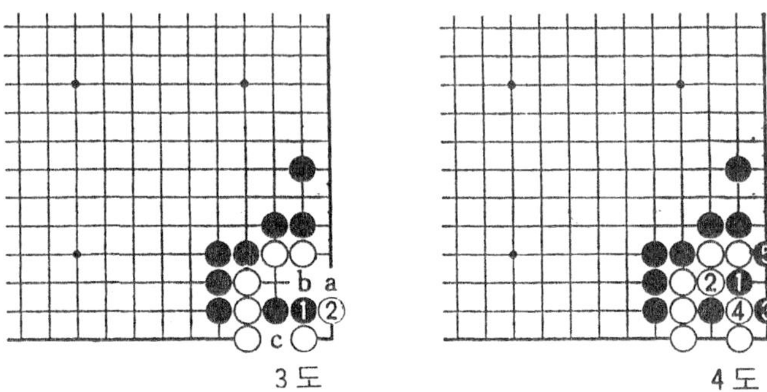

3 도　　　　4 도

3 도 실패 흑 1 의 내려섬에 백 2 의 젖힘은 다음에 흑a 이면 백b 로 패가 난다. 그러나 정해는 아니다.

4 도 실패 흑 1 의 마늘모에는 백 2 의 이음이 있다. 흑 3 으로 두면 백 4 , 흑 5 로 패가 난다.

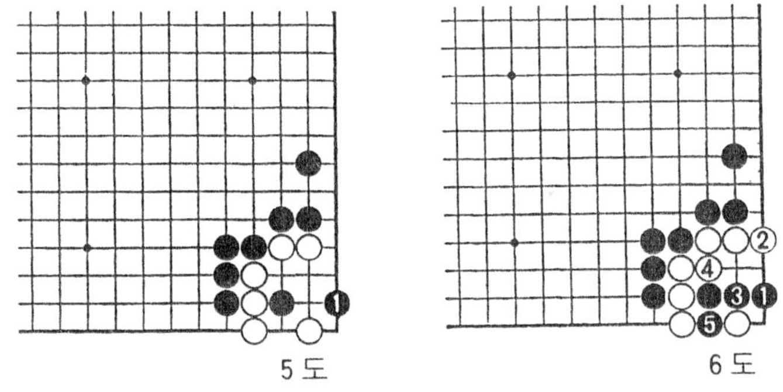

5 도　　　　6 도

5 도(마술) 치중 여기에서는 흑 1 의 치중이 급소이다.

6 도(마술) 백사 흑 1 에 대하여 받는 방법을 생각해 보자. 2 의 내려섬에 3 으로 잇고 4 에는 5 로 내려선다.

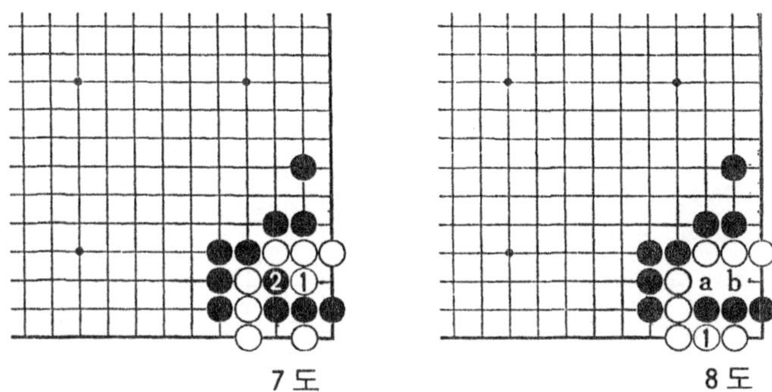

7도(마술) 백사 흑이 3점으로 이으면 흑 2의 끊음이 있다. 백이 죽는 모양이다.

8도 백사 다음 백 1로 두는 것은 흑a로 끊어 그만이다.

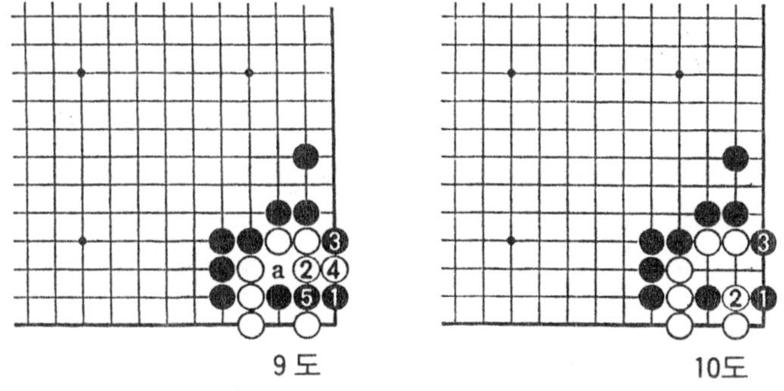

9도(마술) 백사 흑 1이 귀의 급소. 백 2에는 흑 3의 젖힘이 수순이다. a로 이어도 안된다.

10도(마술) 백사 흑 1의 치중에 백 2로 응수하는 것은 3의 젖힘으로 백이 죽는다.

급소의 종류

제12형 흑선

변의 일선에 대한 공방으로 급소에 대한 여러가지를 나타내었다.

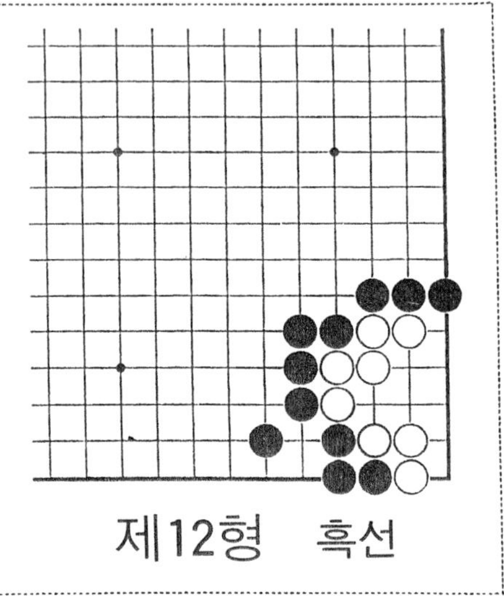

제12형 흑선

1도 실패 흑 1로 미는 것은 평범하다. 백 2로 두어 타개한다. 흑 3에는 백 4로 그만이다.

2도 실패 흑 1은 급소와 비슷하나 급소가 아니다. 4까지 사는 모양.

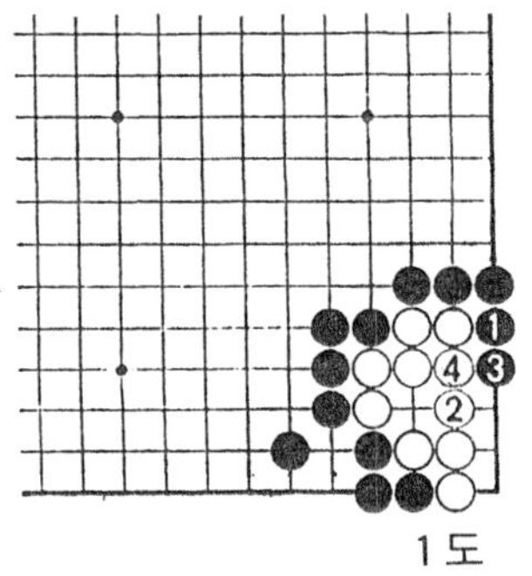

1도

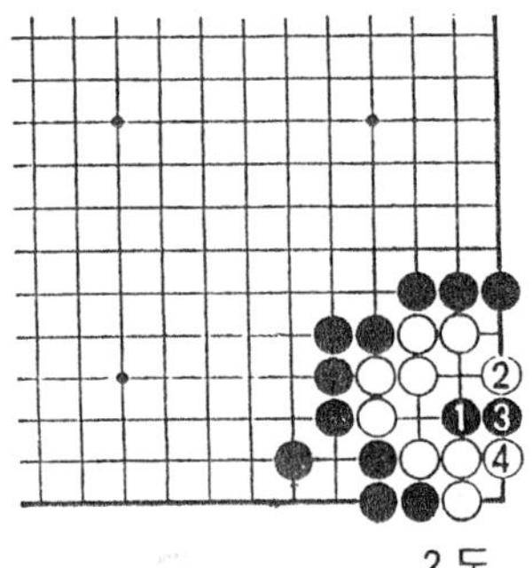

2도

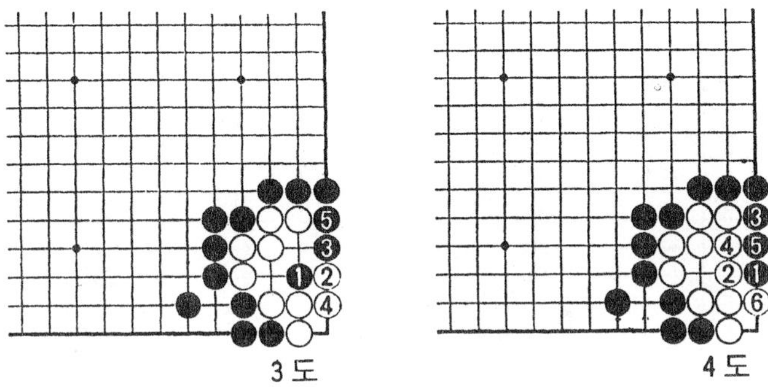
3 도　　4 도

3 도 죽음 흑 1 의 붙임에 대하여 백 2 로 젖히면 흑 3 , 5 로 자충이다.

4 도 실패 흑 1 의 치중. 이점이 급소같아 보이나 급소가 아니다. 6 까지 간단히 살아버린다.

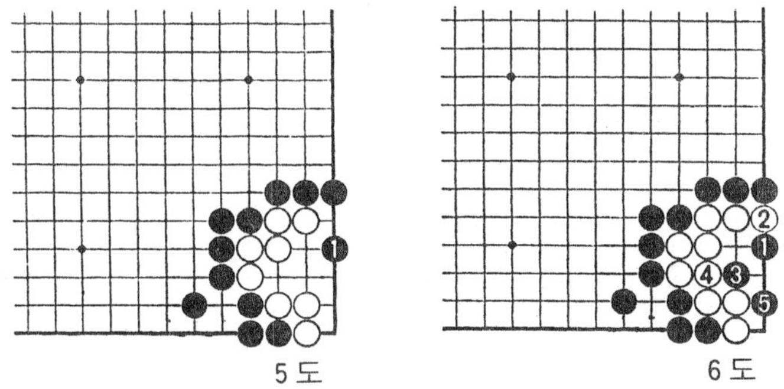
5 도　　6 도

5 도(마술) 치중 정해는 흑 1 의 뜀이 있다. 이곳이 급소이다.

6 도(마술) 백사 흑 1 의 치중에 대하여 이하 3 , 5 까지 5 궁의 형태. 변화는 없다.

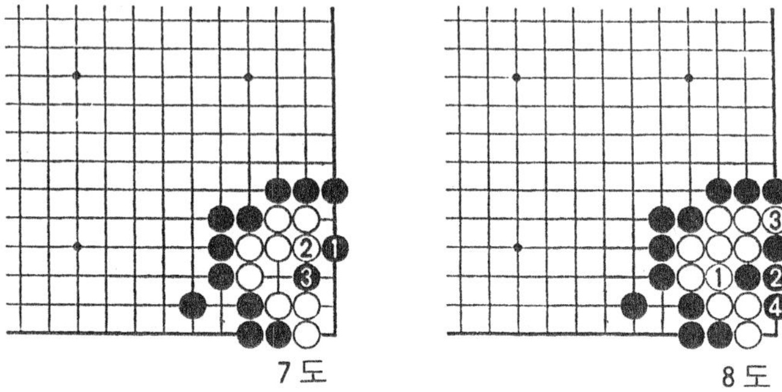

7 도 8 도

7 도(마술) 젖혀끼움 흑 1 의 치중에 백 2 로 두는 것은 흑 3 의 젖혀끼움이 교묘한 맥이다. 여기엔 마술적인 요소가 있다.

8 도(마술) 백사 다음 백 1 로 단수를 하면 흑 2 의 이음은 당연하다. 흑 4 로 4 점으로 키워 죽인다.

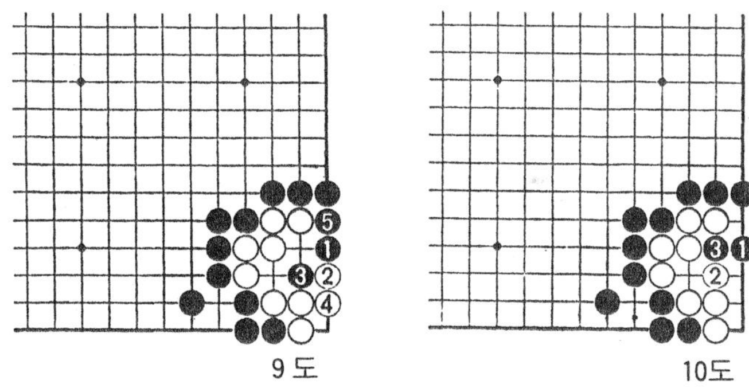

9 도 10도

9 도 백사 흑 1 에 대하여 백 2 는 흑 3 , 5 로 그만이다.

10도 백사 흑 1 의 치중에 백 2 로 받는 것은 흑 3 의 찌름이 있다. 귀의 급소를 잘 살펴보자.

세련된 모양

제13형 흑선 변의 귀에 대한 공방이다. 잘 연구하여 보면 맥을 발견할 수 있다.

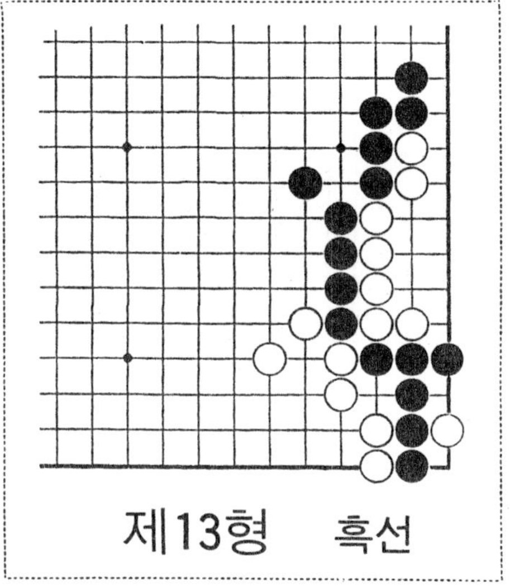
제13형 흑선

1도 실패 흑 1에 대하여 백 2는 흑 3, 백 4로 패가 나서 실패다. 흑 3으로 a는 백b, 흑 3, 백 4로 패다.

2도 실패 전도의 변화. 백 1의 막음에는 흑 2의 끊음이 있다. 흑 2는 전도가 옳다.

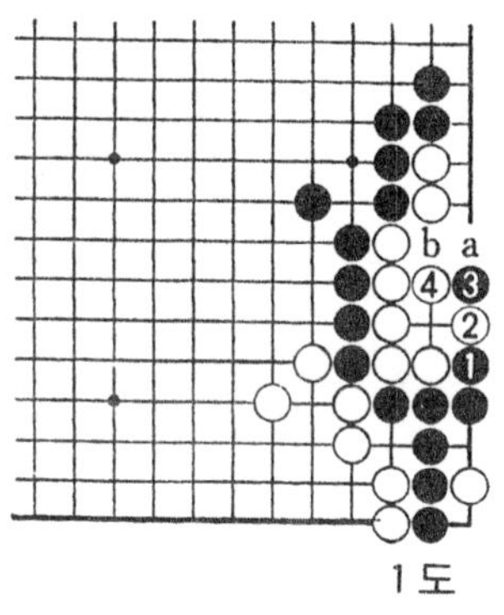

1도

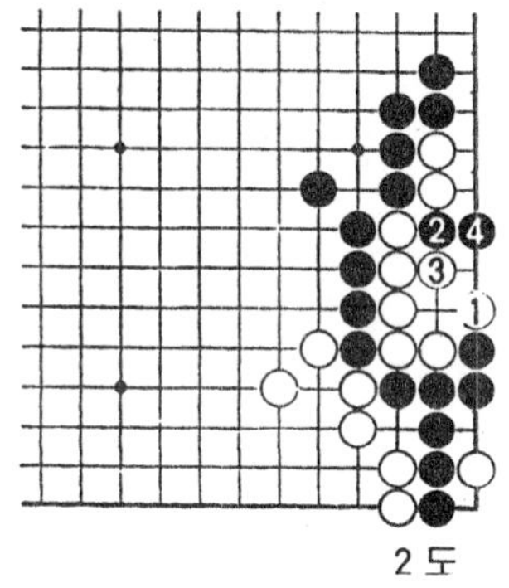
2도

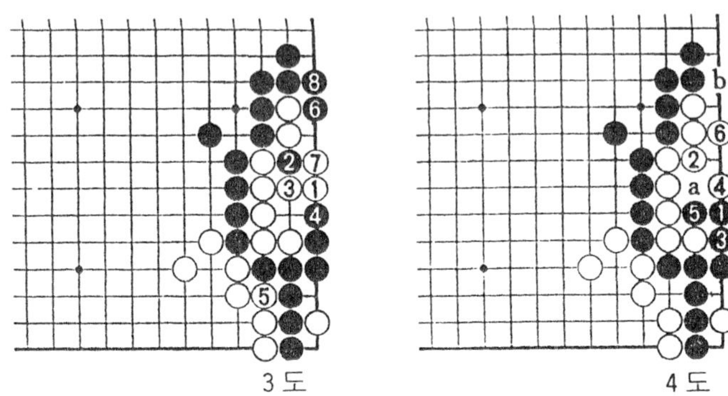

3 도　　　　4 도

3 도 흑승 흑의 미는 것에 백 1 로 뛰는 것은 흑 2 이하 8 까지. 8 도와 같은 형이다

4 도 실패 그러면 흑 1 의 뜀은 어떨까. 백은 2의 이음. 이하 6 까지로 흑의 실패. 패(흑a) 빅(흑b).

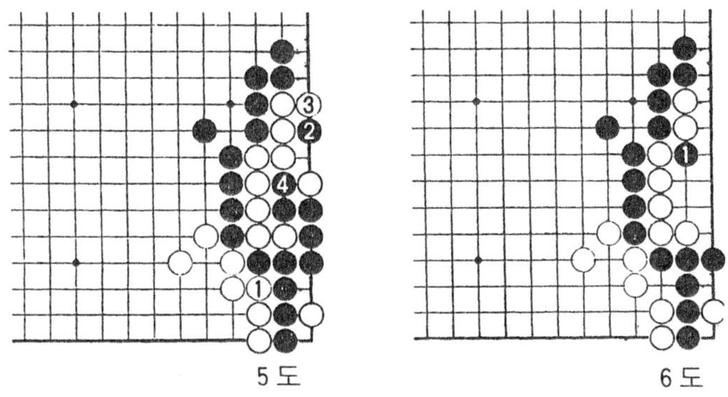

5 도　　　　6 도

5 도 흑승 전도 백 6 으로 1 의 곳은 흑 2 가 묘한 맥점이다. 백 3, 흑 4 로 된다. 백 1 은 전도 6 이 저항의 맥이다.

6 도(마술) 끊음 흑 1 의 끊음이 좋다. 4 도 백 2 의 이음이 성립하기 때문이다.

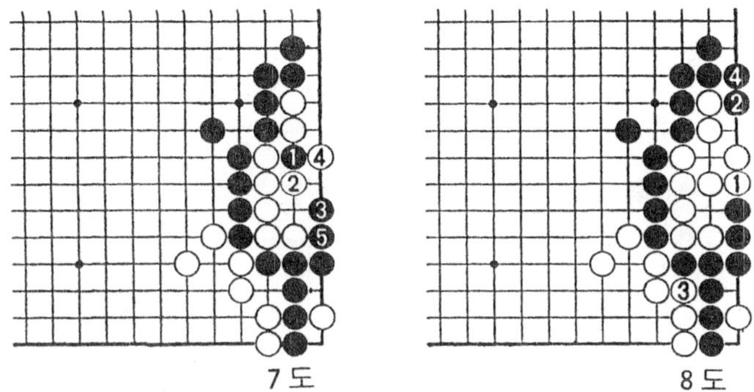

7 도　　　　　　　　8 도

7 도(마술) 끊고 침입 흑 1 의 끊음에 백 2 단수는 흑 3 의 뜀이 있다. 백을 공격하는 호수순이다. 백 4 로 뛰면 흑 5 로 잇는다.

8 도 흑승 백 1 로 한눈을 내면 흑 2, 4 의 이음으로 한수 빠르다.

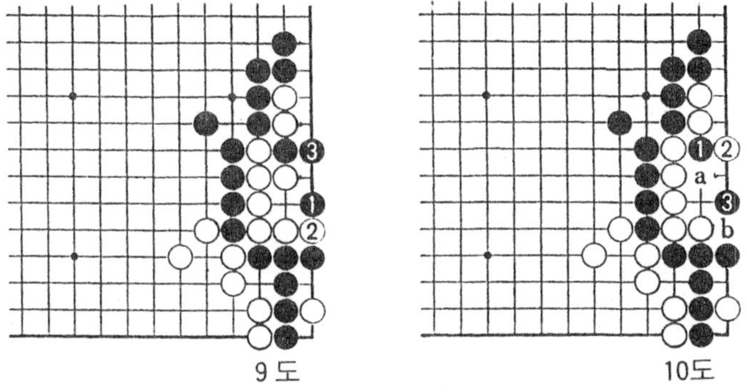

9 도　　　　　　　　10도

9 도(마술) 누르는 수없다 흑의 끊음에서 1 의 뜀까지가 호수순. 다음에 2 로 차단하면 흑 3 의 내리는 수가 있다. 흑은 누르는 수가 없다.

10도 동형 흑 1 의 끊음에 백 2 로 아래쪽 젖힘은 흑 3 의 뜀이 있다. 백a 에는 흑b, 그다음 7 도의 환원이다.

단도(短刀)

제14형 흑선 변의 공방이다. 흑의 타개 방법이 촛점이다. 어디다 두어야 할까.

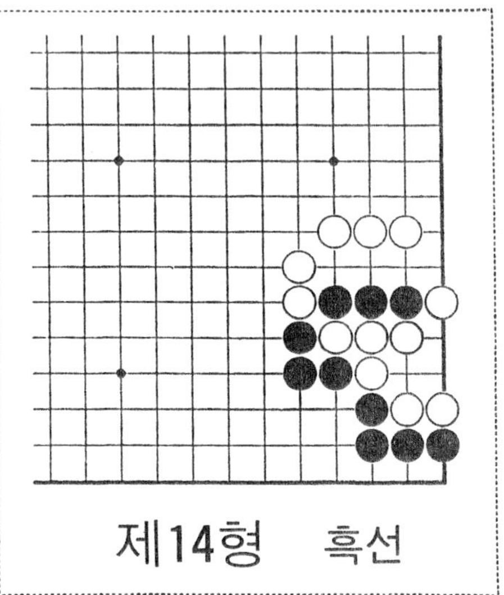

제14형 흑선

1도 실패 흑1로 바깥을 조임을 생각할 수 있다. 백2로 받는다.

2도 늘어진 패 백은 철저하게 패를 만들었는데 흑a로 이으면 백은 b의 곳을 둔다. 한수 늘어진 패로 실패이다.

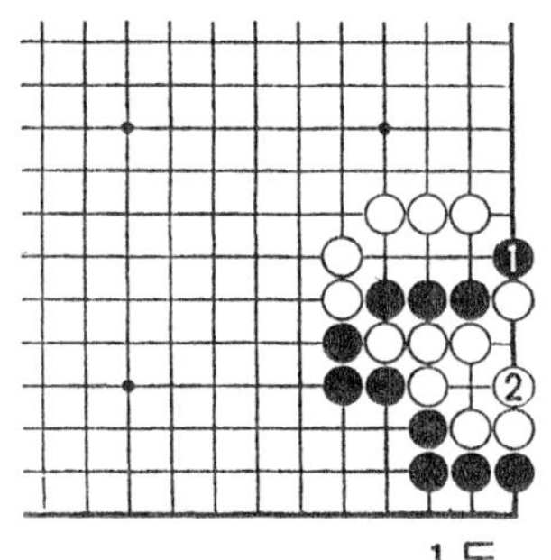

1도

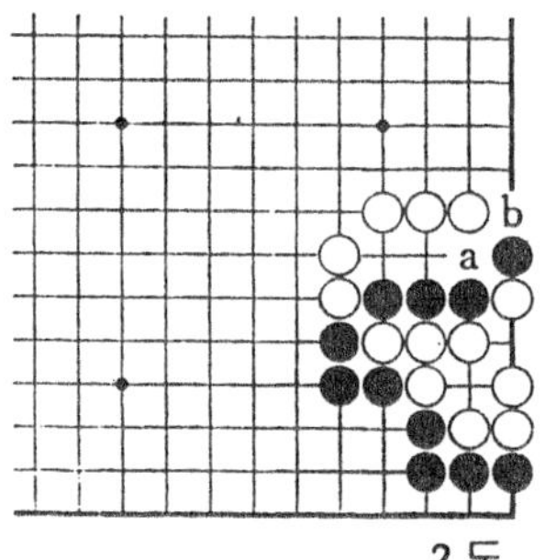

2도

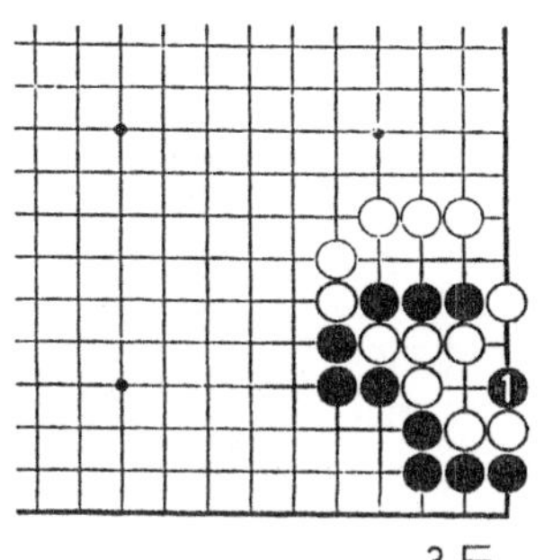
3 도

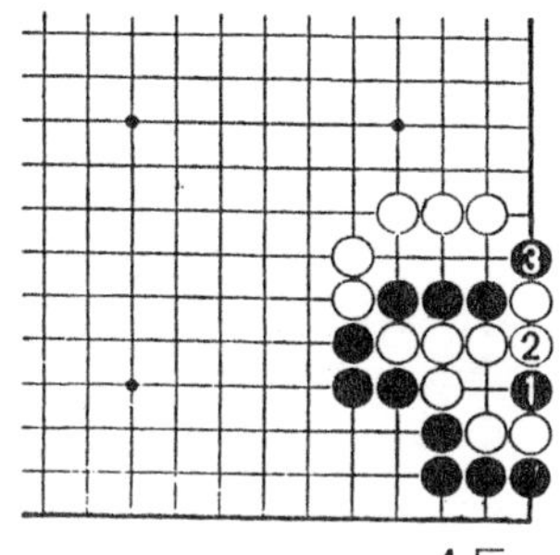
4 도

3 도(마술) 붙임 제 1 선에 내려서 있는 것에 흑 1 의 절묘한 맥이 있다. 이런 점을 잘 생각해야 한다.

4 도(마술) 흑승 흑 1 의 붙임에 백 2 로 이으면 3 으로 그만이다. 전도 흑 3 으로 4 의 곳에 두어 2점을 취하는 것은 백 3 으로 실패다.

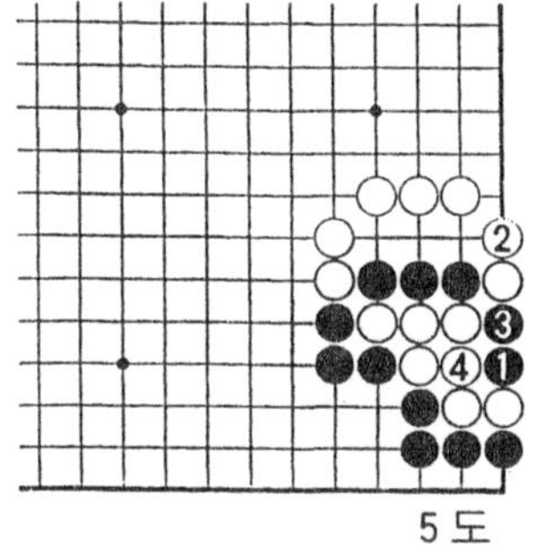
5 도

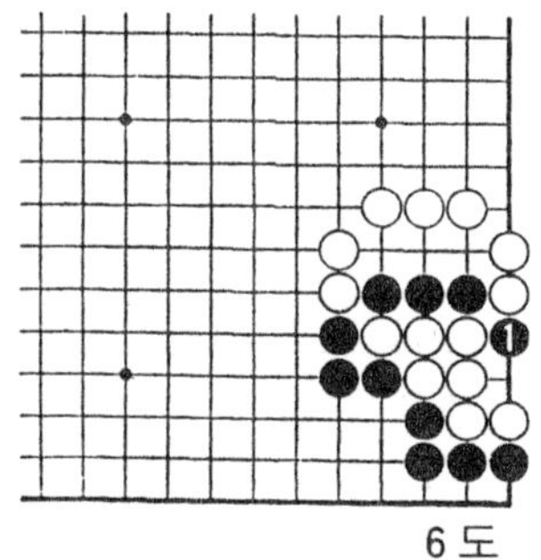
6 도

5 도 (마술) 2 점을 잡아도 흑 1 의 붙임에 대해 백 2 로 일선을 느는 것은 흑 3 으로 치받아서 백 4 로 2 점을 잡아도 잘 안된다. 다음에—.

6 도 (마술) 먹여침 흑 1 의 먹여침이 있다.

움직임

제15형 백선

흑이 귀쪽을 끊는 수를 방지하며 사는 수단을 봉쇄하는 일석이조의 움직임이 있다.

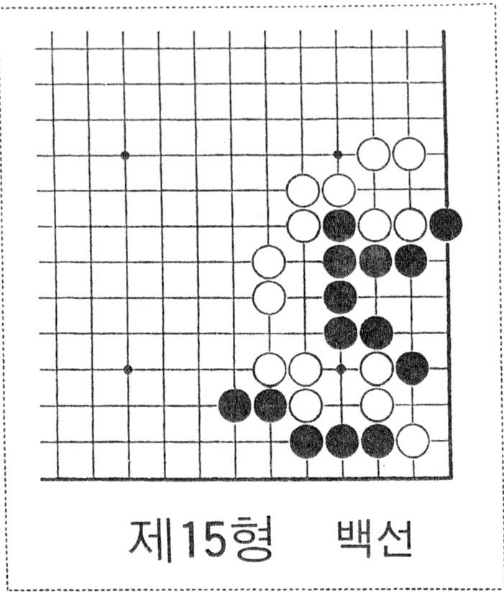

제15형 백선

1 도 실패 백 1 의 이음은 너무 단순하다. 흑 2 의 수가 있기 때문이다. 백 3 , 흑 4 로 패. 정해는 아니다.

2 도 실패 백 1 의 붙임에는 흑 2 의 끊음이 있다. 이하 4 의 젖힘까지 안된다.

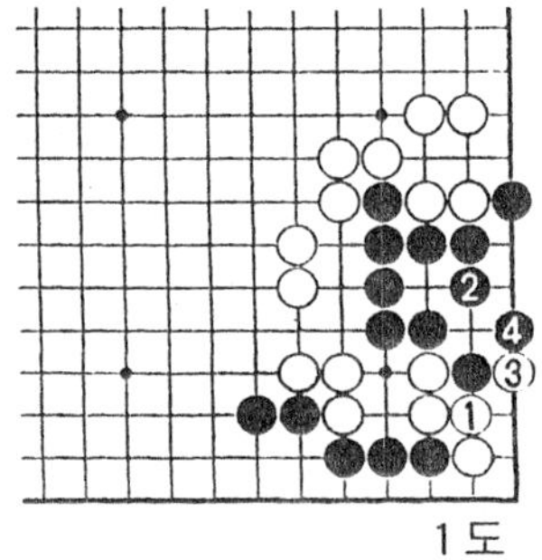

1 도

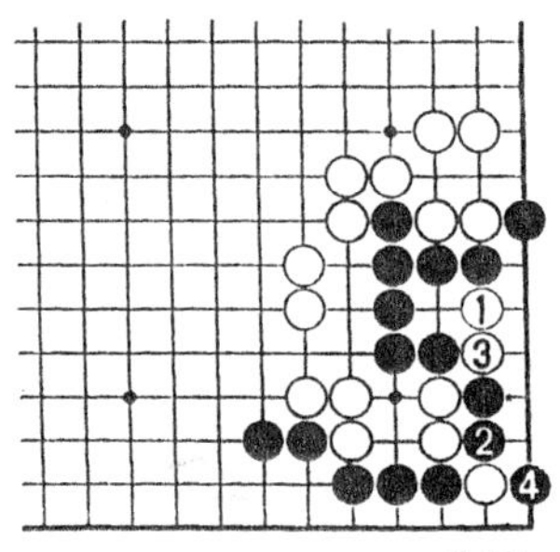

2 도

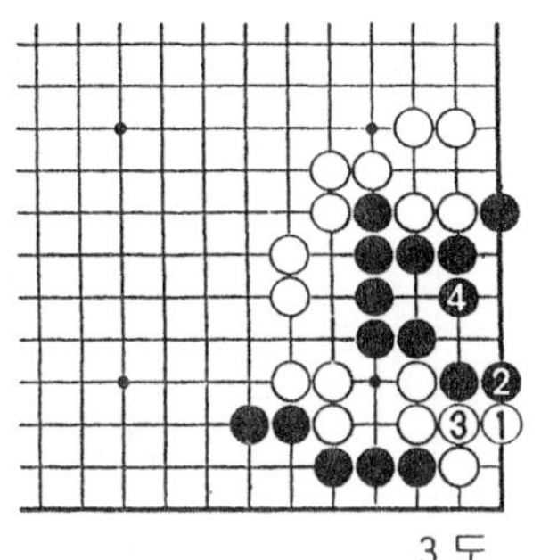

3 도

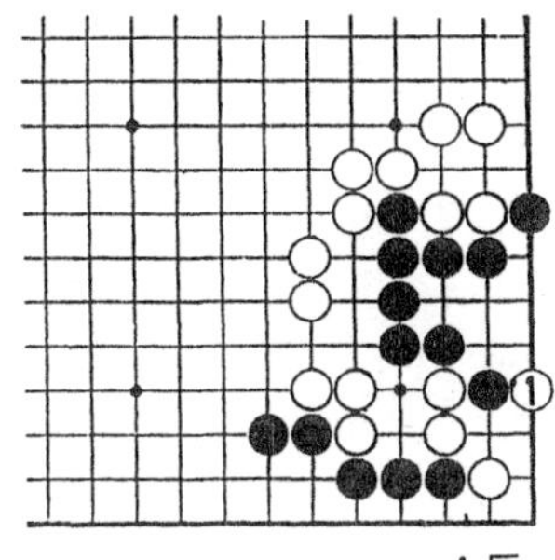

4 도

3 도 실패 흑의 끊음에 대비하여 백 1 에는 흑 2 , 백 3 이 불가피할 때 흑 4 의 곳을 두어 실패다.

4 도(마술) 아래붙임 백 1 의 아래붙임이 있다. 이점이 흑의 사는 수를 막는다. 동점이 급소다.

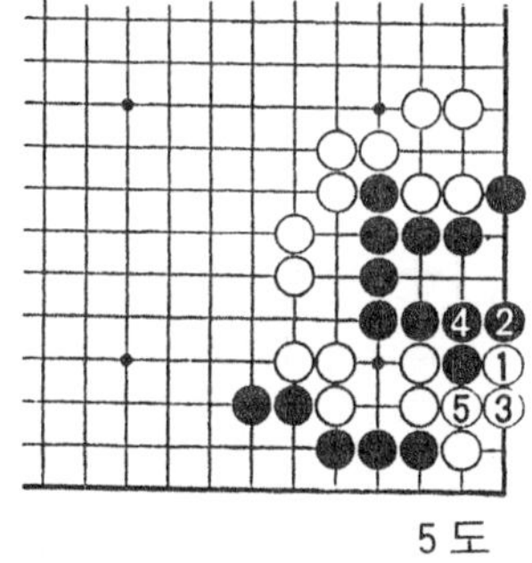

5 도

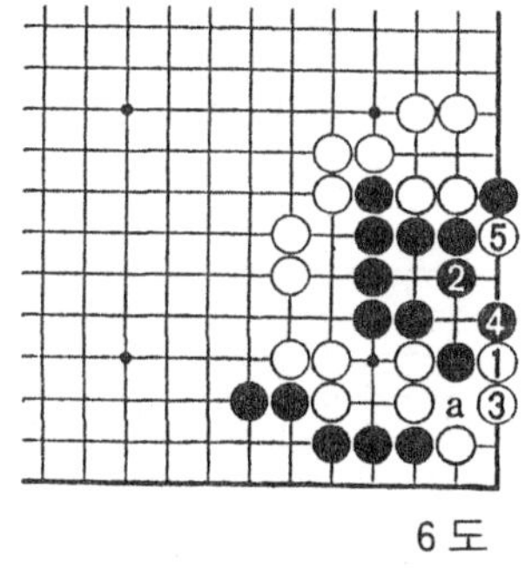

6 도

5 도(마술) 흑사 백 1 의 붙임에 흑 2 로 두는 것은 이하 5 까지 외길. 흑 2 로 3 은 5 의곳을 끊는다.

6 도 흑사 백 1 에 대하여 흑 2 로 받는 것은 백 3 으로 끈 다음 5 의 끊음으로 흑이 죽는다.

급소는?

제16형 흑선

급소를 찾음에 있어 연구가 필요한 형이다. 어디일까?

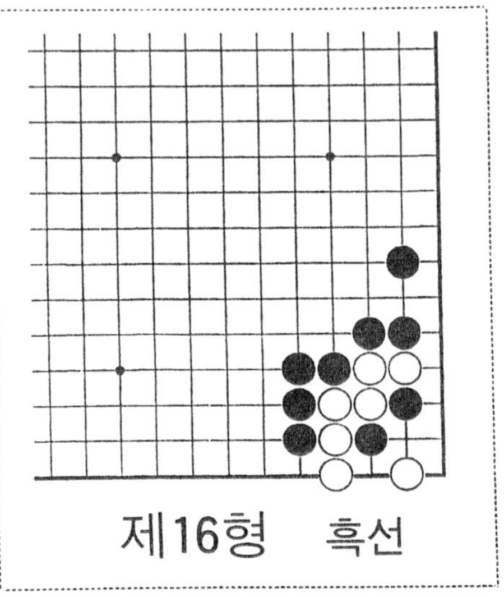

1도 실패 흑 1로 3점을 이으면 백 2의 젖힘이 있다. 흑 a, 백b 다음 한점을 때리면 뒤에서 몰아 자충이다.

2도 실패 흑 1의 단순한 마늘모는 흑 2의 급소가 있다. 여기에선 지혜가 필요하다.

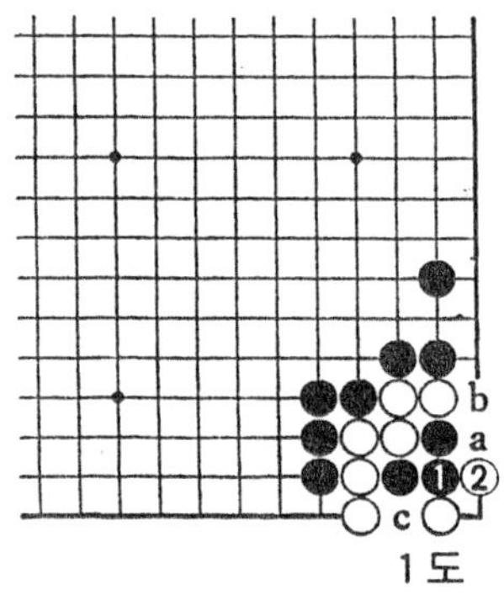

1도

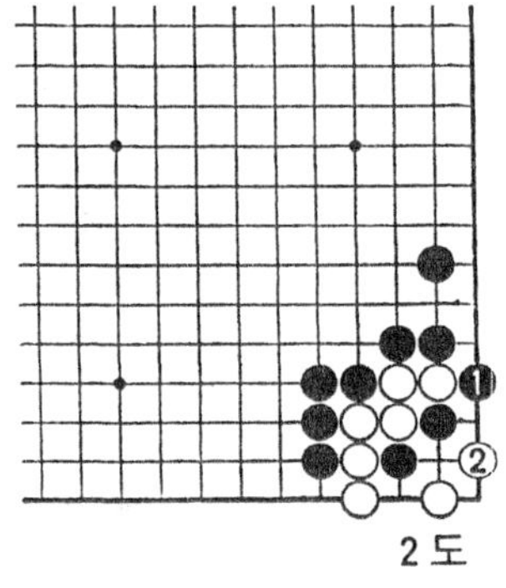
2도

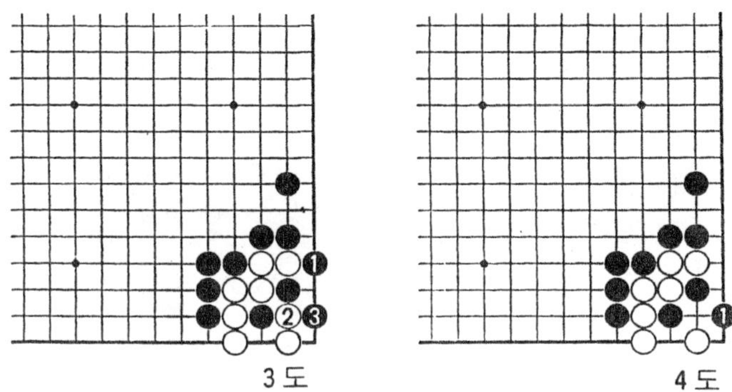

3 도 기대 흑 1 의 건너감에는 백 2 로 차단하여 흑 3 의 젖힘으로 패를 기대.

4 도(마술) 마늘모 다음에 1 의 마늘모하는 급소가 있다.

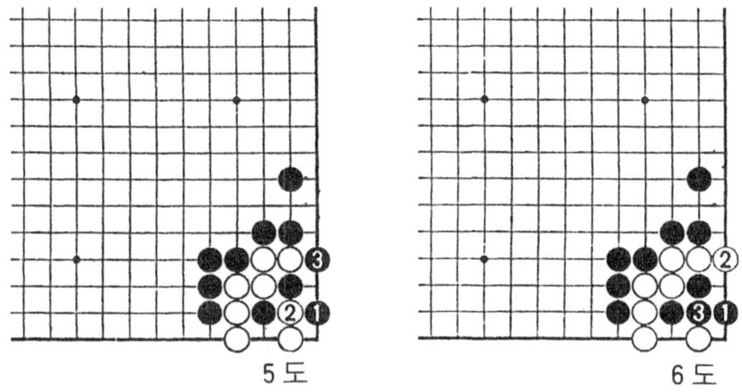

5 도(마술) 패 흑 1 의 마늘모에는 백 2 의 끊음이 있다. 이하 흑 3 까지가 정해이다.

6 도 백사 흑 1 의 마늘모에 백 2 로 차단하는 것은 3 으로 두어 5 궁도화의 상태다.

건넴의 죽음

제17형 흑선

흑14점은 귀의 백과 대치하고 있다. 어떻게든 살지않으면 안된다. 어떻게 변의 백을 처리하느냐가 관건이다.

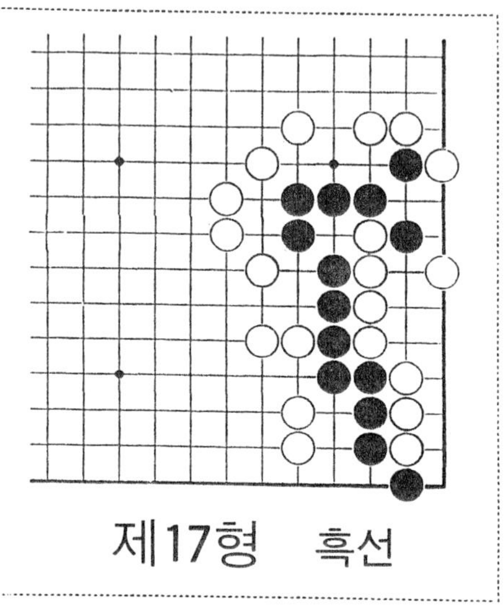

제17형 흑선

1도 실패 흑1의 막음이 그 착상인데 백2로 사는 형태.

2도 실패 흑1에 나가면 백2, 흑3, 백4 다음 흑a로 귀를 잡는 수가 있으나 b의 곳에 두어 3점이 떨어진다.

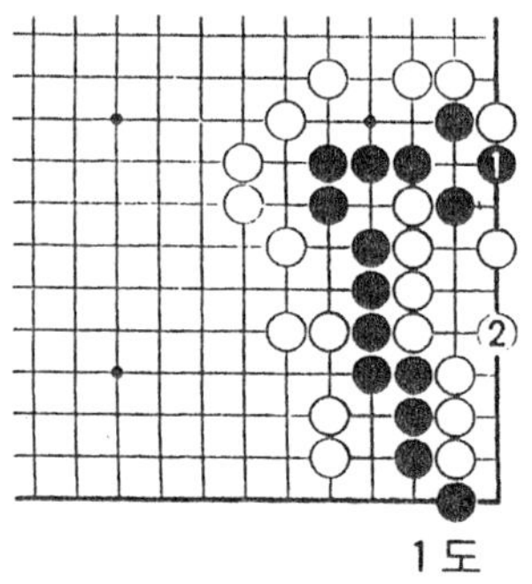

1도

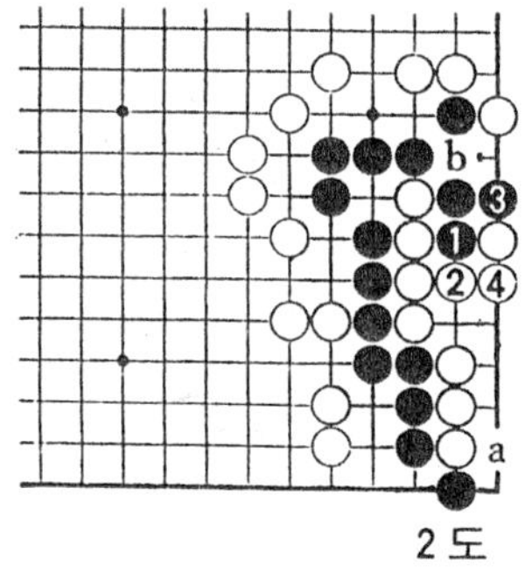

2도

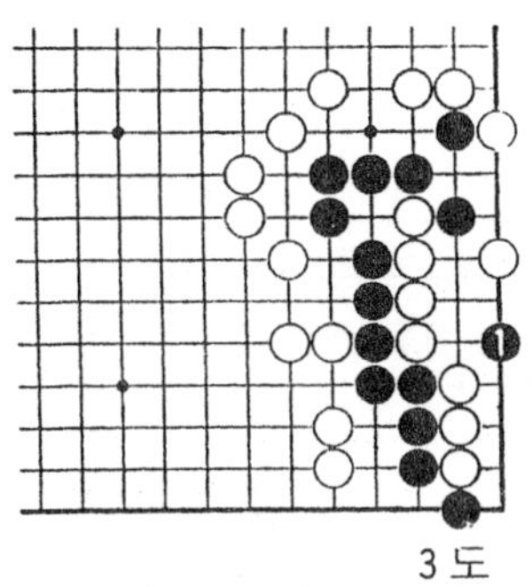

3 도

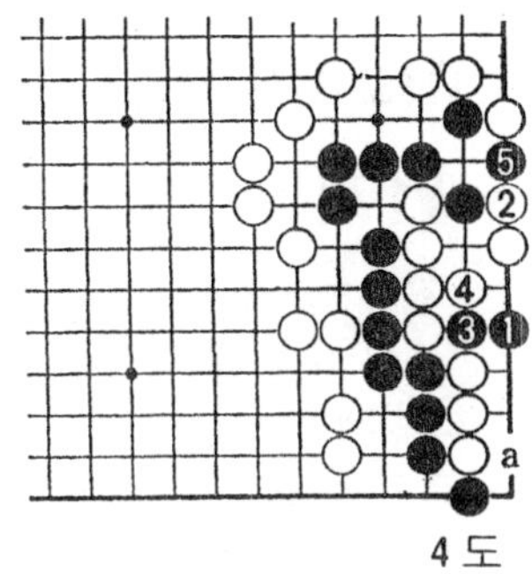

4 도

3 도 급소 흑 1 의 치중이 급소이다. 해결의 실마리가 이 수에서부터 풀린다.

4 도(마술) 패 흑 1 의 치중에 백 2 로 건너려고 하는 것은 흑 3, 백 4, 다음 5 의 집어넣음이 있다.

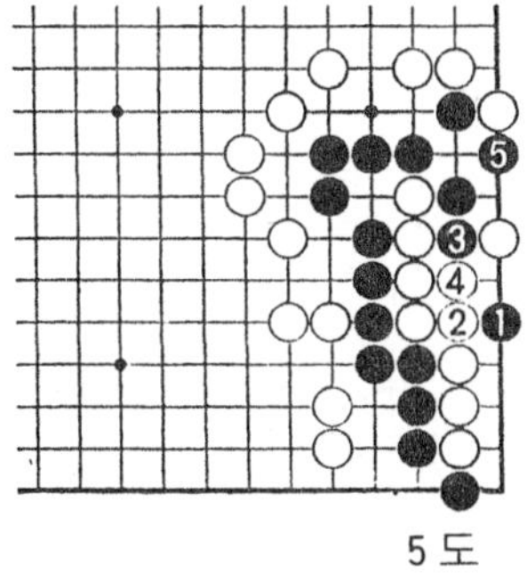

5 도

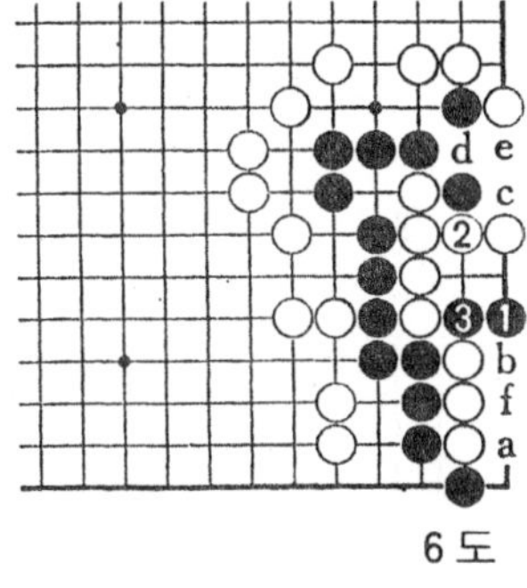

6 도

5 도(마술) 백사 흑 1 의 치중에 백 2 의 이음은 흑 3 으로 나가고 나서 5 의곳을 둔다. 흑의 공격이 성공이다.

6 도(마술) 흑생 흑 1 의 치중에 백 2 의 이음은 다음 흑 3 으로 끊는다. 그러면 백a, 흑b에서 백c, 흑d, 백e, 흑f 로 흑이 산다.

어느 쪽이 먼저?

제18형 백선

흑이 제 2 선으로 끼워넣어 있는 모양이다. 어떻게 받아야 하는가. 운명의 나뉨을 생각해 보자.

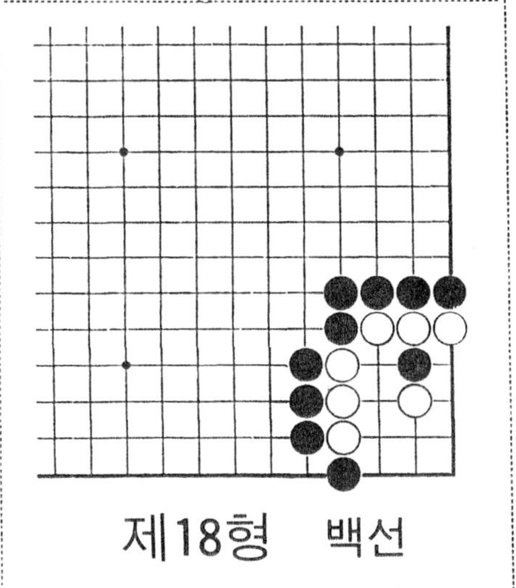

제18형 백선

1 도 실패 백 1 로 위쪽을 누르면 흑 2 , 4 로 간단히 죽는다. 백은 저항이 없다.

2 도 실패 백 1 로 아래쪽을 누르는 것은 백 3 , 5 다음 6 까지 되어 실패.

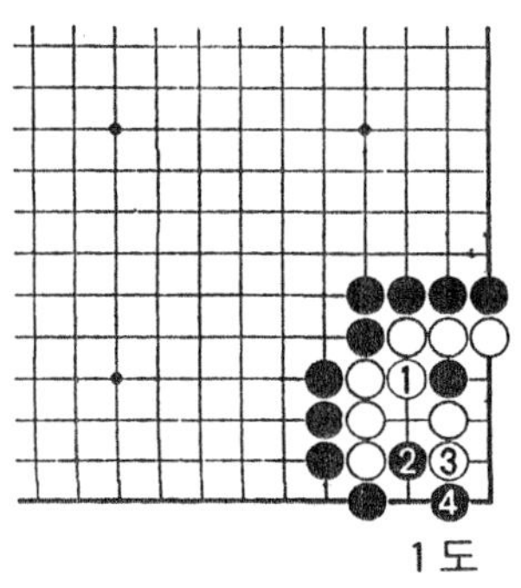

1 도

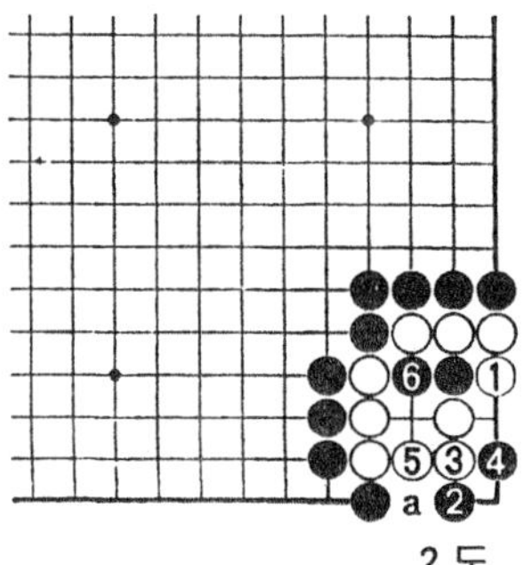

2 도

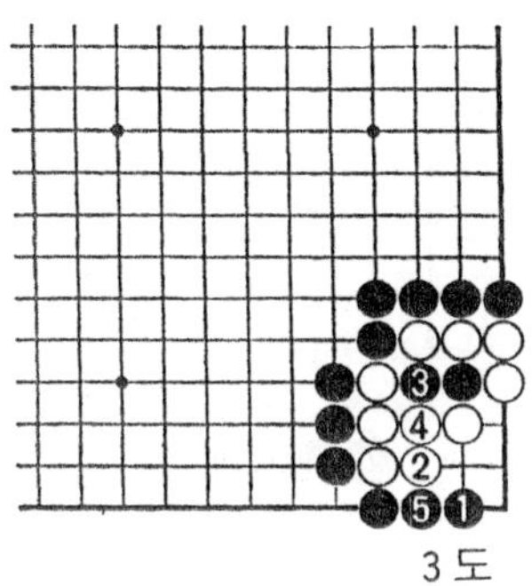
3 도

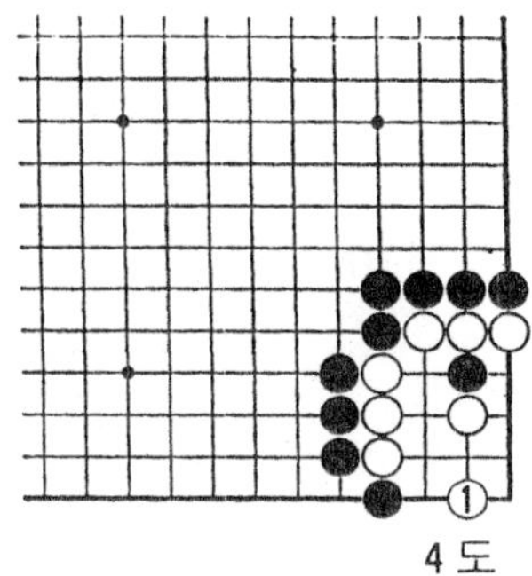
4 도

3 도 실패 흑 1 의 뜀에는 백 2 가 좋다. 3 에는 4 로 때려 낸다. 흑 5 로 그만이다.

4 도 뜀 백 1 의 뜀이 급소이다. 이후는 어떻게 변하여도 산다.

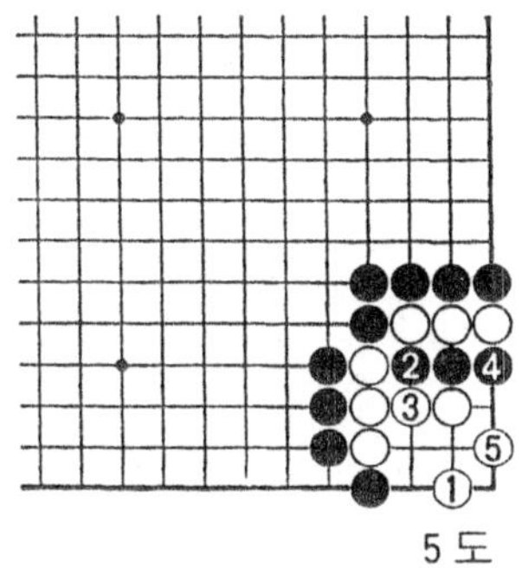
5 도

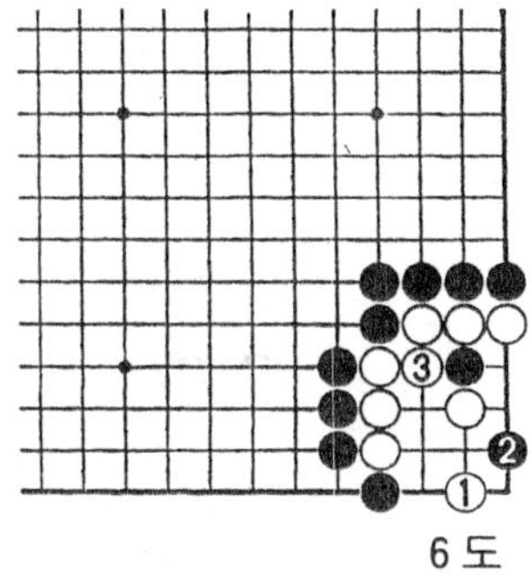
6 도

5 도 백삶 백 1 의 뜀에 흑 2 의 끊음은 백 3 으로 단수한다. 이후 백 5 까지 3 점을 희생하여 산다.

6 도(마술) 백생 백 1 의 뜀에 흑 2 의 치중은 흑 3 으로 둔다.

백의 저항

제19형 흑선

다음의 모양에서 백의 저항을 생각하여 보자. 이 모양에서는 어떤 효과스러움이 있을까?

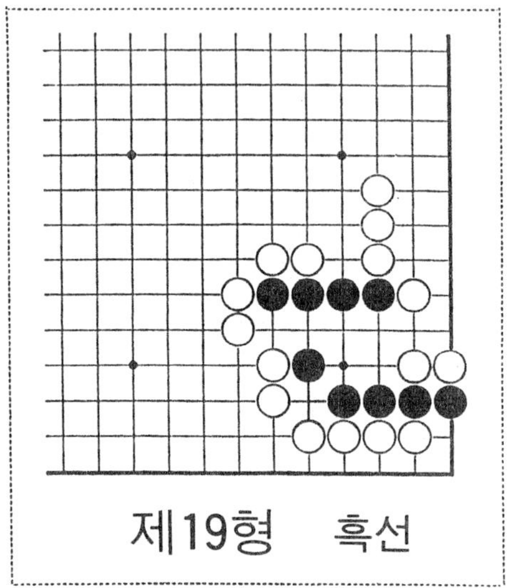

제19형 흑선

1도 실패 흑 1로 두면 백 2의 이음이 있다. 흑a에는 백 b로 사는 수가 없다.

2도(마술) 젖혀끼움 역시 제 1 착은 젖혀끼움이다.

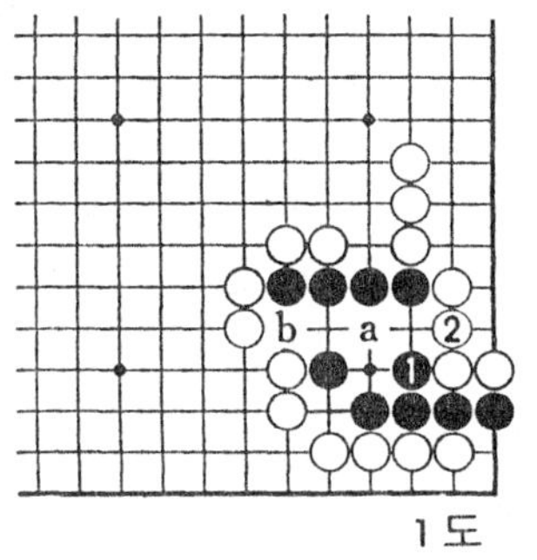

1도

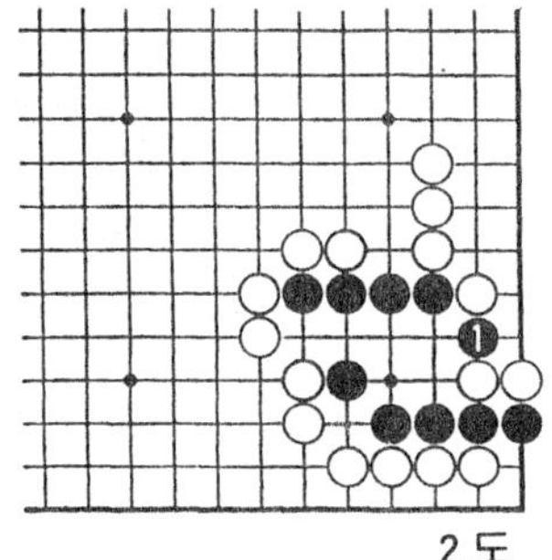

2도

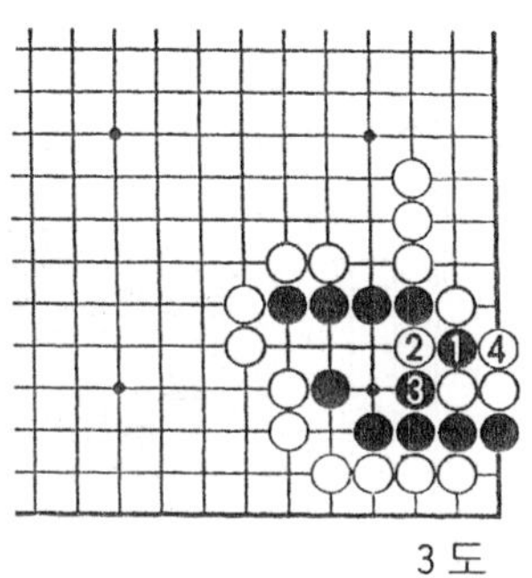

3 도

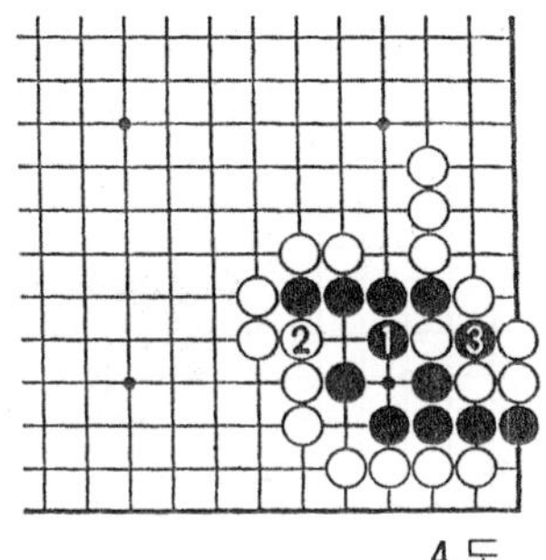

4 도

3 도 따는곳 흑 1 에 백 2 , 흑 3 에 백 4 로 될자리. 백 2 로 4 의 곳에 두는 것은 흑 2 의 이음이 있다.

4 도(마술) 패 다음에 흑 1 의 단수는 백 2 로 집이 날 곳을 두면 3 으로 때려서 패다.

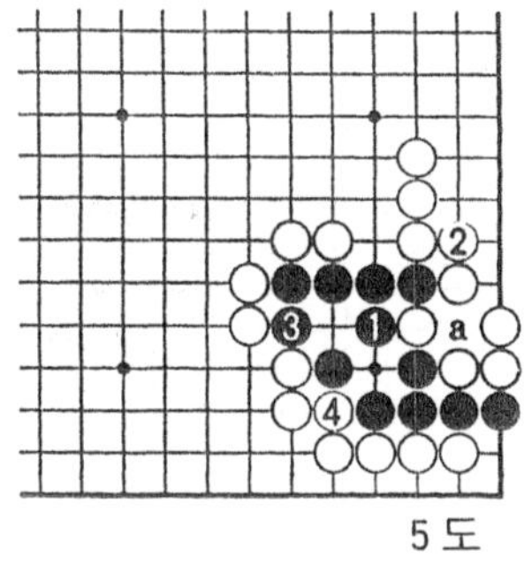

5 도

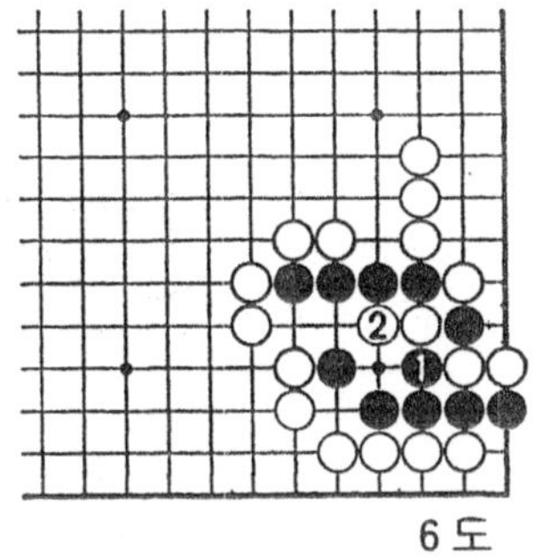

6 도

5 도 패 흑 1 단수에 백 2 의 이음은 이하 4 까지 a 의곳 패를 다툰다.

6 도 백 나감 흑 1 에 대하여 백은 2 로 나가는 수가 있다.

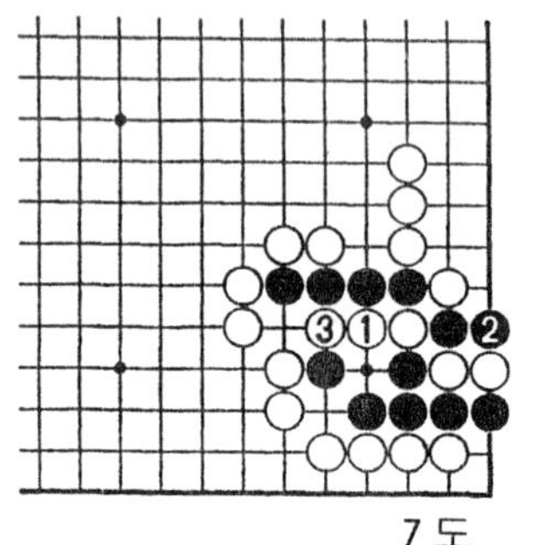
7 도

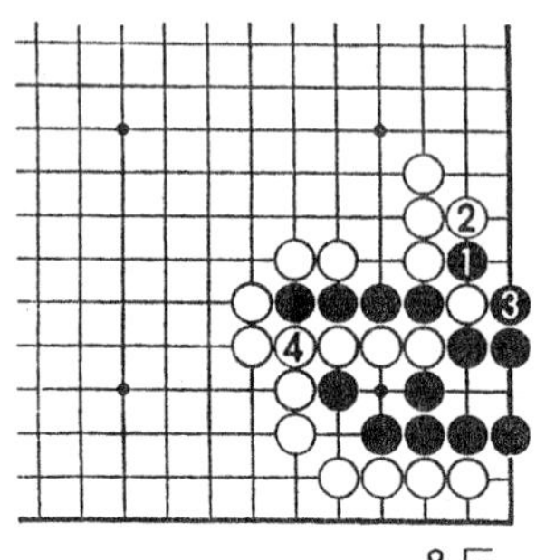
8 도

7 도 백 1에 나가면 흑 2로 딴다. 이후 3으로 나가면—.

8 도 흑사 흑 1로 끊음에는 2의 단수, 흑 3으로 따면 백 4로 잇는다. 흑은 4점이 끊긴 상태이기 때문에 살지못한다.

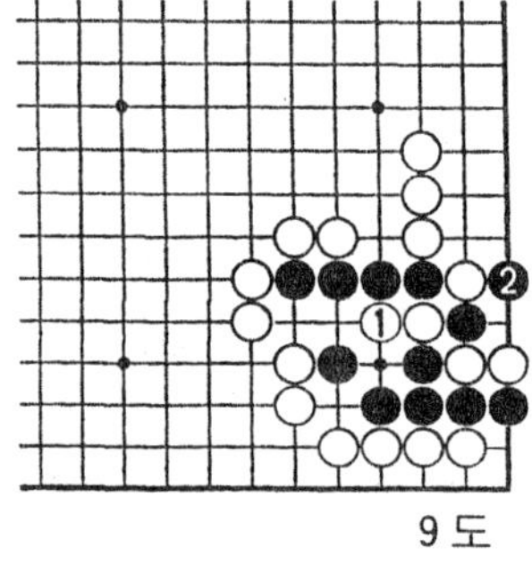
9 도

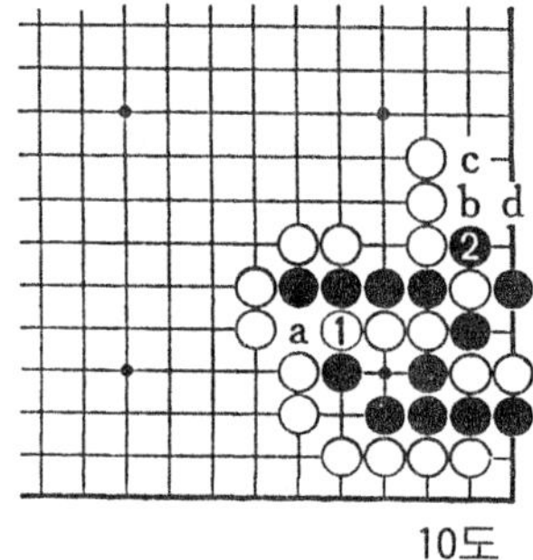

10도

9 도(마술) 젖힘 백 1의 뻗음에 대하여는 흑 2의 젖힘이 냉정하다. 좋은 수단으로 흑을 구할 수 있다.

10도(마술) 흑생 백 1의 뻗음에는 흑 2로 때리고 이하 백 a, 흑b, 백c, 흑d로 사는 모양이다.

2 단패

제20형 백선

백과 흑의 공방전이다. 1선과 2선에 대치되어 있는데 이곳에 의외의 변화가 있다.

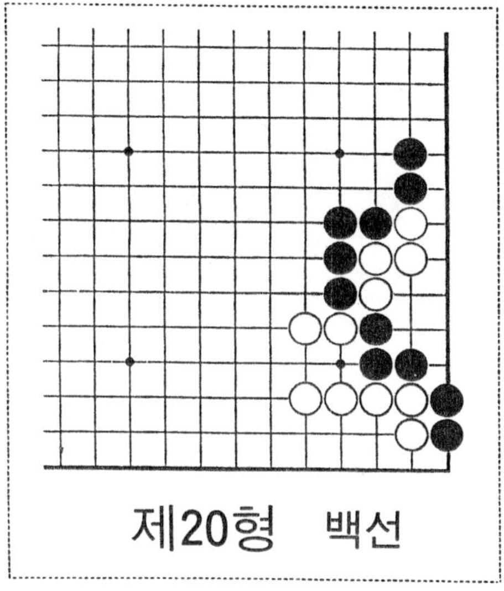

제20형 백선

1도 실패 백 1에는 흑 2의 젖힘으로 백 3까지 패가 난다. 너무 단순하다.

2도 백 부담 백 1에는 흑 2의 치중이 급소. 백 3에는 4로 이어서 a와 b를 맞보기.

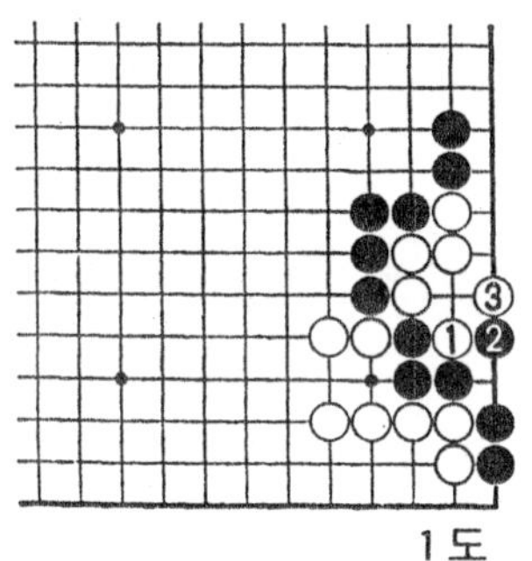

1도

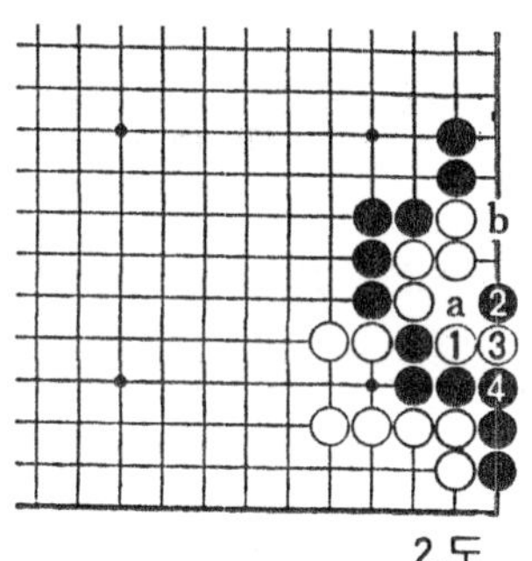

2도

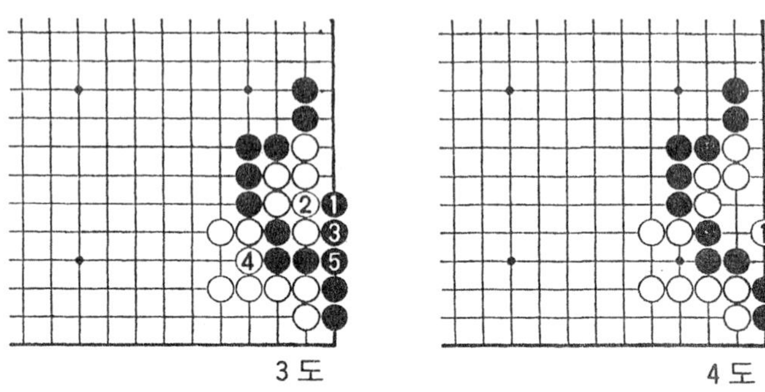

3 도　　4 도

3 도 백 부담 흑 1 의 치중에 백 2 로 이으면 흑 3 의 건넘이 있다. 백 4 에는 흑 5 로 그만이다.

4 도(마술) 민첩 백 1 로 두는 방법이 민첩하다.

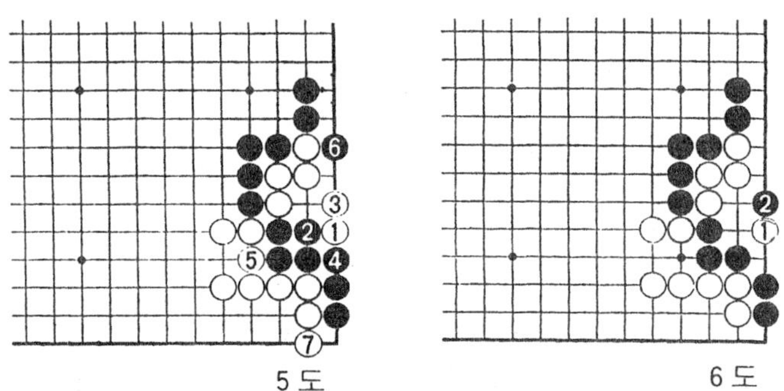

5 도　　6 도

5 도 흑 부담 백 1 에는 흑 2 의 응수가 있다. 백 3 으로 끌면 이하 7 까지 흑이 안된다.

6 도 건너 붙임 백 1 에 대하여는 흑 2 의 건너붙임이 정수이며 최강의 수이다. 전도 백 3 으로 끄는 것이 급소라고 생각되기 때문이다. 이곳이 쟁점이다.

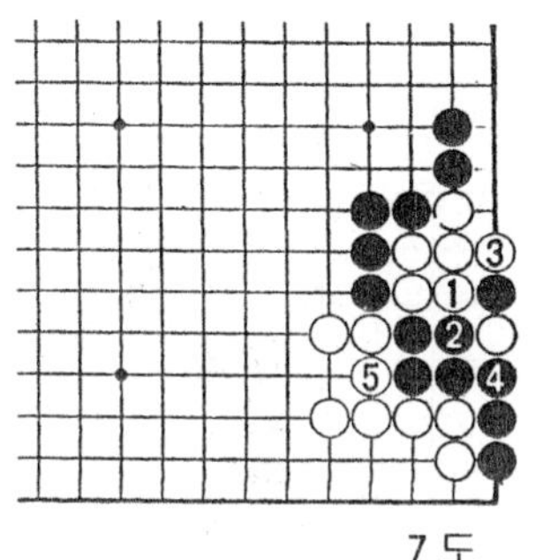

7 도

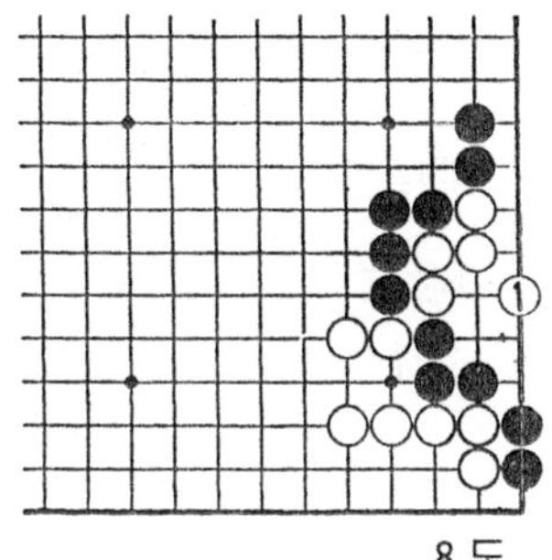

8 도

7 도(마술) 패 다음 백 1 에 흑 2 의 끊음은 3 , 5 로 패가 난다. 이것은 2 도의 학습이다.

8 도(마술) 마늘모 이 형은 급소가 2 단패이다.

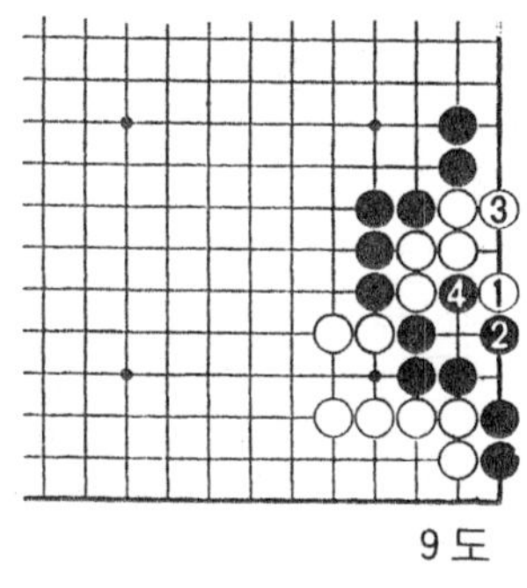

9 도

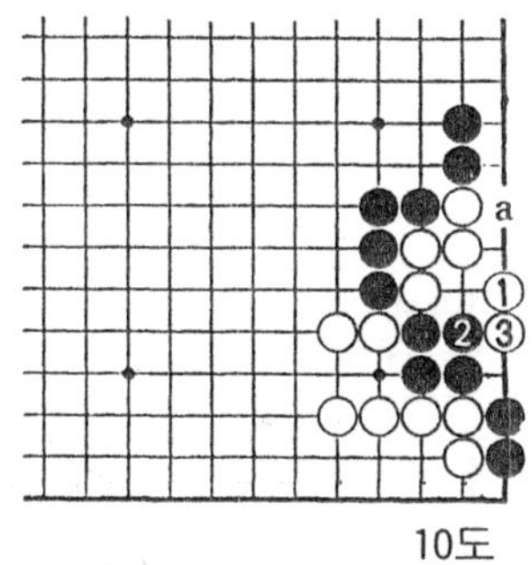

10도

9 도(마술) 패 백 1 의 마늘모에는 흑 2 의 모붙임이 좋다. 최강의 응수이다. 패를 피할 수가 없다.

10도 흑 부담 백 1 의 마늘모에 흑 2 로 두는 것은 3 으로 밀어서 흑의 부담이다. (5 도 참조)

끊기로 죽임

제21형 흑선

전형과 비슷한 형으로 흑번이다. 결과는 어떻게 될까?

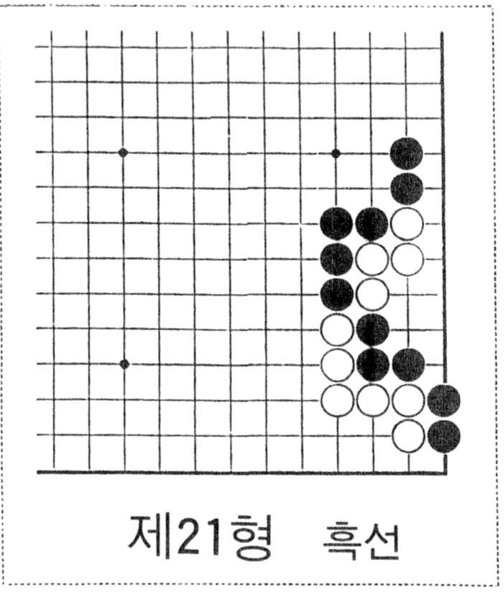

제21형 흑선

1도 실패 흑1로 아래쪽 젖힘은 백2의 단수로 그만이다.

2도 실패 흑1로 두는 것은 백2 밑으로 젖혀서 패가 난다. 정해가 아니다.

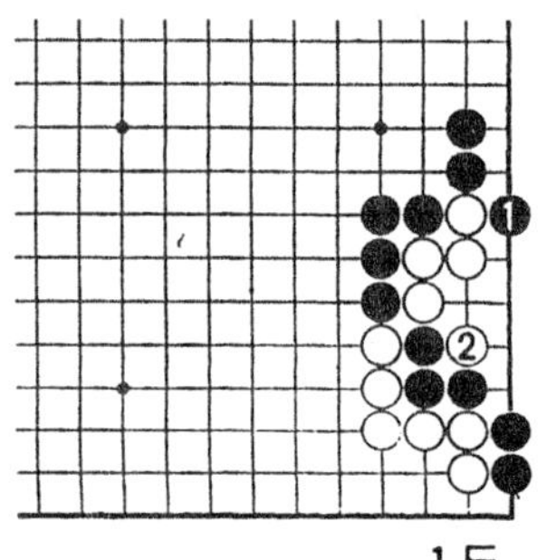

1도

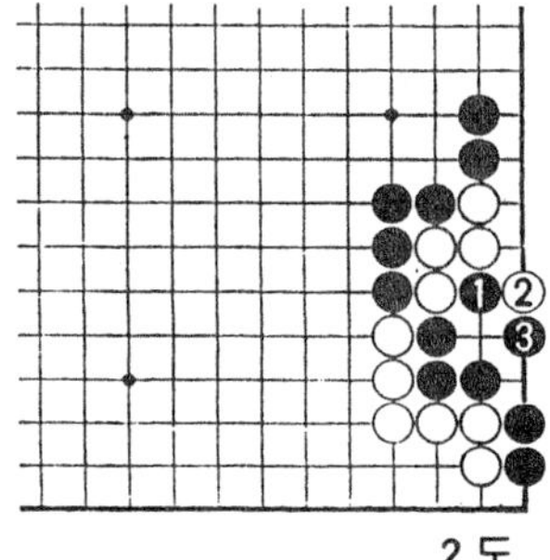

2도

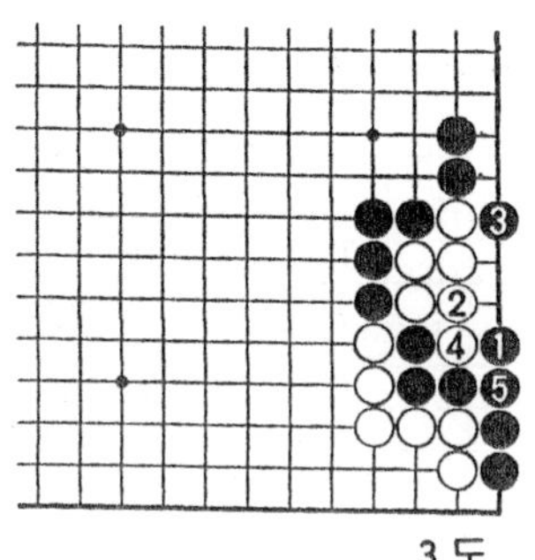
3 도

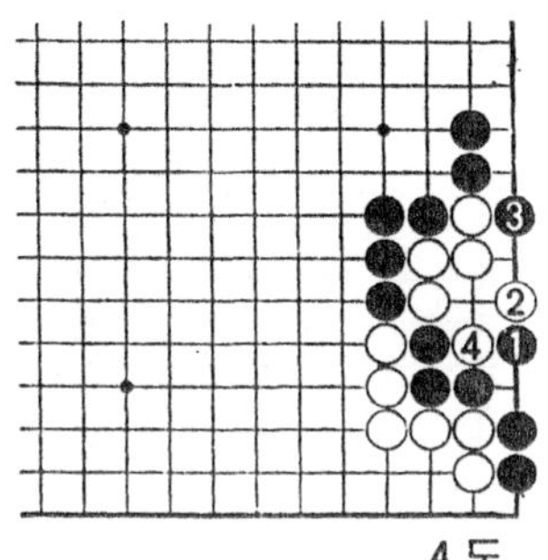
4 도

3 도 흑승 그러면 흑 1 의 마늘모는 어떨까? 백 2 에는 3 다음 5 로 이어서 자충이다.

4 도 패 흑 1 의 마늘모엔 백 2 로 받음이 최강이다. 4 로 집어넣어 패다. 흑의 실패.

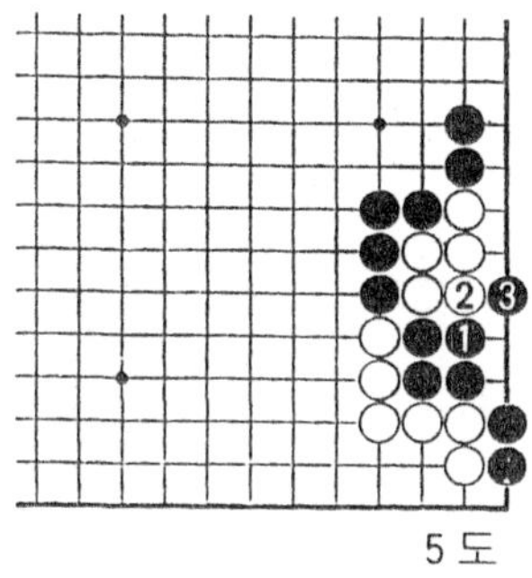
5 도

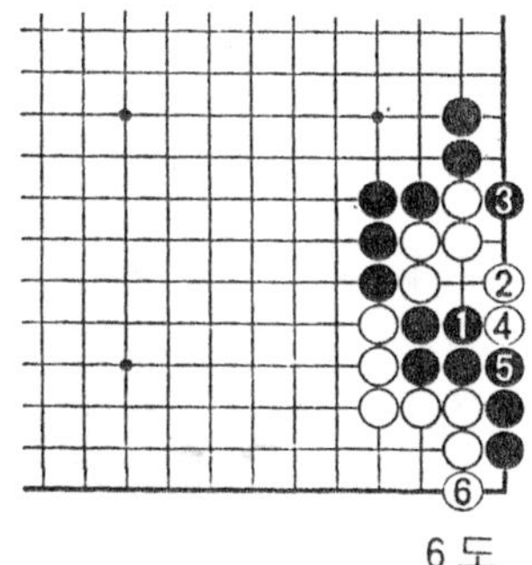
6 도

5 도 흑승인가? 그러면 흑 1 은 어떨까? 그다음 3 으로 젖혀서 흑승인데 백 2 의 수가 응수착오다.

6 도 흑 부담 흑 1 에 대하여 백은 2 의 마늘모로 응수를 한다. 그러면 흑이 한수 부족이다.

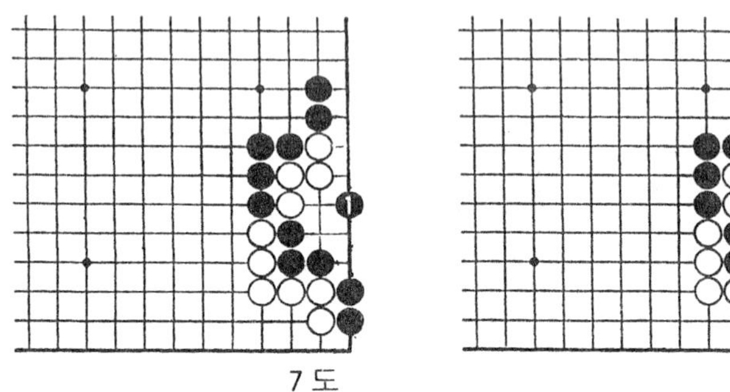

7 도 8 도

7 도(마술) 흑 1 의 곳에 둔다. 이곳이 백의 급소이다. 이 다음 어떻게 공격하여도 흑승이다.

8 도(마술) 흑승 3 까지 된 모양에서 더 이상 흑의 저항은 없다.

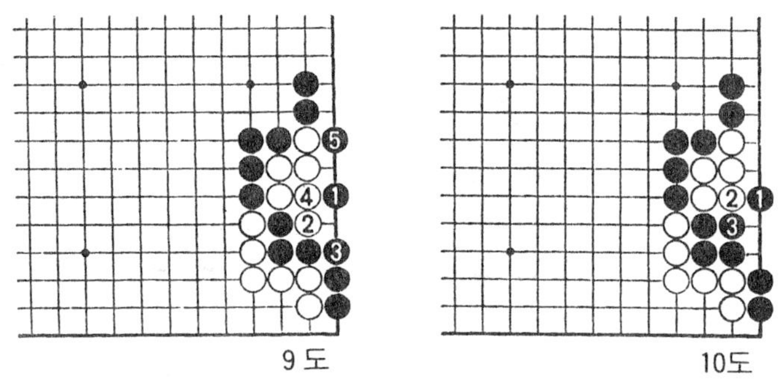

9 도 10도

9 도(마술) 흑승 흑 1 에 대하여 백 2 로 두면 흑 3, 백 4 다음 5 로 두어 그만이다. 흑이 무조건 이긴다. 정해이다.

10도 흑승 흑 1 에 백 2 는 흑 3 으로 두어 흑승이다.

끌어 모음(1)

제22형 흑선

귀의 타개방법으로 끌어모으는 것을 생각해 보아야 한다.

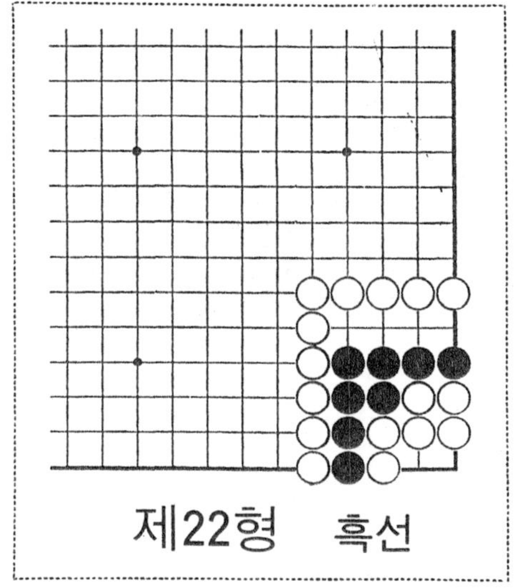

제22형 흑선

1 도 정해 한길 차이에 명암이 난다. **3**의 자충으로 때려내고 난 다음에—.

2 도 12집 6점을 때리고 나면 따낸 돌을 합하여 12집이 된다.

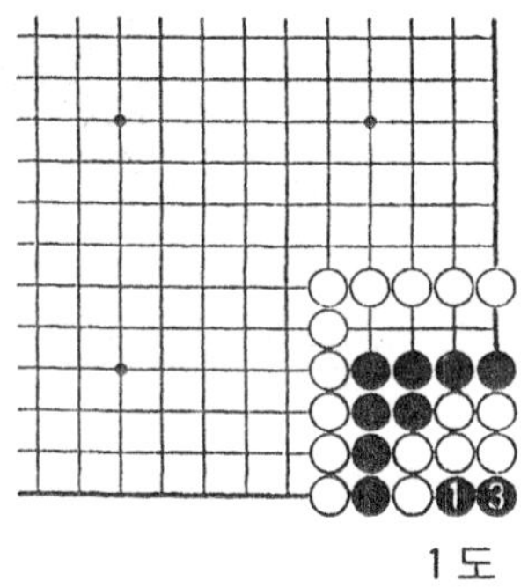

1 도

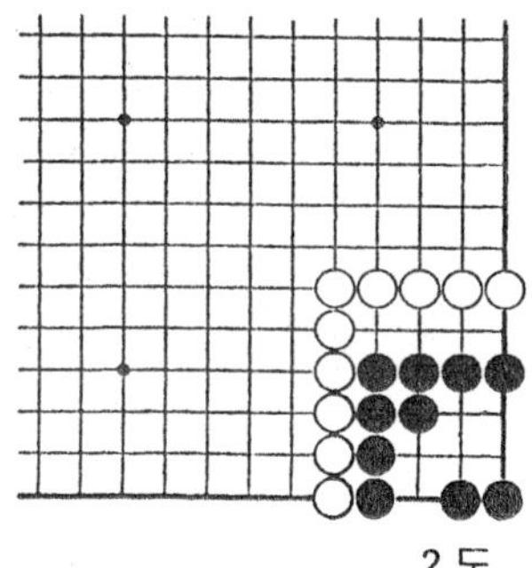

2 도

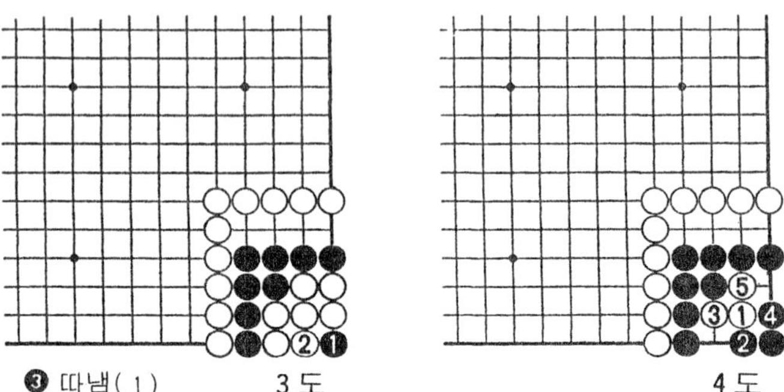

3 도 4 도

3 도 악수 이 모양에서 타개방법으로 흑 1 로 두는 것은 3 으로 7 점을 따낸다.

4 도 6 집 이다음 백 1 로 두면 2 , 4 다음에 백이 되므로 흑집은 6 집이 된다.

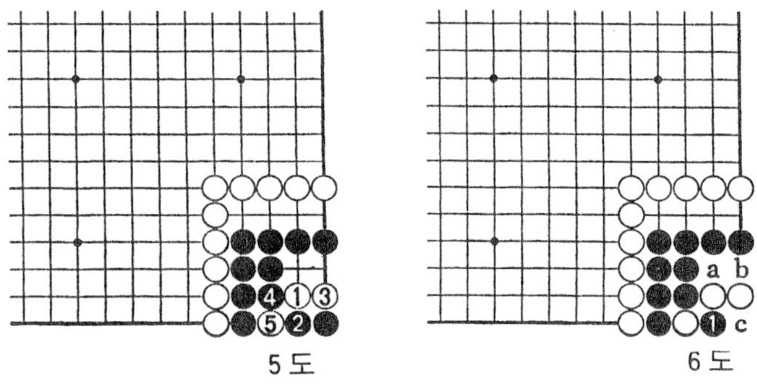

5 도 6 도

5 도 변화 4 도의 타개방법에 대한 변화이다. 백 1, 흑 2, 백 3 에 흑 4, 백 5 로 따낸후—.

6 도 10집 흑 1 로 때려내면 흑진은 본도에서는 7 집이다 옆으로 끌었을 때 3 집이므로 합계는 10 집이다.

끌어 모음(2)

제23형 흑선

이것도 끌어 모아져 있는 자세이다. 밖이나 안이나 거의 메꾸어져 있는 상태다.

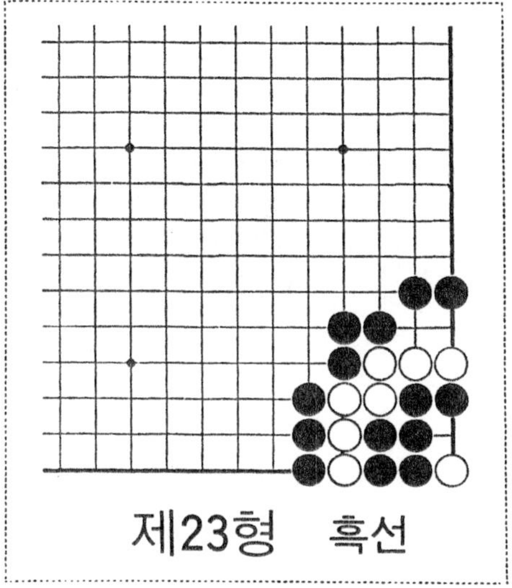

제23형 흑선

1도 외부 흑 1로 바깥을 조이면 2로 때려낸다. 백집은 얼마나 될까?

2도 12집 다음에 흑a는 백b, 흑c, 백d로 수가 나지 않는다. 그래서 총12집이다.

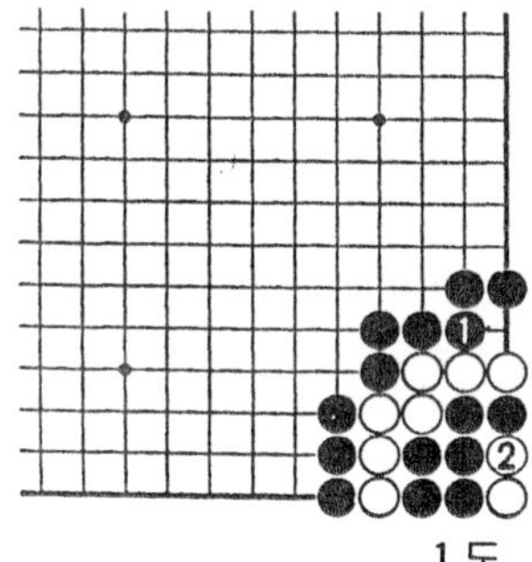

1도

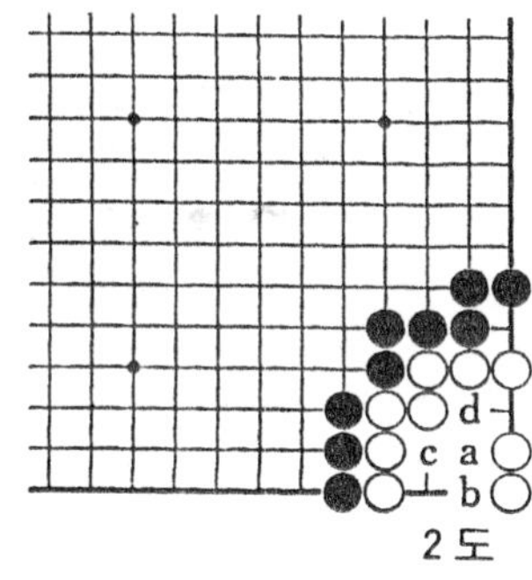

2도

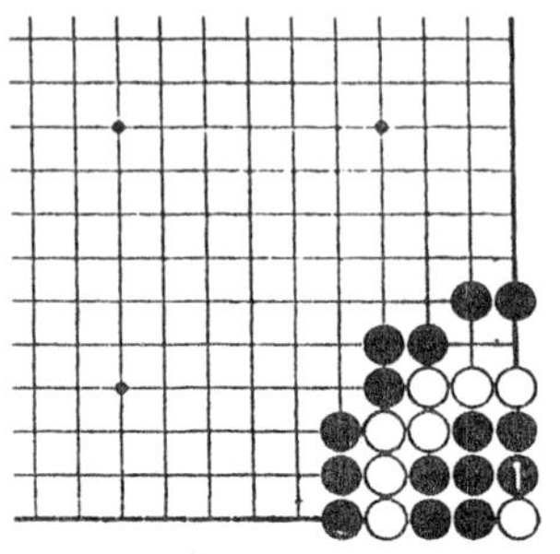

② 7점을 땀(1의 아래) 3도

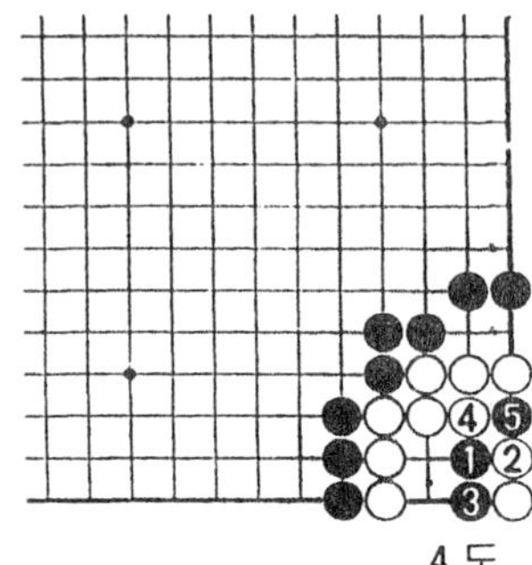

4도

3도 내부 여기서 흑이 안쪽의 한점을 때리면 어떻게 될까? 백 2로 7점을 취하게 되는데—.

4도 빅 흑 1, 백 2, 흑 3, 백 4, 흑 5, 로 되어 2점을 딴다음—.

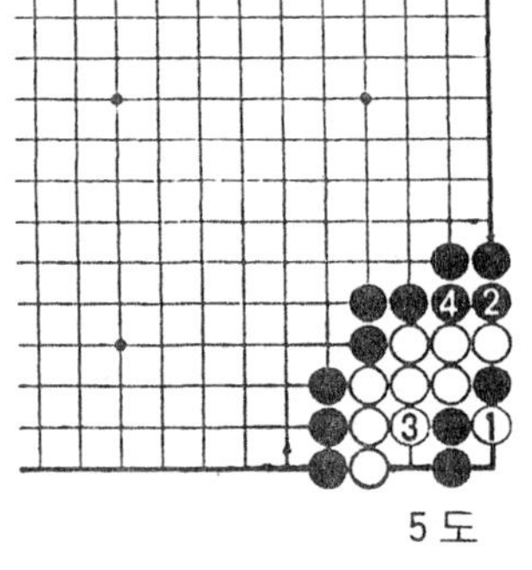

5도

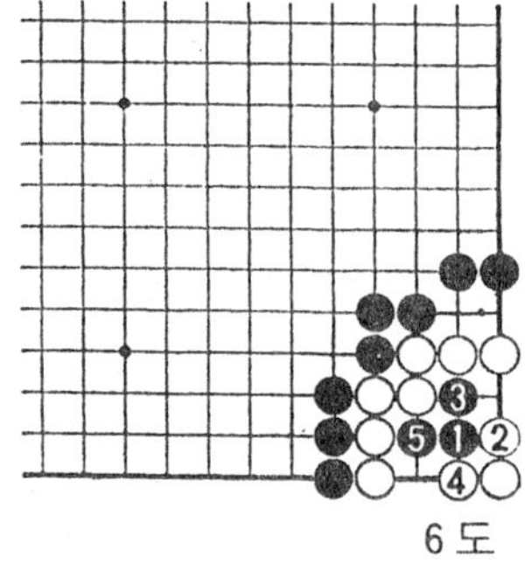

6도

5도 5집 흑 2, 4로 빅이 난다. 5집이 된다. 흑 2로 1의 아래를 두면 3으로 누른다.

6도 6집 같은 빅의 형태. 6집이 된다.

백의 약점

제24형 흑선

가운데 한집이 확정이 되어 있지만 변에 걸쳐 완전히 살아있다고는 볼 수가 없다. 어디가 급한 곳인가.

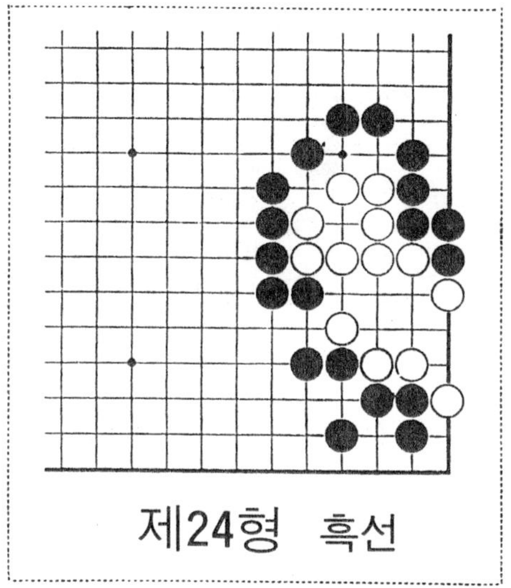

제24형 흑선

1도 실패 흑 1로 내려섬은 속맥으로 2, 4로 가볍게 타개되어 실패다.

2도 실패 흑 1의 끊음엔 백 2로 뻗어서 실패다. 여기서는 생각을 하는 지혜가 필요하다.

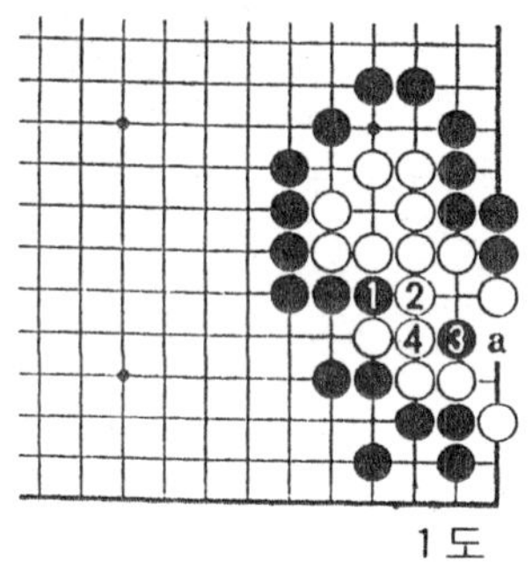

1도

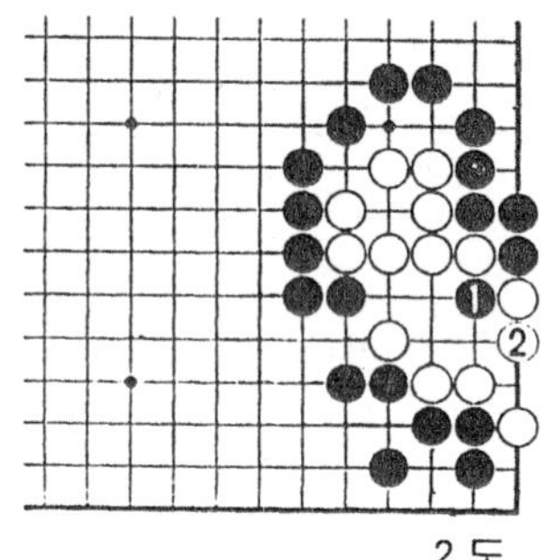

2도

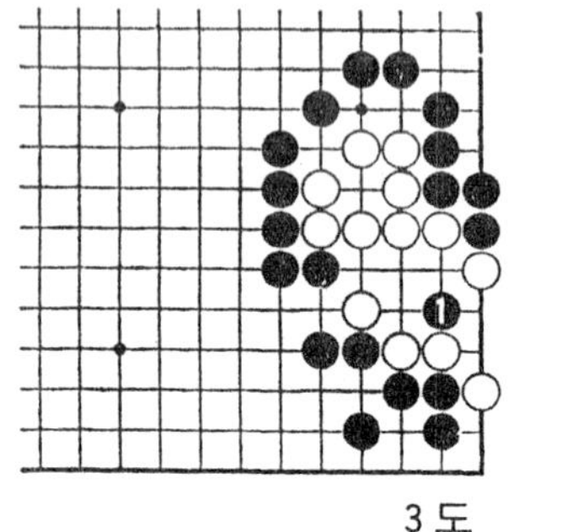

3 도

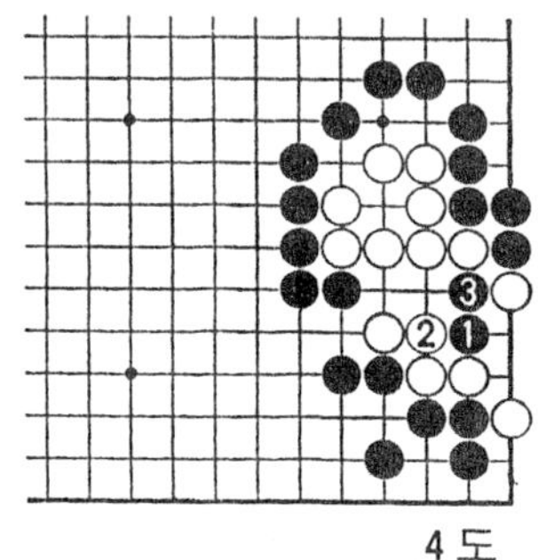

4 도

3 도(마술) 붙임 여기선 마술적인 붙임이 있다. 2점의 한가운데에 붙인다.

4 도(마술) 백사 백 2로 위를 이으면 3으로 끊어버린다. 백은 2집을 낼 여유가 없다.

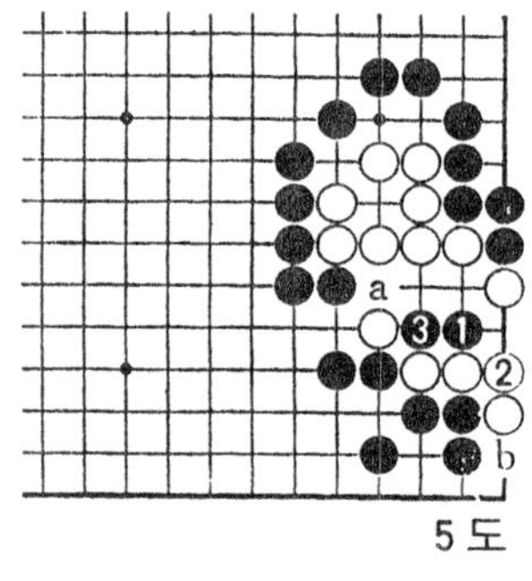

5 도

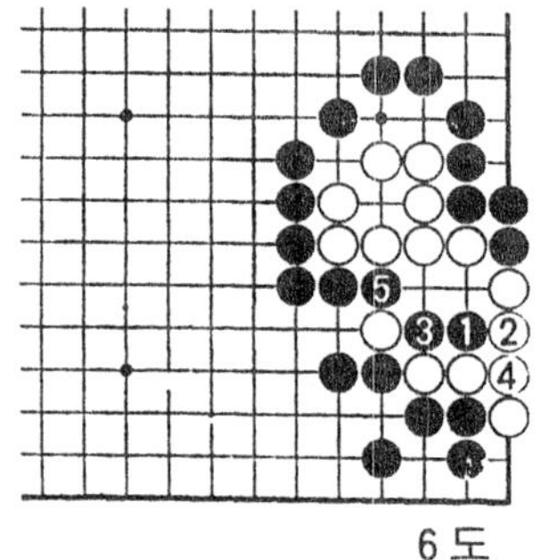

6 도

5 도 백사 흑 1에 대하여 백 2로 아래쪽을 이음은 a와 b가 맞보기.

6 도 백사 흑 1에 백 2는 흑 3으로 끊는다. 1이 백의 약점이다. 일발로 결정이 난다.

제 1 착

제25형 백선

2 집을 내는 시점에서 착상의 각도는 머리에 빨리 떠올라야 한다. 변화와 맥을 알아야 한다.

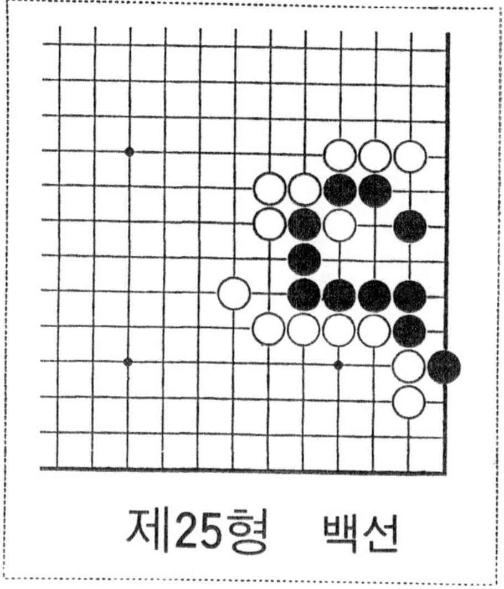

제25형 백선

1 도 실패 백 1 로 두는 것은 흑 2 로 궁도를 넓힌다 . 계속하여도 안된다.

2 도 실패 백 1 의 아래에 붙임. 그다음 흑 2 에서 4 까지 하여도 안된다.

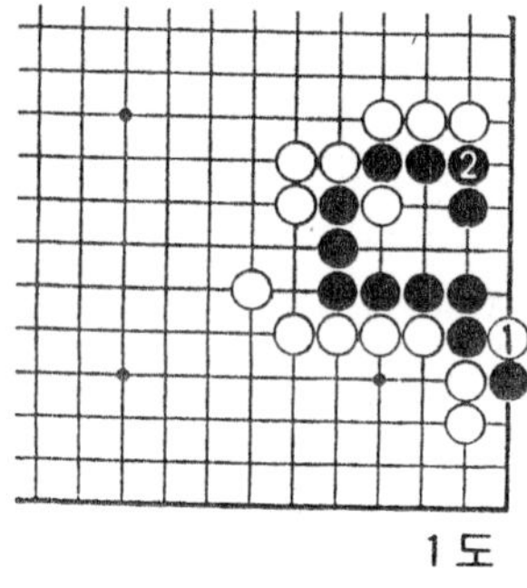

1 도

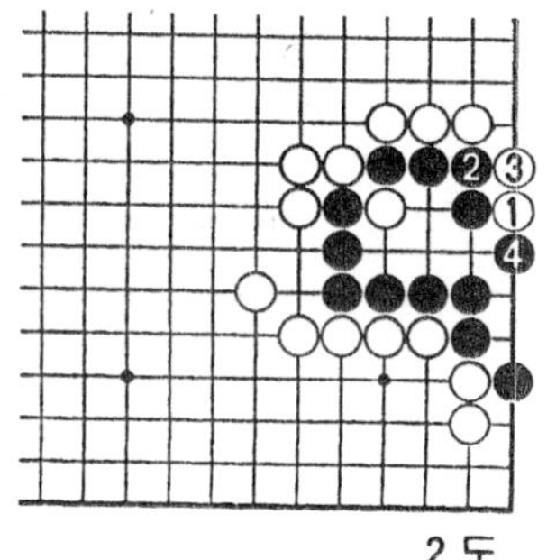

2 도

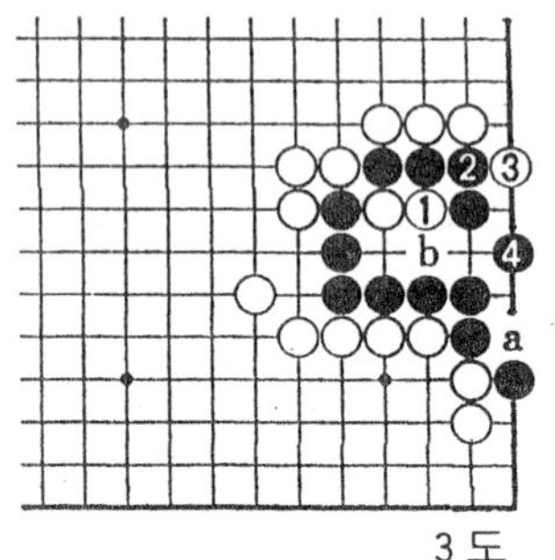

3 도

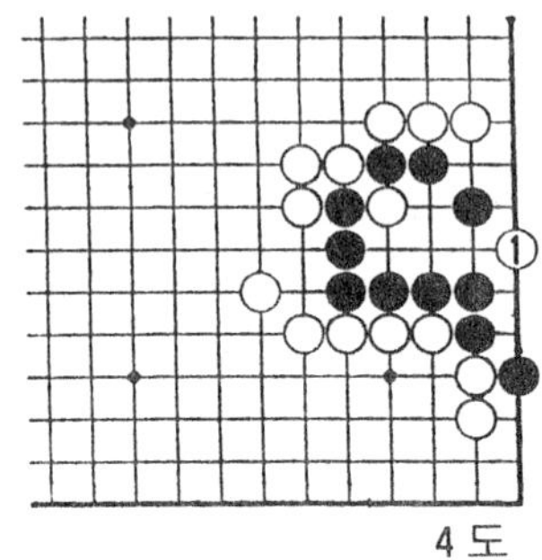

4 도

3 도 실패 백 1 의 단수에는 흑 2, 그다음 백 3 으로 젖히면 흑 4 로 받는다. 백이 a 이면 흑b로 그만이다.

4 도(마술) 치중 점잖게 백 1 로 치중을 하는 것이 좋다. 전도 흑 4 의 마늘모 자리가 급소다.

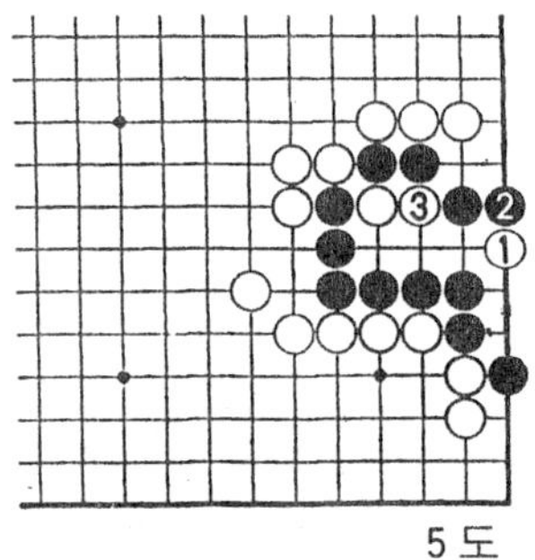

5 도

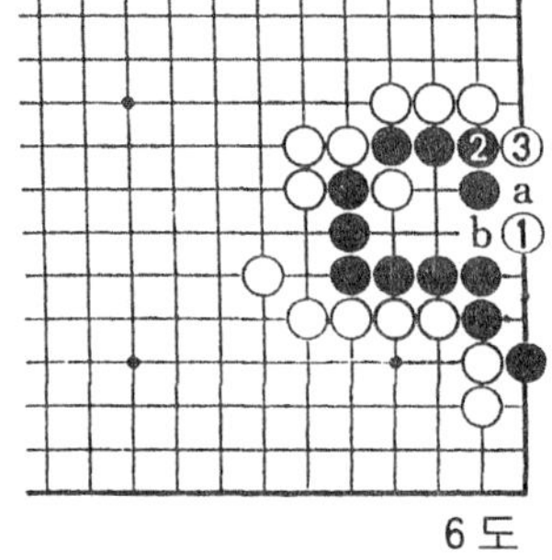

6 도

5 도(마술) 백사 백 1 의 치중에 흑 2 로 내려서면 흑 3 으로 2 점을 단수한다. 흑이 2 점을 이으면 단수하여 흑이 죽는다.

6 도(마술) 백사 백 1 에 대하여 흑 2 로 받으면 흑 3 의 젖힘이 유연하다. 그다음 흑 a 에는 백b로 공격을 한다.

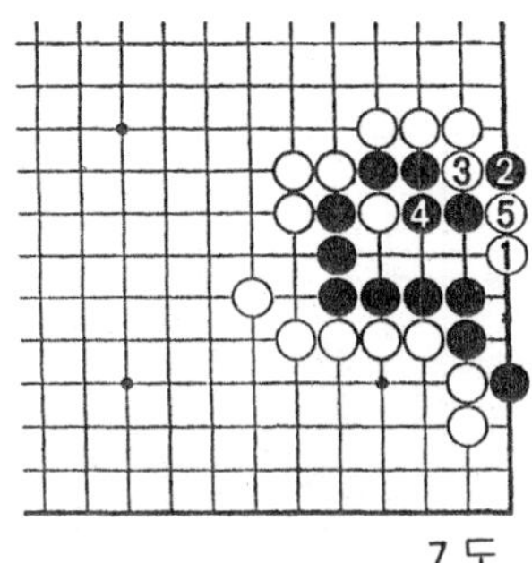
7 도

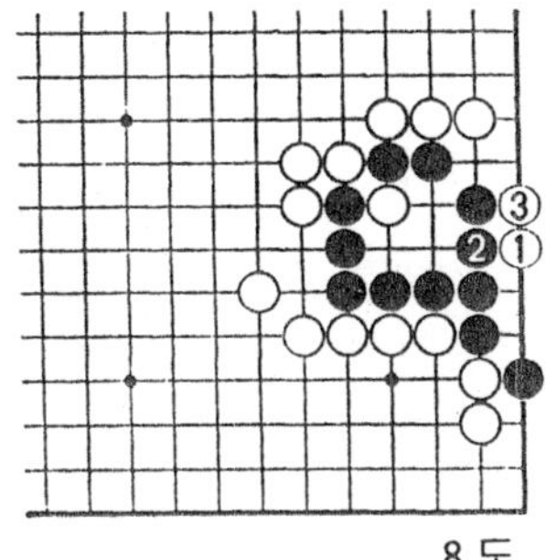
8 도

7 도(마술) 흑사 백 1 의 급소가 교묘한 맥점이다. 흑은 저항할 수 없다. 예를 들어 2 의 곳을 두면 5 의 끊음으로 흑이 죽는다.

8 도 밀다 백 1 에 대하여 흑 2 로 이음은 3 으로 미는 수가 있다. 이 다음을 염두에 두고——.

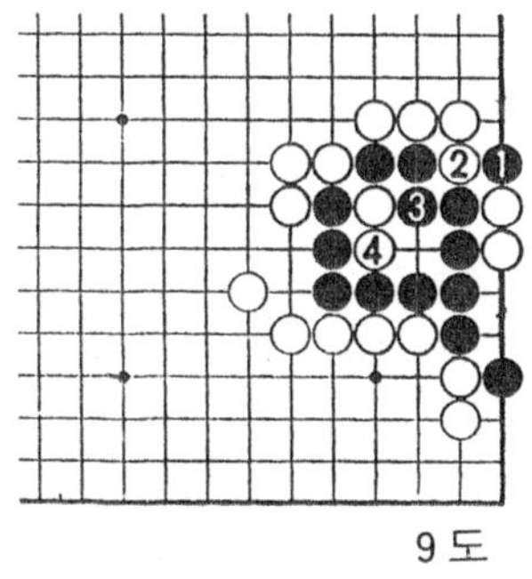
9 도

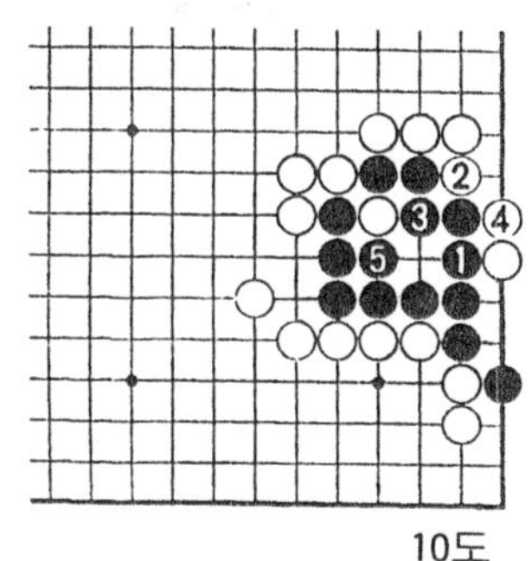
10도

9 도 흑사 흑 1 로 젖혀나가면 백 2 의 끊음에서 흑 3, 백 4 의 변화가 있다.

10도 실패 여기서 흑 1 로 이으면 백 2 의 단수 다음에 4 로 나가면 5 로 때려내어 낙제다.

3점 머리

제26형 흑선

귀에서 생긴 모양이다. 실전에 일어날 가능성이 있는 모양으로 학습의 가치가 충분히 있다.

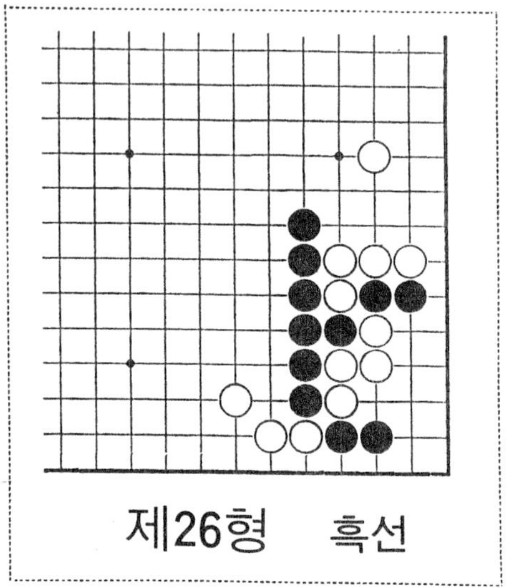

제26형 흑선

1도 패 보통 생각할 수 있는 것이 흑 1의 붙임이다. 6까지 패의 형태.

2도 실패 전도 흑 5를 1로 내리는 것은 2의 치중이 있다. 흑 3에는 백 4로 그만이다.

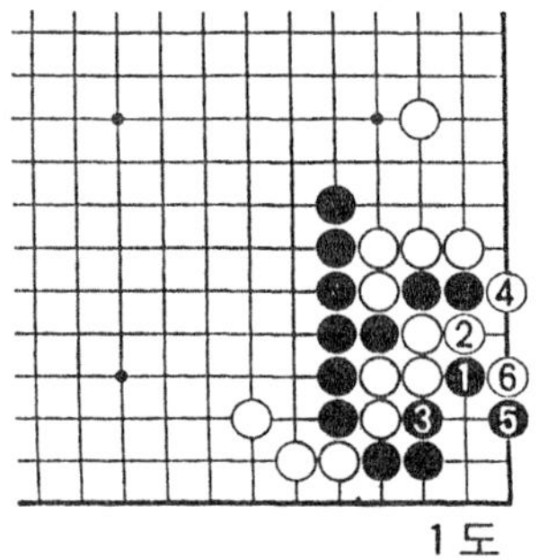

1도

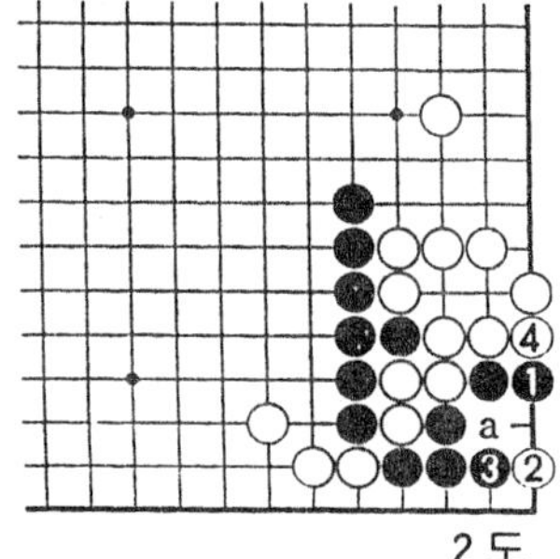

2도

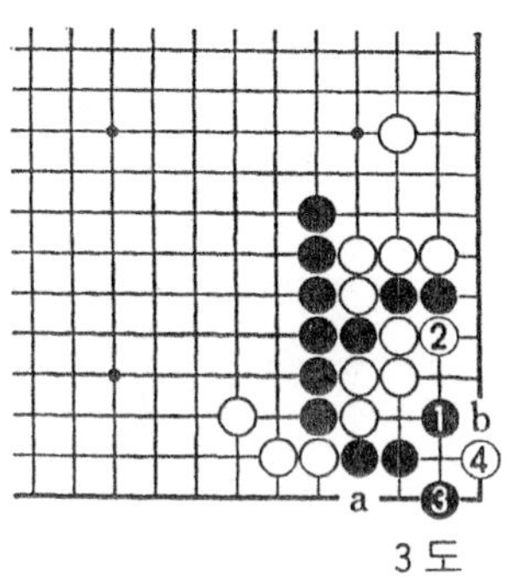

3 도

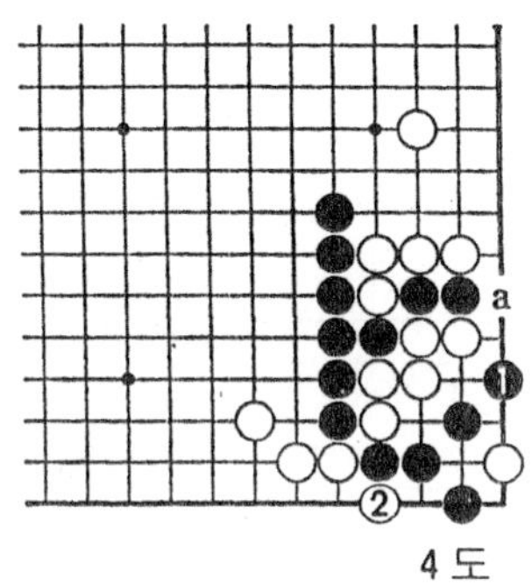

4 도

3 도 실패 그러면 흑 1 의 마늘모는 백 2 의 내림에서 4 까지가 준비동작. 흑a 에는 백b로 그만이다.

4 도 실패 백의 치중에 대하여 흑 1 의 마늘모는 백 2 로 젖힌다. 흑a로 내려서도 성립이 되지 않는다.

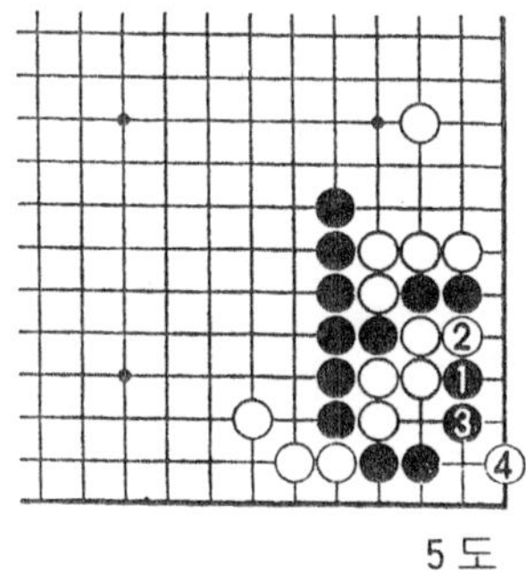
5 도

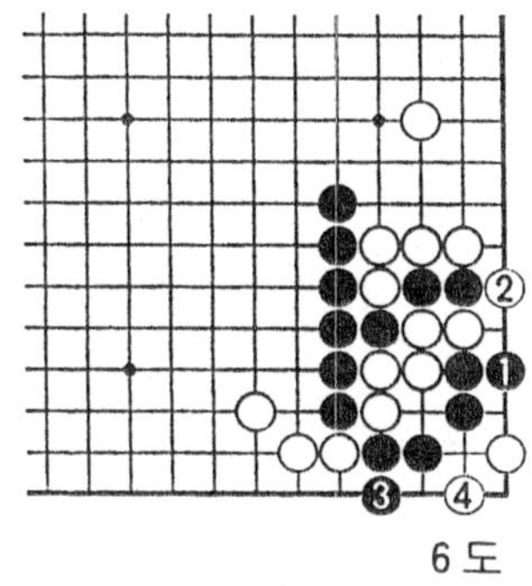
6 도

5 도 실패 흑 1 의 붙임에서 3 으로 끌 때 백 4 의 치중이 있다. 4 는 7 도의 치중위치가 다르다. 4 가 옳은 수.

6 도 흑사 다음에 흑 1 로 내려서면 백 2, 흑 3 의 내려섬, 백 4 가 있다. 귀곡 4 로 죽는다.

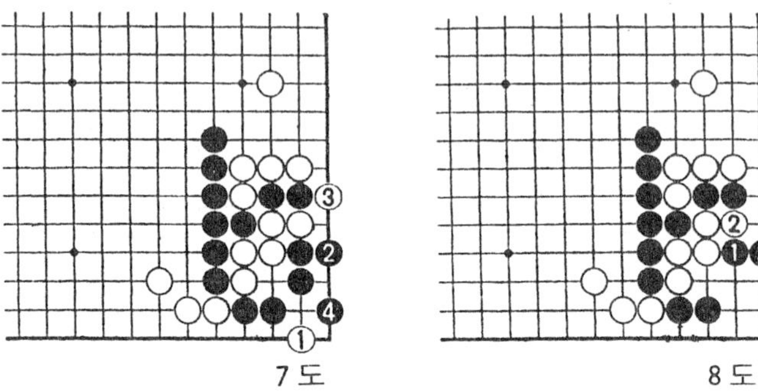

7 도　　　　8 도

7 도 백의 실패 5 도 백 4 를 1 로 치중하는 것은 백의 실패이다. 다음도에서 정해를 나타내고자 한다.

8 도(마술) 내려섭 흑 1 다음 3 으로 내려선다. 여기에 마술이 있다.

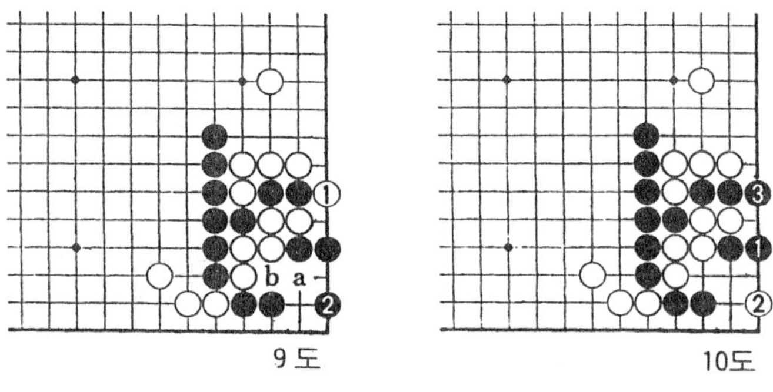

9 도　　　　10도

9 도(마술)흑생 백은 1 로 따내면 흑 2 의 급소에 둔다. 백 a는 흑b의 끊음이 있다. 흑의 삶이 확인이 되는 곳이다. 제 1 선에 내려서 사는 수가 성립이 된다.

10도 (마술) 흑승 흑 1 내려섬에 백 2 의 급소의 치중은 흑 3 으로 5 점이 떨어진다.

급소 찾기

제27형 흑선

백 7 점을 취하는 것은 간단하다. 전부 잡아야 한다.

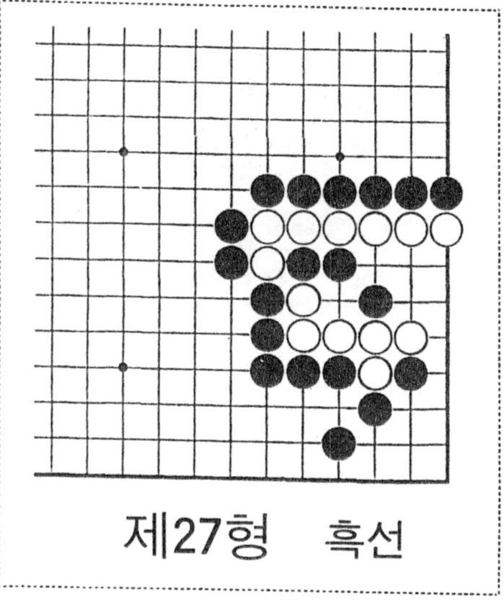

제27형 흑선

1 도 실패 흑 1 로 내려서는 것은 백 2 로 젖혀서 그만이다. 백의 눈을 빼앗을 수 없다.

2 도 실패 흑 1 의 마늘모엔 백 2 의 끊음이 있다. 그래서 삶을 막을 수가 없다. 그 다음에——.

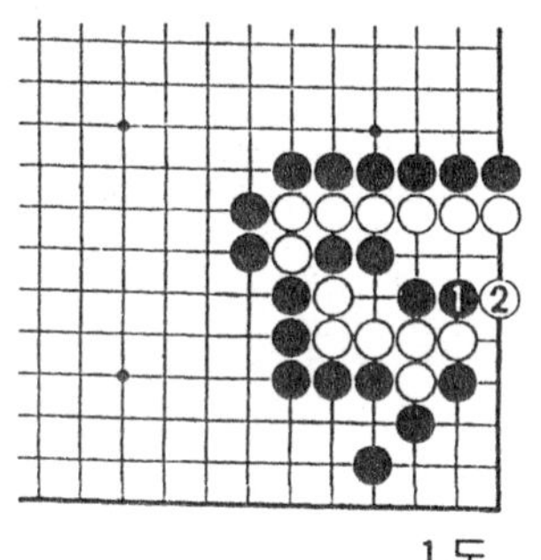

1 도

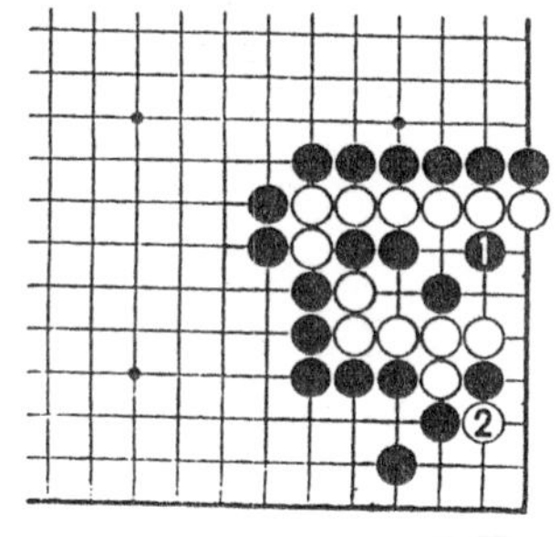

2 도

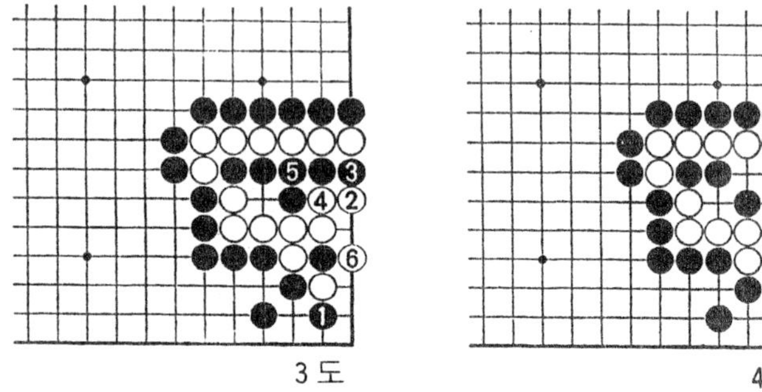

3 도 실패 귀에는 흑 1 의 내려섬이 있다. 4 의 단수에서 6 의 집내기까지. 흑의 공격은 실패이다.

4 도(마술) 뜀 백 7 점을 취하는데, 방법이 문제다. 흑 1 의 뜀이 날카로운 수로 백이 죽는다.

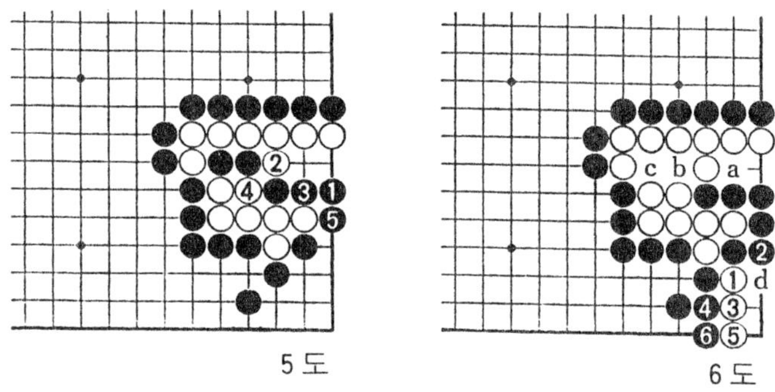

5 도 건넘 흑 1 에 대하여 백 2 의 단수는 3 다음 4 로 2 점을 따내면 5 로 건너간다. 계속하여 수읽기를 하여야 한다.

6 도(마술) 흑승 백 1 에서 5 까지 된다음 흑 6 으로 차단한다. 이다음 백a는 흑b나 c를 교환하고 d로 밀고간다.

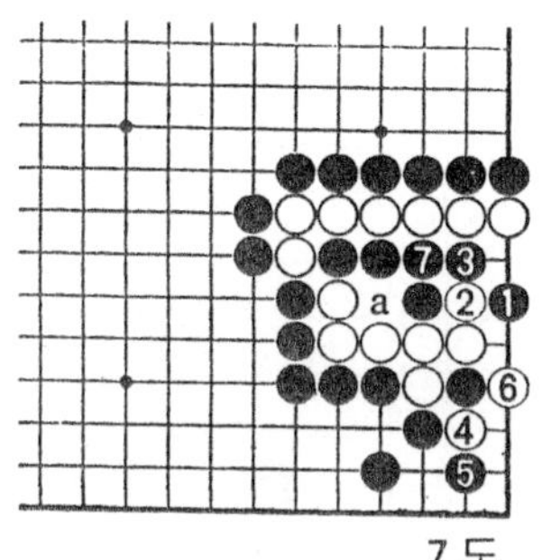

7 도

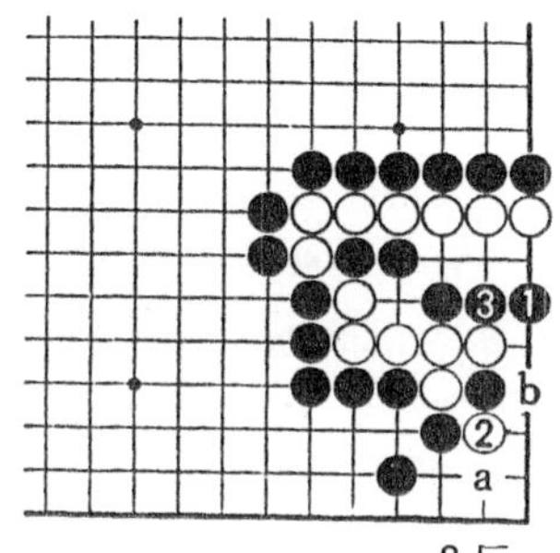

8 도

7 도(**마술**) **백사** 흑 1 에 백 2 의 나감에서 4, 6 까지 한 점을 따내어도 7 로 이어서 백이 죽는다.

8 도(**마술**) **백사** 흑 1 에 단지 백 2 는 흑 3 으로 잇는다. 다음에 백a에는 흑b로 응수를 한다.

붙잡다

제28형 흑선
귀의 백을 잡는 방법은 없을까? 모으게 하여 정확한 수의 받음을 이용한다.

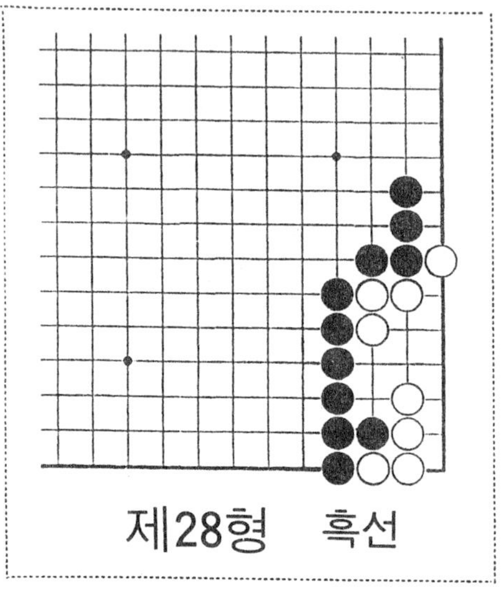

제28형 흑선

1도 6집 평범한 타개방법으로 흑 1의 나감에서 3의 단수는 4의 이음으로 그만이다. 백집은 6집이다. 한눈에 보아도 6집이란 것을 알 수 있다.

2도(마술) 치중 흑 1의 곳에 치중을 하는 것이 날카로운 수.

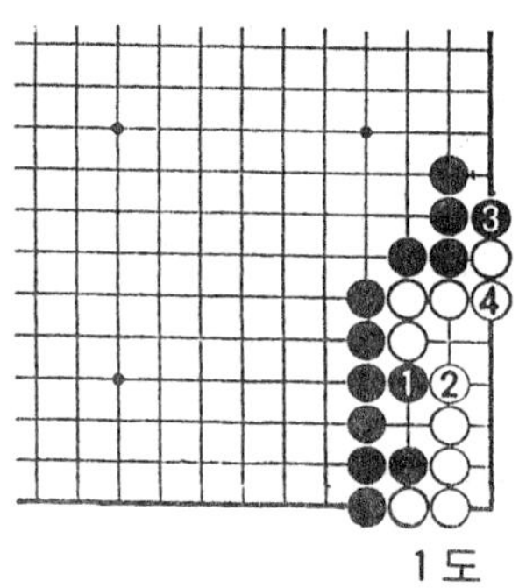

1도

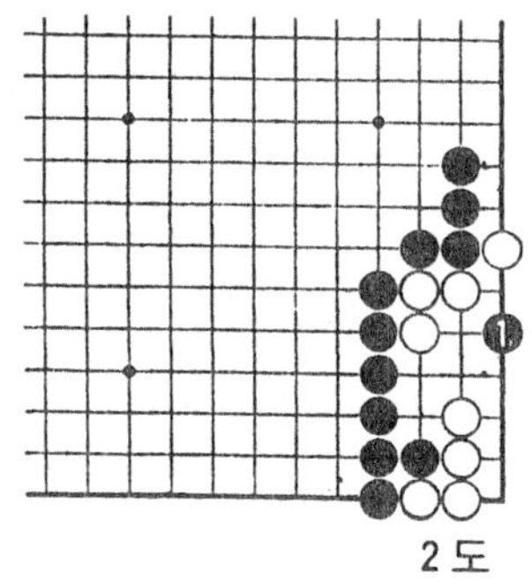

2도

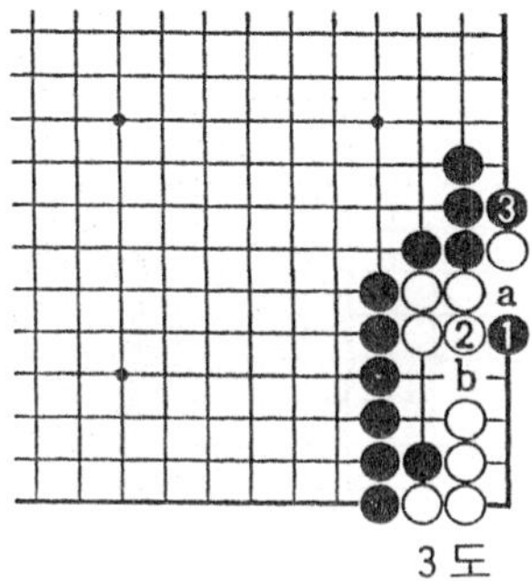

3 도

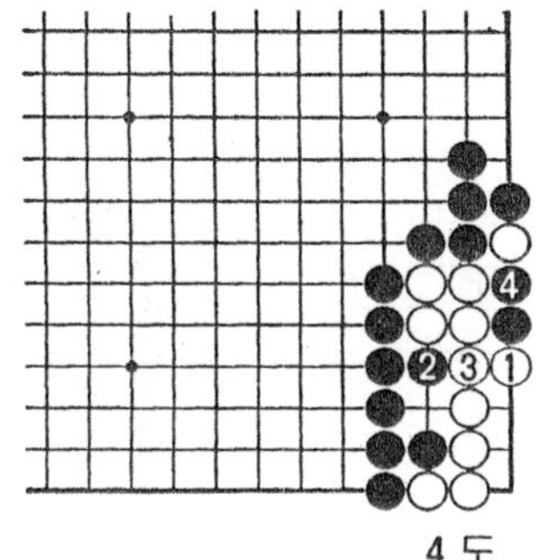
4 도

3 도 무너짐 흑 1 의 치중에 백 2 의 응수는 좋다. 다음 흑 3 으로 바깥을 단수한다. 이에 대하여 백이 a이면 b로 백이 죽는다.

4 도 한점 때림 여기에서 백 1 로 내려서면 흑 2, 백 3 을 교환하고 흑 4 로 한점을 딴다.

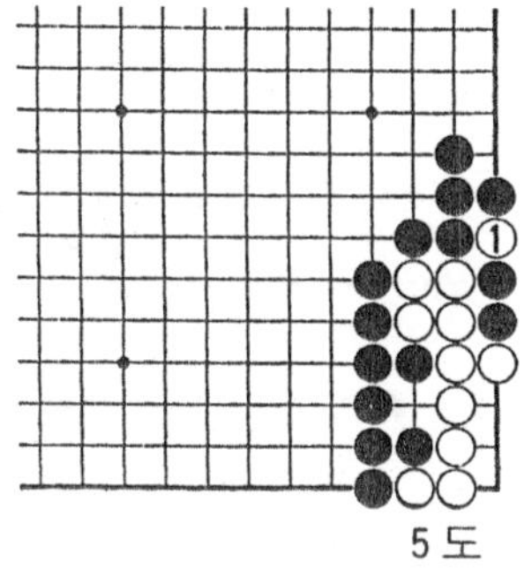
5 도

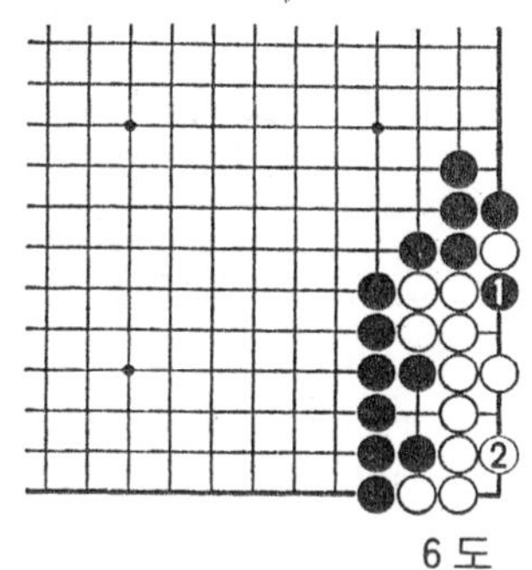
6 도

5 도 2 점 땀 다음에 백 1 로 2 점을 따는 것은 당연하다.

6 도 2 집 흑 1 로 다시 때리면 백 2 로 살지 않을 수 없다. 본도의 백집은 2 집이다.

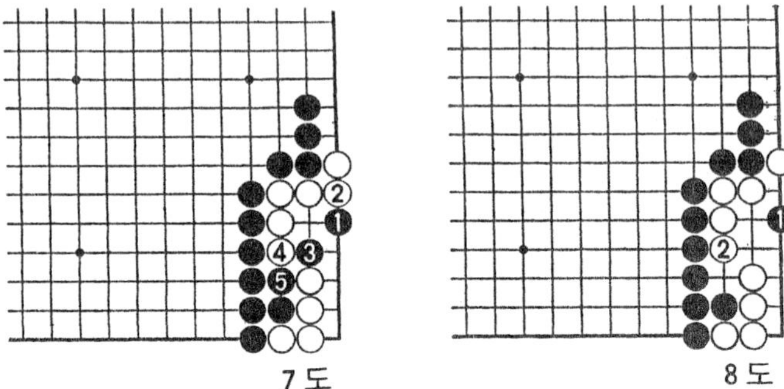

7 도 8 도

7 도 백사 흑 1 의 치중에 백 2 의 이음은 3 의 마늘모 다음 5 로 끊긴다. 백이 죽는다.

8 도 넓이 흑 1 에 대하여 최선의 응수는 백 2 로 궁도를 넓히는 수이다. 다음에 ——.

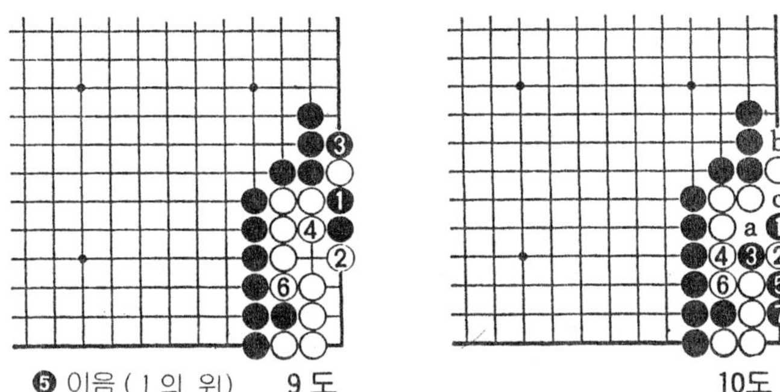

❺ 이음 (1 의 위) 9 도 10도

9 도 3 집 흑 1 의 부딪힘에 백 2, 4 면 흑 5 이음 다음 백 6 까지 산다. 백집은 본도에서는 4 집, 3 의 아래의 한점을 취한다. 1 도의 6 집과는 3 집의 차이가 있다.

10도 사건 흑 1 의 치중에 백 2 의 마늘모는 위험하다. 흑 3 에서 7 까지 타개하는 방법이 있다. 다음에 백a이면 흑b로 패가 난다. 이에 대한 결과를 소개하였다.

변의 집

제29형 백선

중앙에 한집이 있다. 실전에 나타난 형인데 실전에서는 단념을 한 바가 있다.

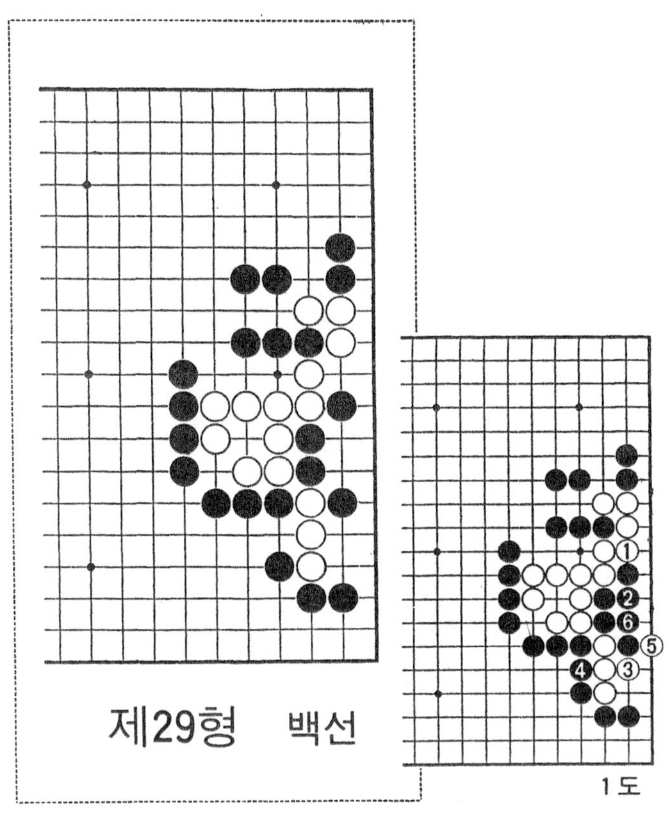

제29형 백선

1도

1도 실패 백 1로 이으면 흑 2로 이어서 이하 6까지 외길이다.

2 도 실패 다음 백 1 로 내려서면 흑 2 의 젖힘으로 그만이다. 백 3 에는 4 의 뻗음이 약이다.

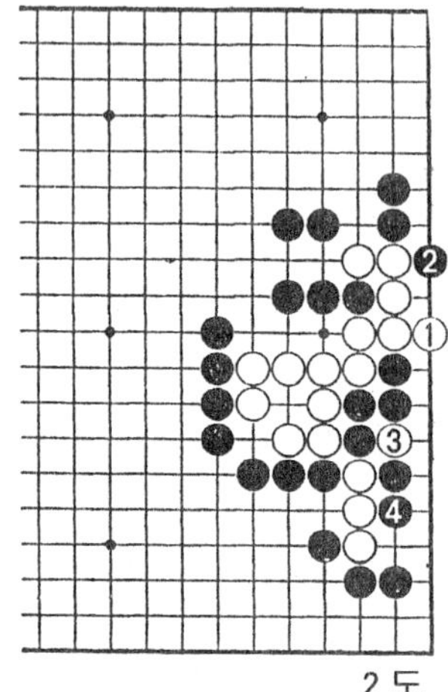
2 도

3 도(마술) 걸어올림 정해는 백 1 의 끊음에서 3 까지의 걸어올리는 수이다. 흑 4, 백 5 의 끄는 다음—

4 도 패 흑 1 의 젖힘에는 백 2, 흑 3 에는 4 로 패다. 흑 a 로 이으면 안된다. 흑 b, 백 a 로 때려내어 패다.

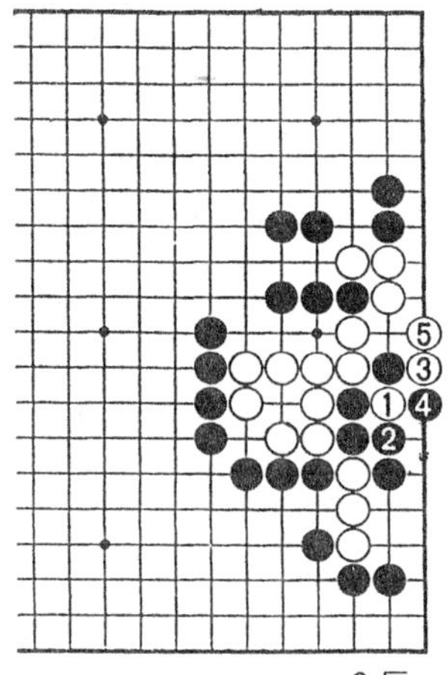
3 도

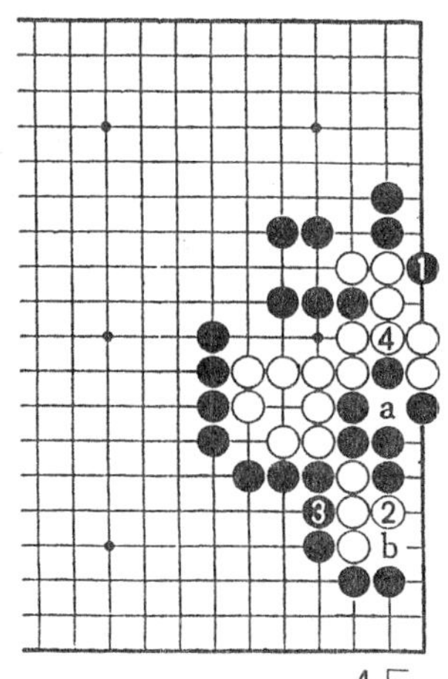

4 도

본당의 급소

제30형 흑선
공격함에도 여러곳이 있게 되는데 본당의 급소는 하나뿐이다. 수순이 중요하다.

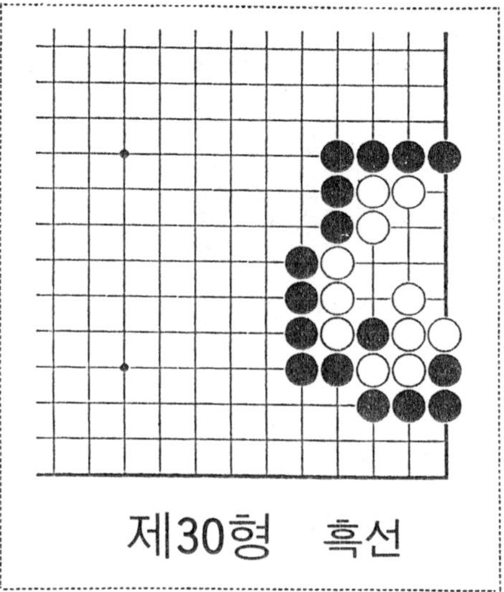

제30형 흑선

1 도 실패 흑 1 끊음에서 3 의 단수까지, 백 4, 흑 5 의 내려섬에는 백 6 의 내려섬이 있다. 백이 죽지 않는다.

2 도 실패 흑 1 로 미는 것에는 백 2 의 마늘모가 있다. 이하 6 까지 사는 모양이다.

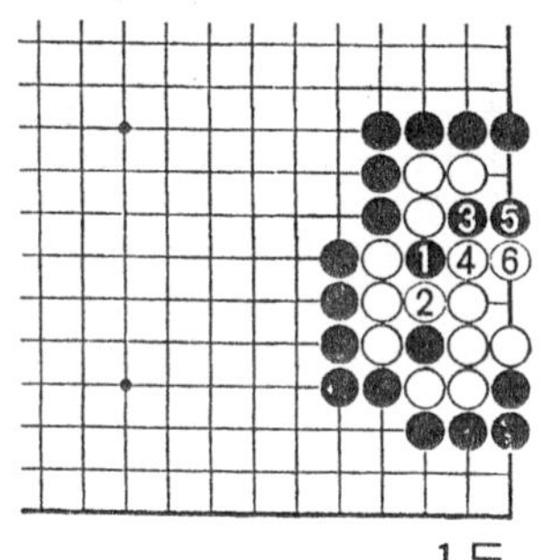

1 도

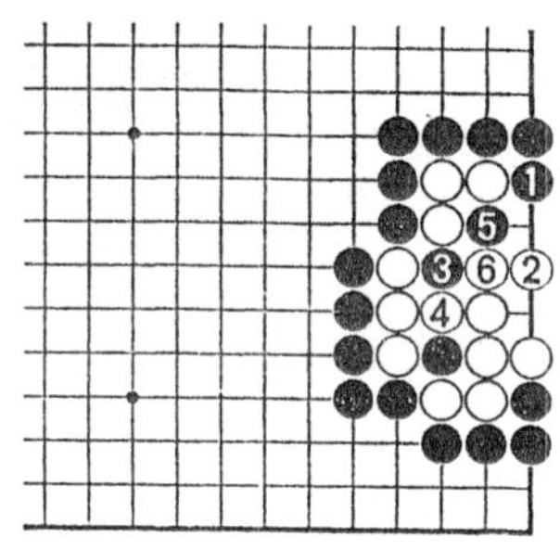

2 도

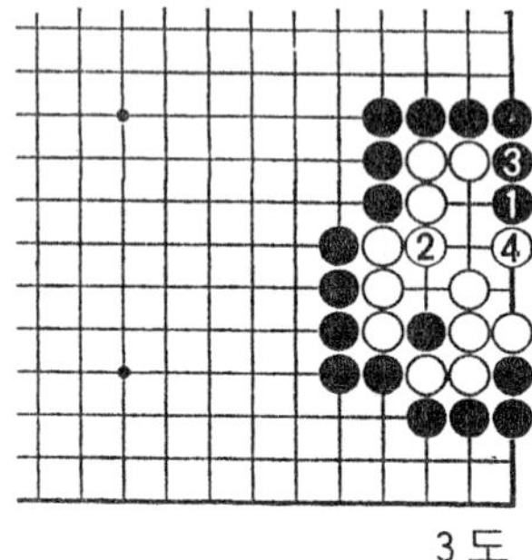

3 도

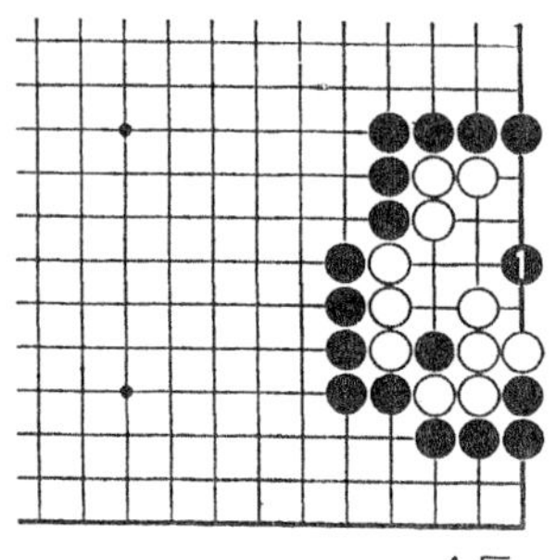

4 도

3 도 실패 흑 1 로 뛰는 것이 맥같은 생각이 드나 백 2 다음 4 로 그만이다. 이상에서 급소는 없다.

4 도(마술) 치중 흑 1 의 치중이 유일한 급소이다.

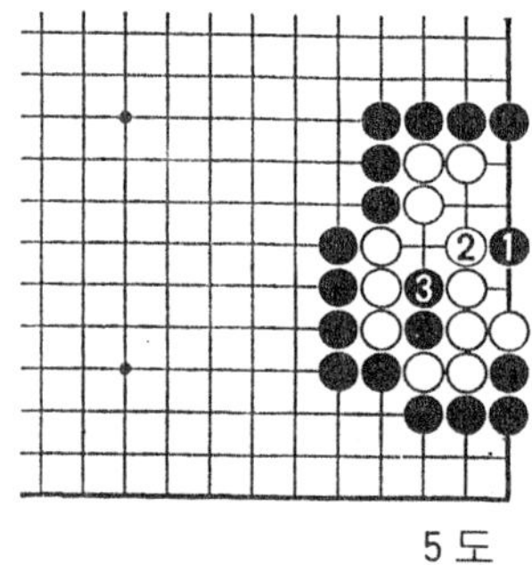

5 도

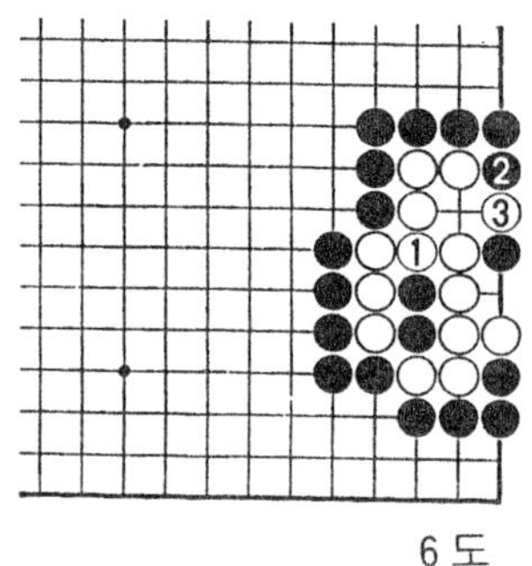

6 도

5 도 늘다 흑 1의 치중에 백 2로 누르면 3 으로 느는 것이 좋은 수다.

6 도(마술) 패 백 1 로 2 점을 따내면 흑 2 의 건너가는 수가 있다. 백 3 으로 집어 넣어 패가 정해이다.

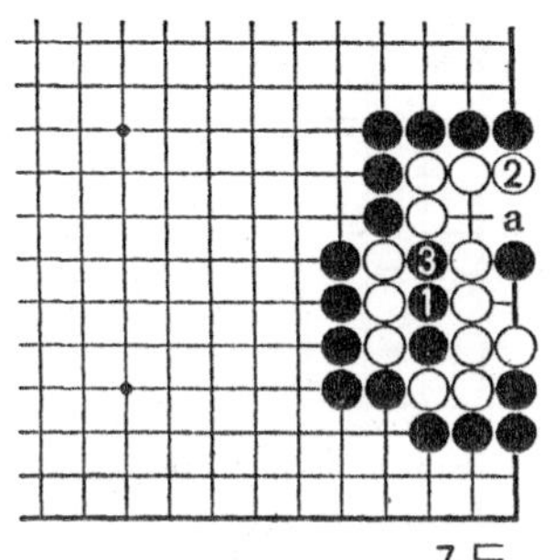

7 도

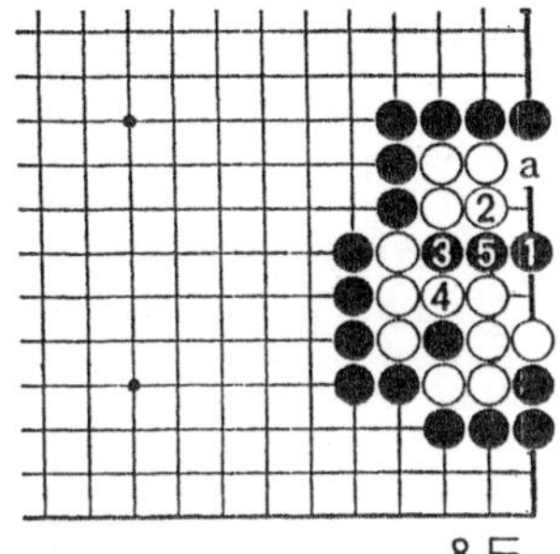

8 도

7 도 백사 흑 1 에 백 2 는 흑 3 으로 되어 a의 곳을 자충이라 둘 수 없다. 이것은 실패이다. 백 2 를 a로 두어도 흑 3 으로 때리면 자충의 형태다.

8 도 누르는 수없음 흑 1 의 치중에 백 2, 흑 3, 5 는 양자충이 된다.

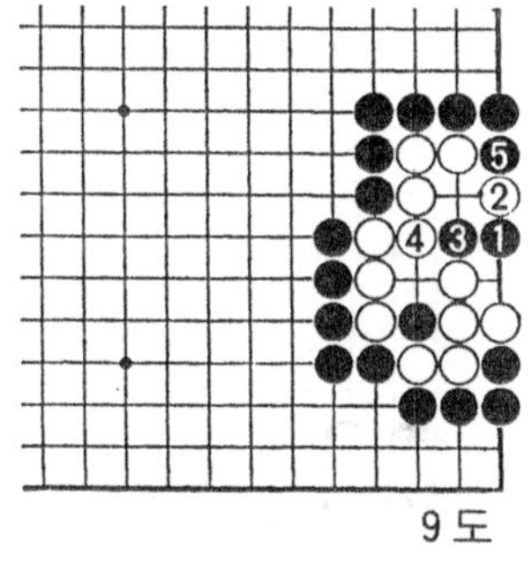
9 도

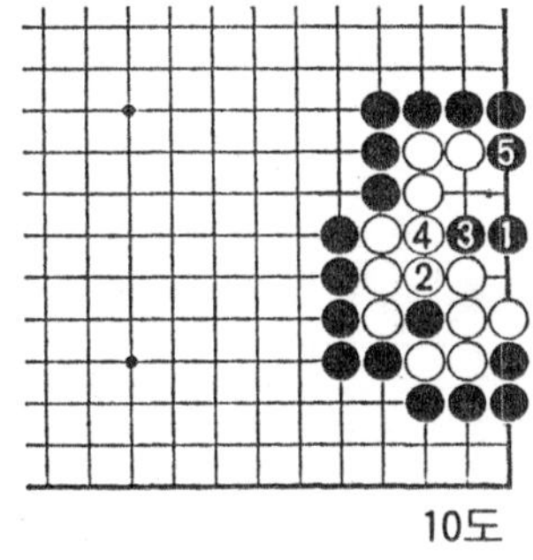
10도

9 도 백사 흑 1 의 치중에 백 2 의 마늘모는 3 다음 4 를 기다려 5 로 찌르면 백이 죽는다.

10도 백사 흑 1 에 백 2 로 때리면 흑 3, 5 로 죽는다. 흑 4 로 끊음엔 누르는 수가 없다.

수를 내다

제31형 백선

보통 나타나는 모양이다. 이곳에 무슨 수가 없을까? 바둑의 정열을, 지혜를 동원하여 나타내보자.

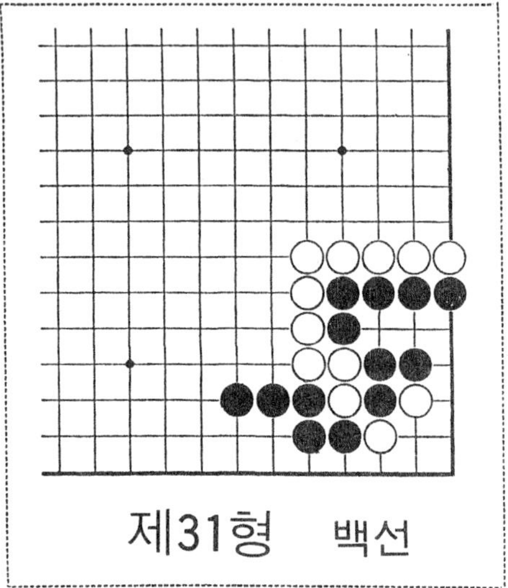

제31형 백선

1도 실패 백 1의 이음엔 흑 2의 내려섬이 있다. 3에는 흑 4의 젖힘이 있다. 다음 백a, 흑b, 백c, 흑d로 눈을 없앤다.

2도 실패 백 1이 공격의 급소같이 보이나 흑 2의 내려섬이 있다. 백 3에는 4의 젖힘으로 전형과 같다.

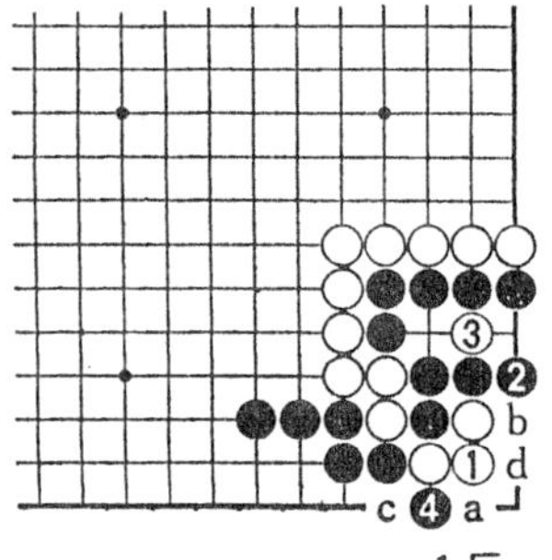

1도

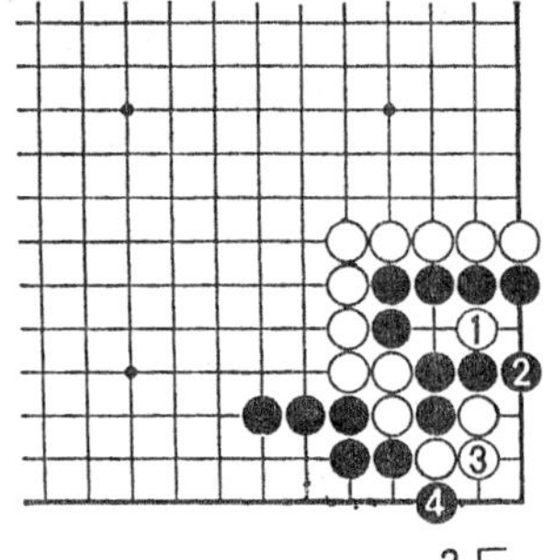

2도

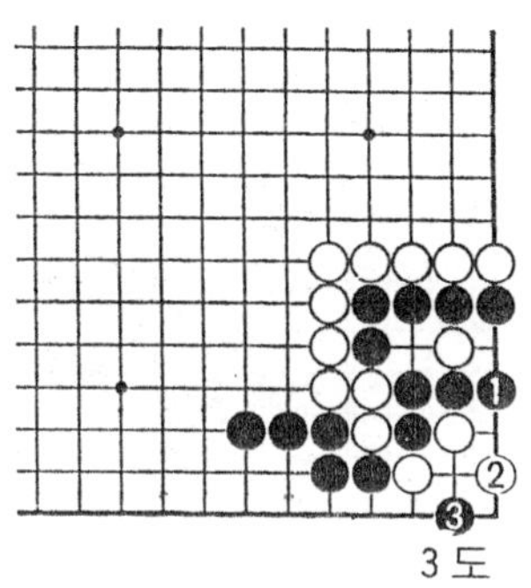

3 도

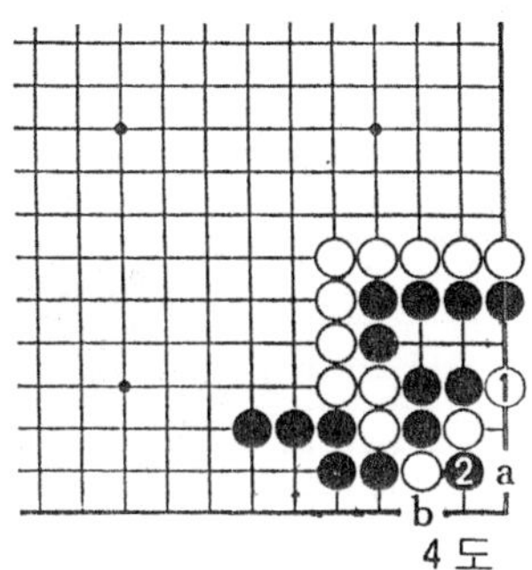

4 도

3 도 실패 전도의 변화로 흑 1의 내려섬에 백 2는 흑 3이 있다. 수가 없다.

4 도 실패 백 1의 젖힘에는 흑 2의 끊음이 있다. 이다음 a의 단수는 b로 때려낸다.

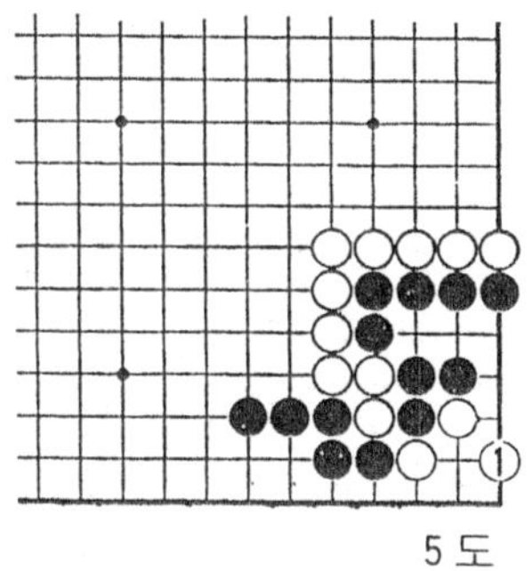

5 도

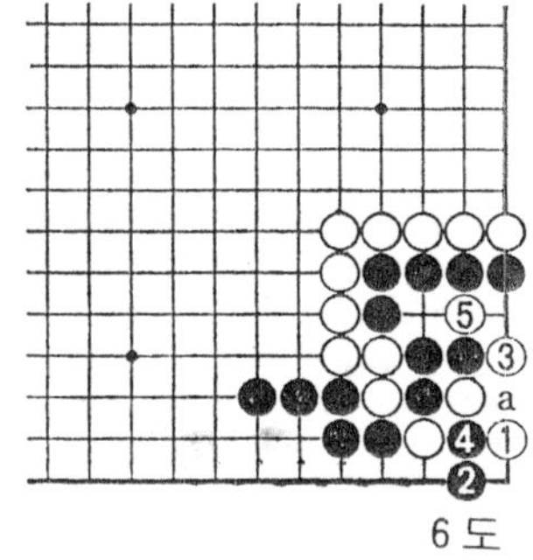

6 도

5 도 (마술) 이음걸이 귀의 백 1로 두는 것이 맥이다.

6 도 (마술) 패 흑 2의 치중에는 백 3의 젖힘이 맥이다. 다음 흑은 5의 왼쪽에 두어 패를 다툰다.

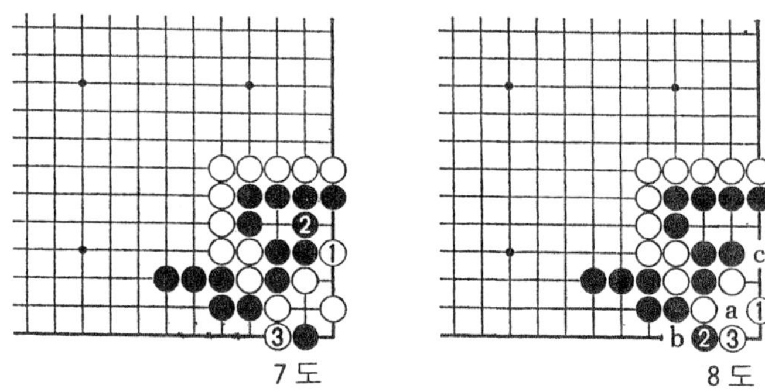

7도 8도

7도(마술) 빅 백 1의 젖힘에는 패를 피하여 2로 두면 3으로 빅이다.

8도 패 백 1의 걸이이음에 흑 2의 단수는 3으로 받아서 패다. 흑b로 이으면 백c로 젖힌다. 패나 빅의 모양.

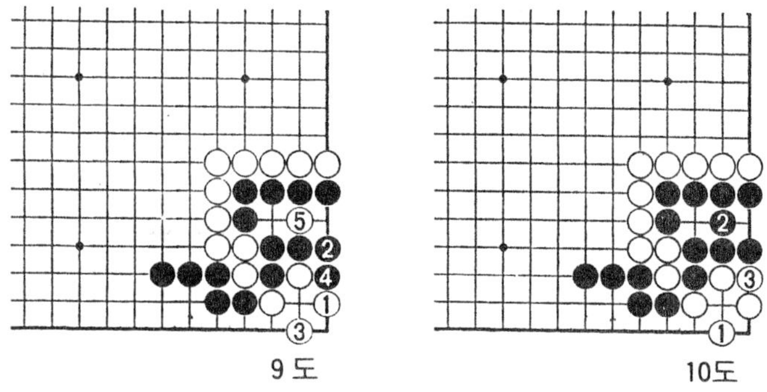

9도 10도

9도 패 백 1에 흑 2의 내려섬은 백 3으로 집을 확보한다. 백 5까지 패.

10도 서로 삶 백 1에 흑 2는 백 3으로 서로가 산다.

수순의 좋고 나쁨

제32형 백선
귀의 백을 구하는 문제이다. 당연히 변에 눈이 가는데 수순에 유의를 하여야 한다.

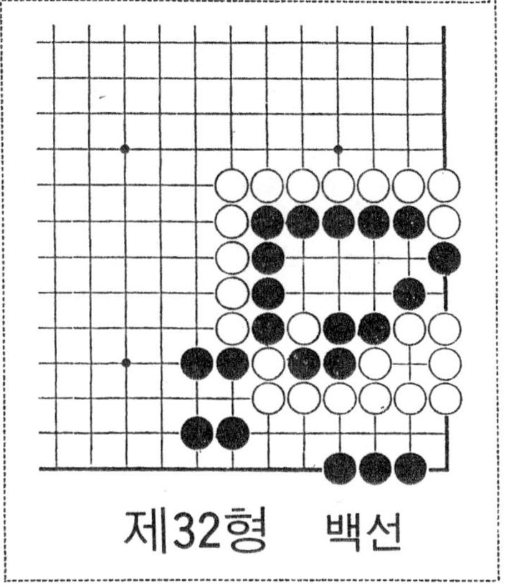

제32형 백선

1도 실패 백 1 단수에 흑 2로 이으면 다음 수가 없다.
2도 흑삶 백 1의 젖힘엔 흑 2, 백 3엔 흑 4로 그만이다.

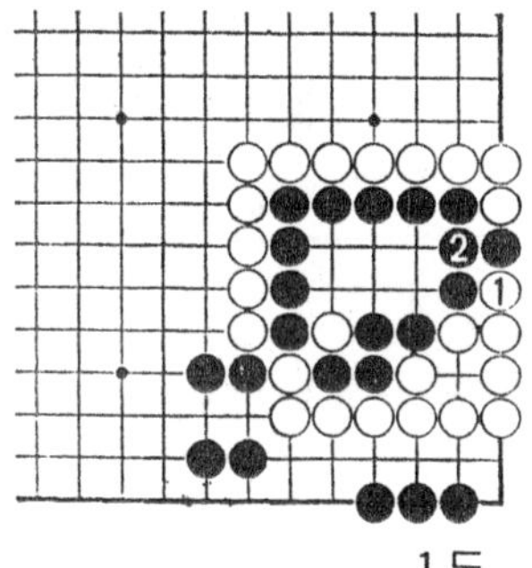

1도

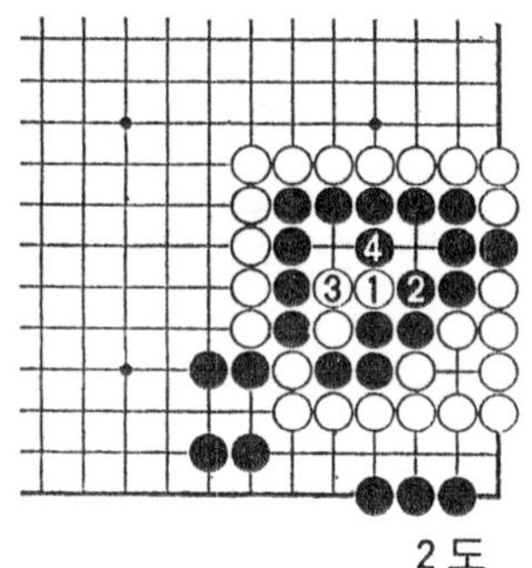

2도

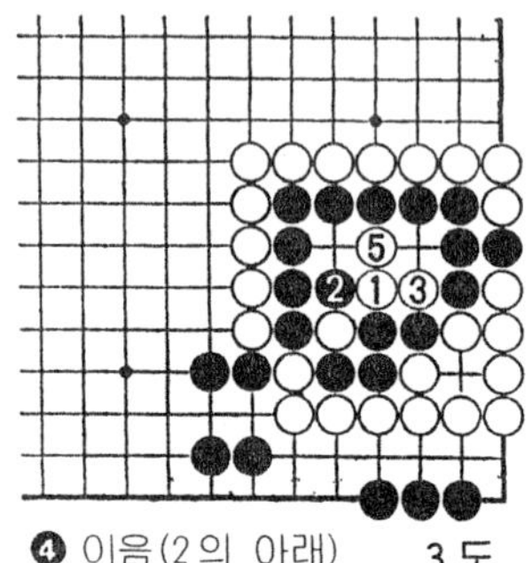

❹ 이음(2의 아래)
3도

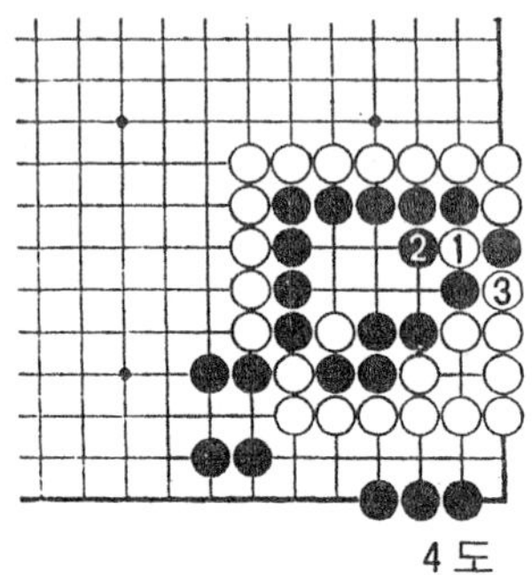

4도

3도 죽음 백 1의 단수에 흑 2로 따는 것은 무리이다. 3의 단수로 눈을 잃는다. 이하 5까지 흑사.

4도 끼워넣음 그래서 백 1로 끼워넣으면 백 3의 단수까지인데, 결과는 산다.

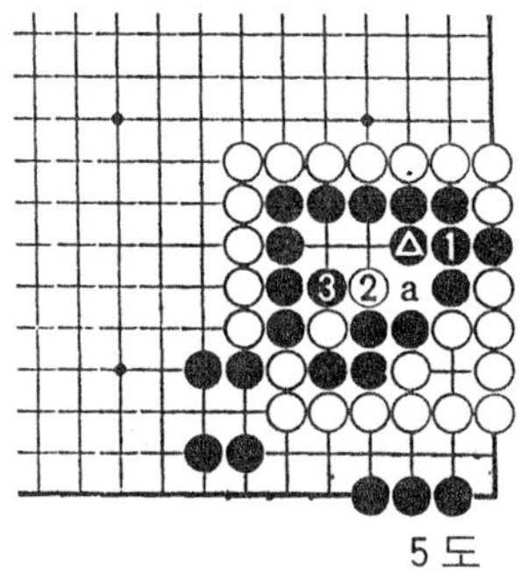

5도

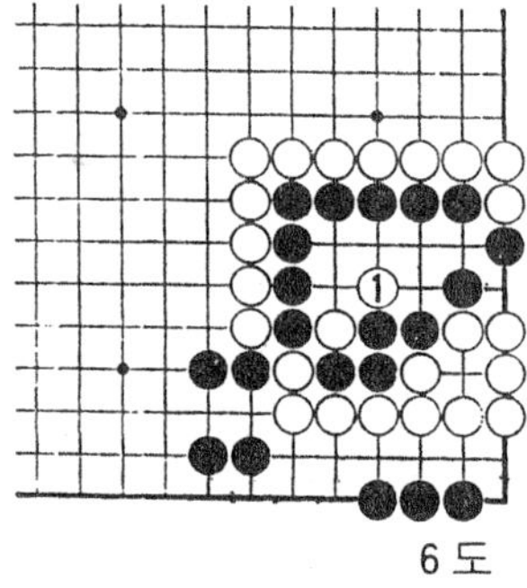

6도

5도 실패 흑 1은 당연한 이음이다. 다음에 백 2의 젖힘에는 흑은 3으로 따내면 ◬가 있기 때문에 눈을 빼앗을 수 없다.

6도(마술) 항거 1로 젖히는 수가 있다. 이것은 기합이다.

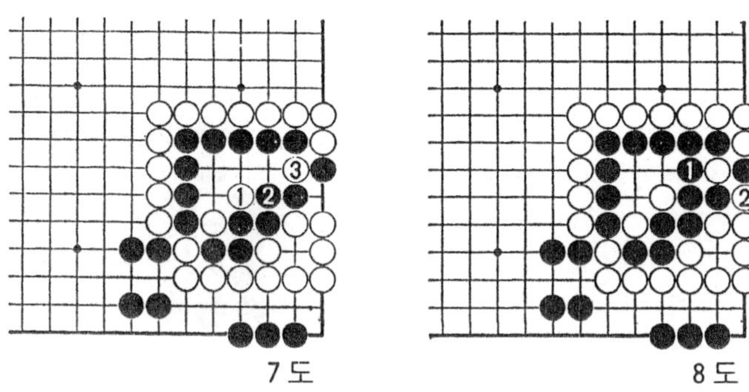

7도 수순 백 1에는 흑 2로 응수한다. 다음 3의 집어넣는 수순이 있다.

8도 단수 다음에 흑 1로 취하면 백 2로 찌른다.

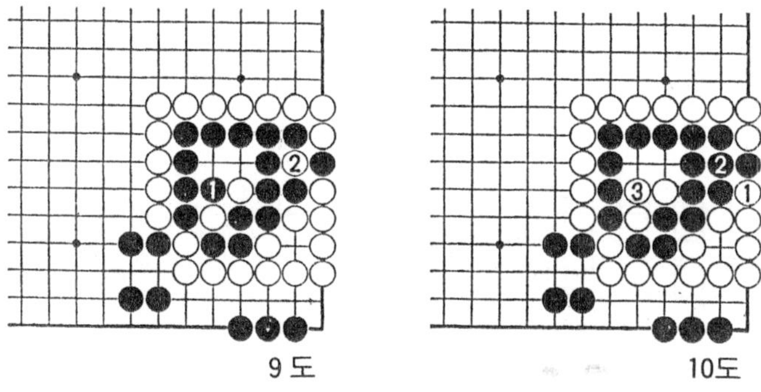

9도(마술) 패 흑 1로 때려내면 2로 따면서 패가 된다. 이것이 정해이다.

10도 흑사 백 1 단수에 흑 2의 이음은 백 3으로 이어 흑사. 수순에 마술이 있는 문제이다.

치중수

제33형 흑선 이 백을 일거에 잡는 수는 없을까? 우선 궁도가 넓으니 연구를 하여야 겠다.

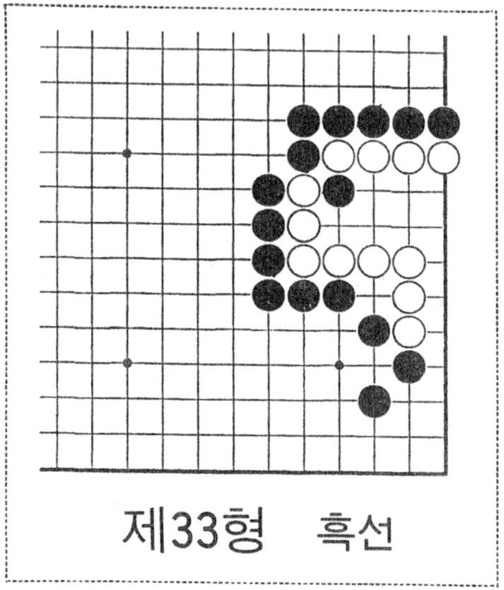

제33형 흑선

1도 내려섬 정해는 어느 것일까. 흑 1의 내려섬에는 백 2가 부득이하다. 백 4점이 떨어지기 때문이다.

2도 마늘모붙임 여기서 흑 1의 마늘모 붙이는 수가 있다.

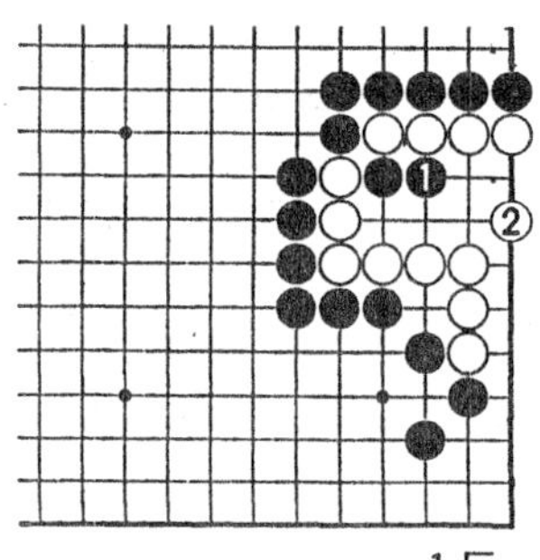

1도

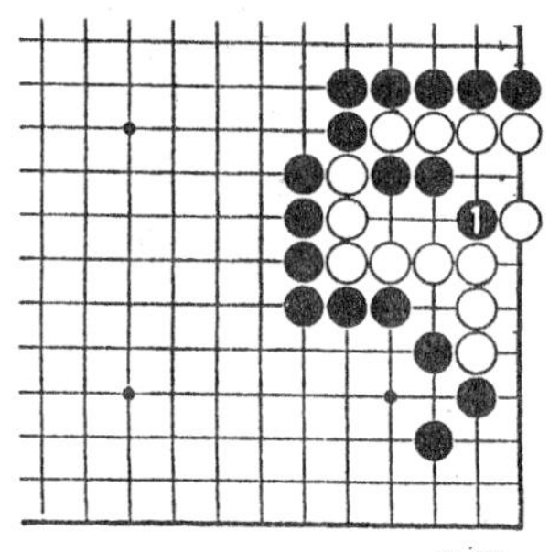

2도

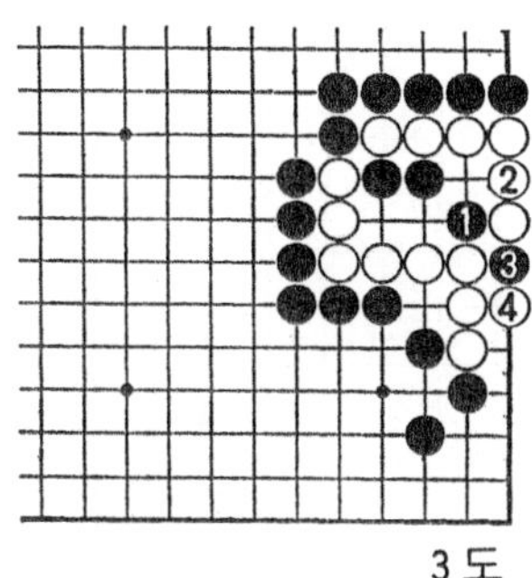
3도

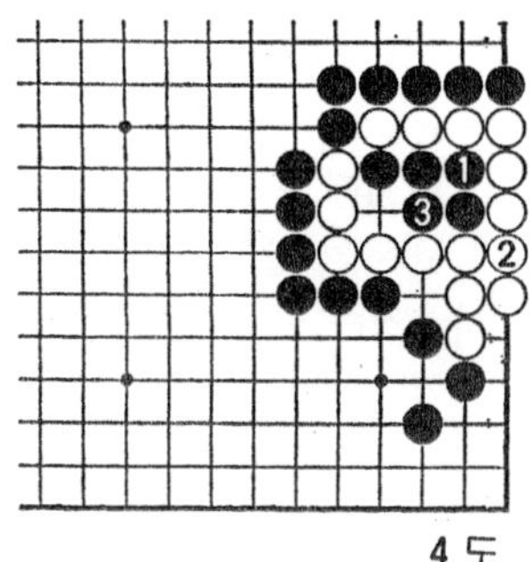
4도

3도 타개 흑**1**에 대하여 백은 **2**로 잇는다. 다음 흑**3**과 **4**를 교환한다.

4도(마술) 5궁도화 다음에 흑**1**로 단수하면 백**2**, 그다음 흑**3**으로 5궁이다.

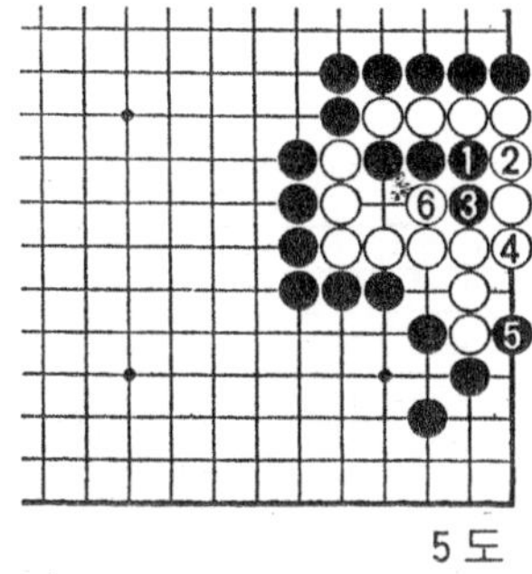
5도

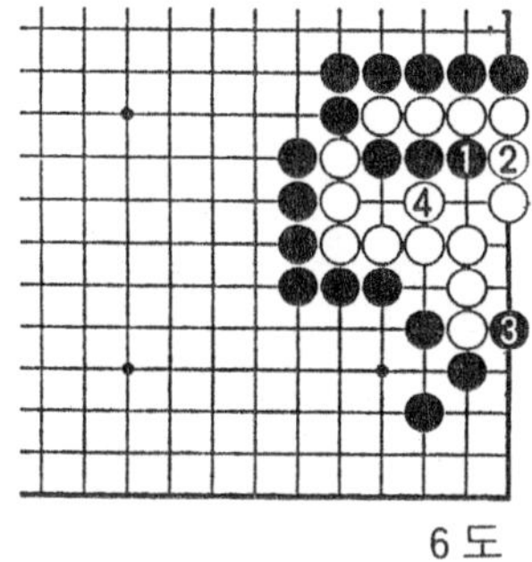
6도

5도 실패 **3**도에서 흑**1**, **3**으로 타개하려는 것은 착오다. **5**의 젖힘에 **6**의 급소가 있어서 곧 **4**궁으로 산다.

6도 실패 흑**1**의 단수에 백**2**, **3**의 젖힘에 백**4**로 실패다.

명쾌함

제34형 흑선
답은 간단하다. 정해나 변화가 알기가 쉽다.

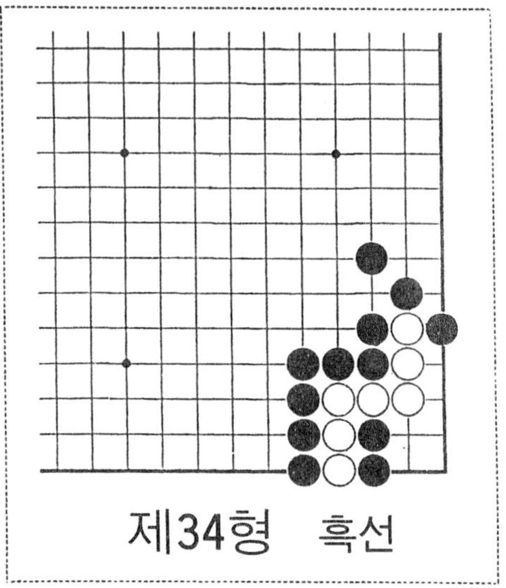

제34형 흑선

1도 백이 죽다. 흑1의 젖힘에 백2의 붙임은 흑3으로 급소에 치중하여 곤란하다. 어떻게 하여야 정해일까?

2도 내려섬 1의 젖힘에 2로 내려서면 3의 단수에 4로 때려낸다.

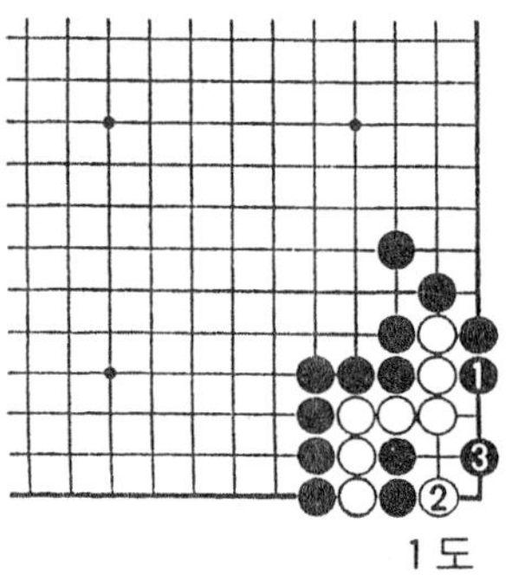

1도

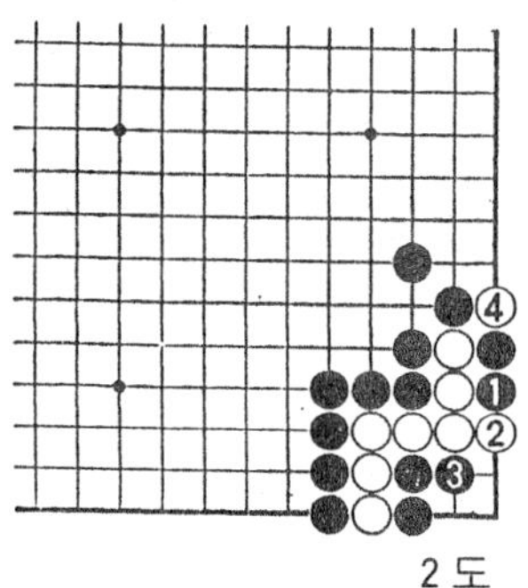

2도

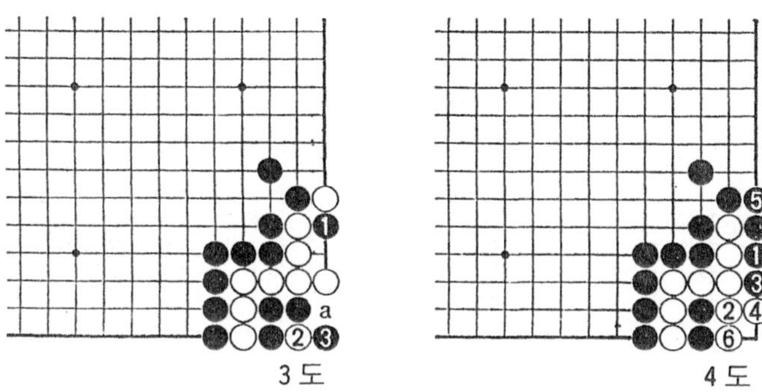

3 도　　　　4 도

3 도 백이 죽다. 흑 1 로 취하면 백 2 로 집어넣어도 자충이다.

4 도 밀다 흑 1 의 젖힘으로 밀고 나오면 2 , 4 다음 6 으로 때려내어 즐겁게 산다.

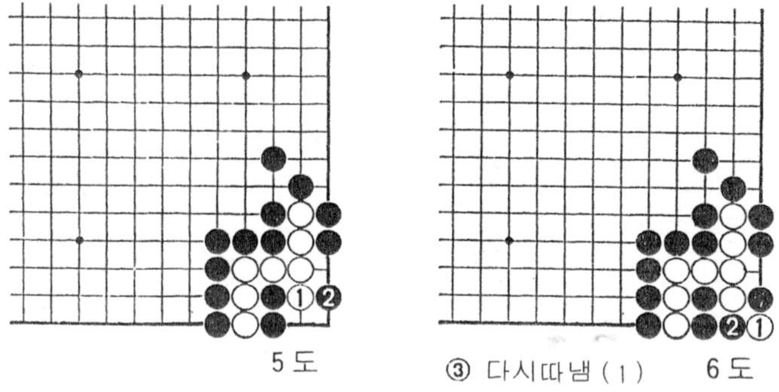

5 도　　　　③ 다시따냄 (1)　6 도

5 도 붙임 백 1 에 대하여는 흑 2 의 붙임이 최강의 저항이다.

6 도 집어넣음 백 1 로 집어넣는 수가 있다. 흑 2 로 한점을 취하면 그 다음에—.

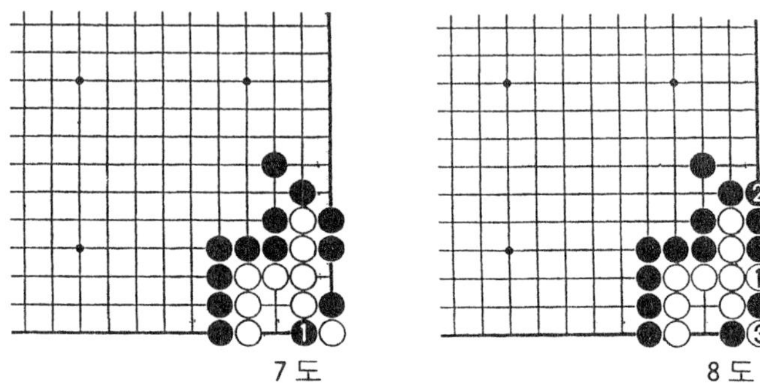

7도　　　　8도

7도 되따냄 흑 1로 되따낸 모양이다.

8도 늘어진패 백 1에 흑 2로 이으면 패가 결론이다. 흑의 한수 늘어진패가 옳으나 이것은 정해가 아니다.

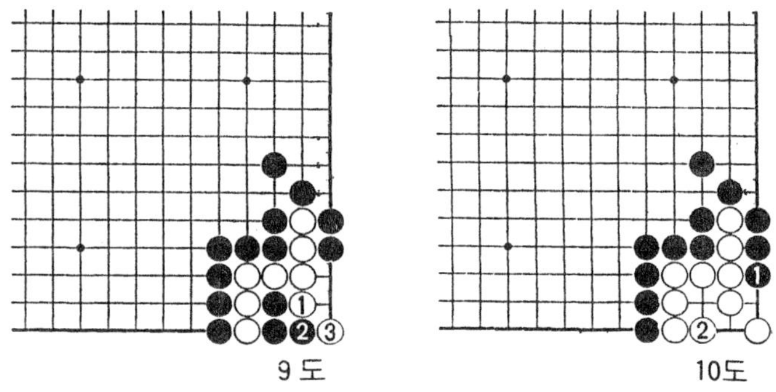

9도　　　　10도

9도 3점을 취함 흑의 젖힘에 백 1로 보면 흑 2로 귀를 나가고 3으로 3점을 때린다.

10도 백삶 흑 1의 젖힘에는 백 2의 집모양이 생긴다. 전도 백 1에 대하여 5도 흑 2의 붙임은 최강의 수단이다.

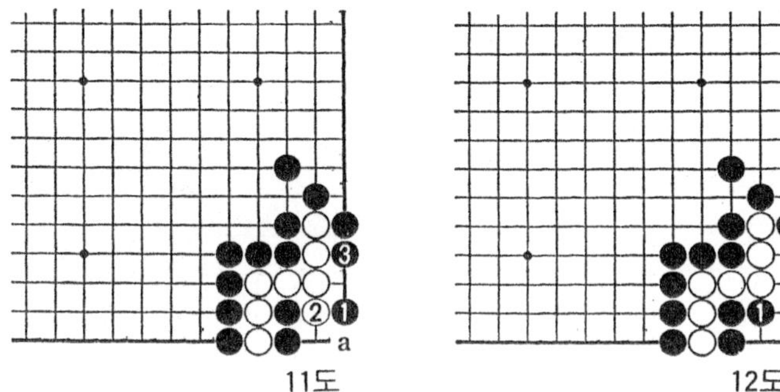

11도　　　　12도

11도 패모양 본제(本題)로 돌아가서 젖힘으로 흑1의 맥은 백2 다음 흑3이 알기쉽다. 다음에 백a로 집어넣어 저항하는데 6도이하의 학습이다.

12도 (마술) 밀다 변화가 있는 곳이다. 정해는 흑1로 미는 곳이다.

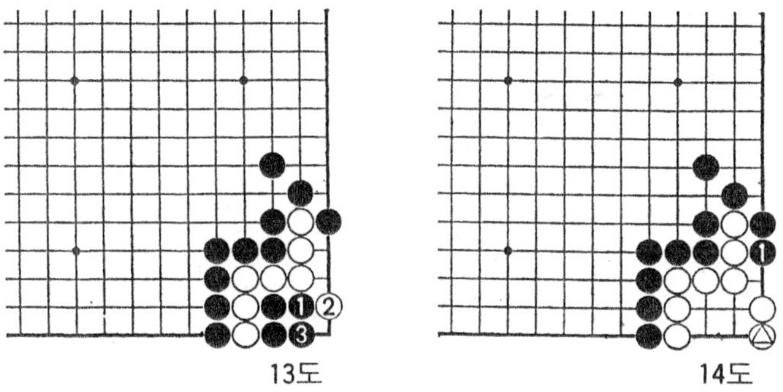

13도　　　　14도

13도 4점 따냄 흑1에 대하여 백2의 젖힘은 흑3으로 모양을 만든다. 백2로 3에 두는 것은 2의 곳을 내려서 자충의 형태다.

14도 백사 Ⓐ로 따낸 4점의 여지는 두집이 나지 않아 백이 죽는다.

4각 난로

제35형 흑선

백이 패를 낼 여지가 있는 곳이다. 어떻게 두어야 할까? 맥점을 찾아야 한다.

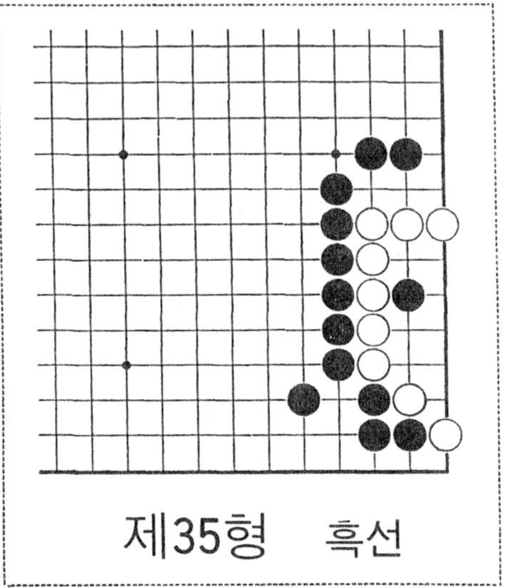

제35형 흑선

1도 실패 흑1의 끊음에 백2의 단수는 다음에 흑a로 이으면 b의 곳을 붙여 패를 계속한다.

2도 백 죽음 흑1로 한점을 미는 것은 백2로 받으면 3으로 내려서 백이 죽는다.

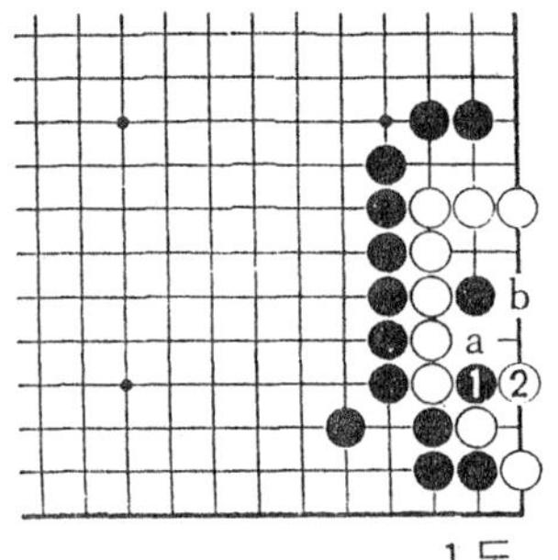

1도

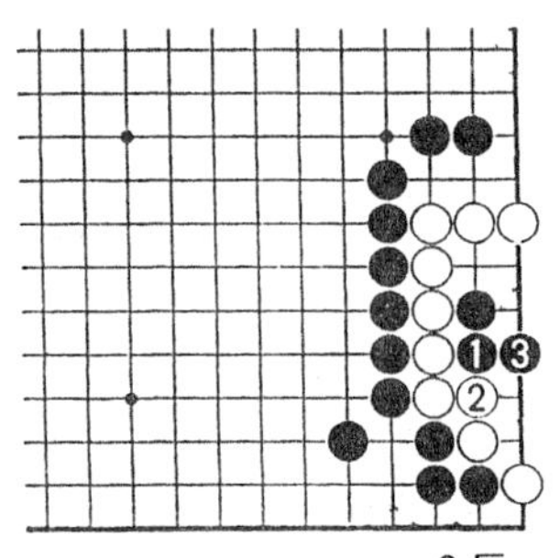

2도

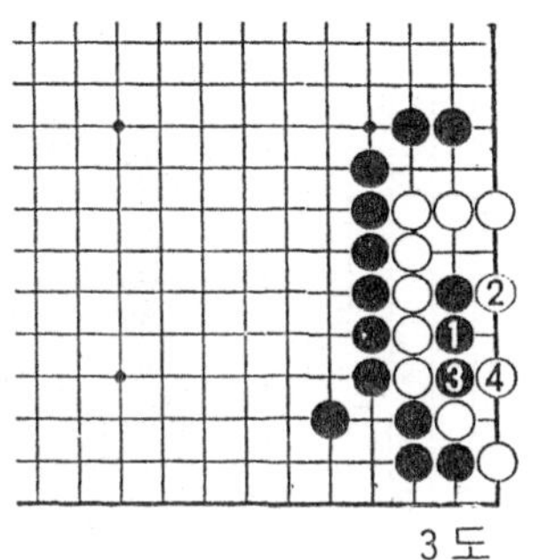
3 도

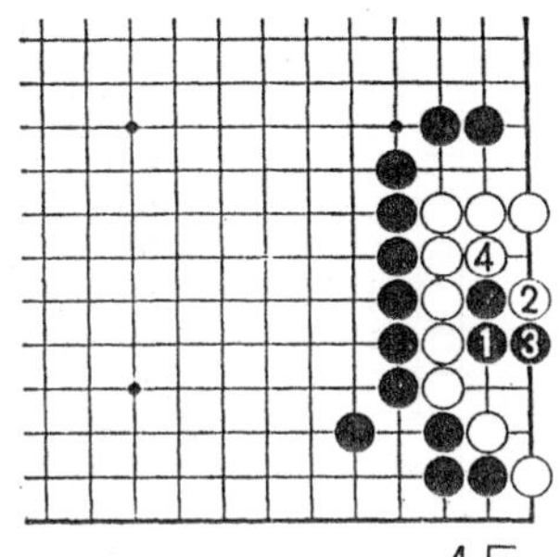
4 도

3도 실패 흑1로 두면 백2의 밑으로 붙이는 것이 맥이다. 흑3의 끊음에 4의 젖힘으로 역시 패다. 흑3에 4의 마늘모는 사는 모양.

4도 패 흑1에 백2의 붙임은 다음3의 내려섬이 있다. 우측에서 패가 난다.

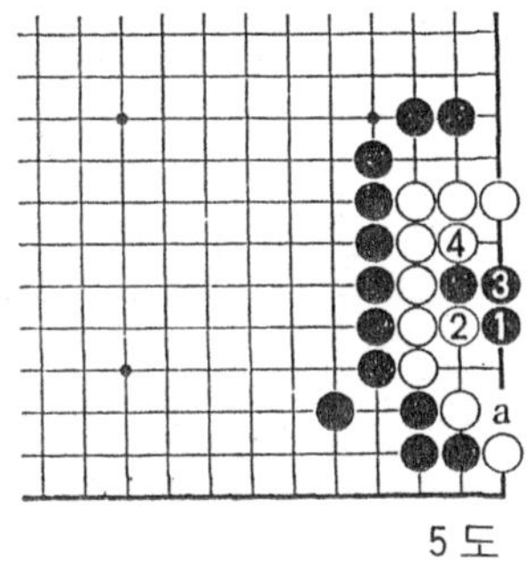
5 도

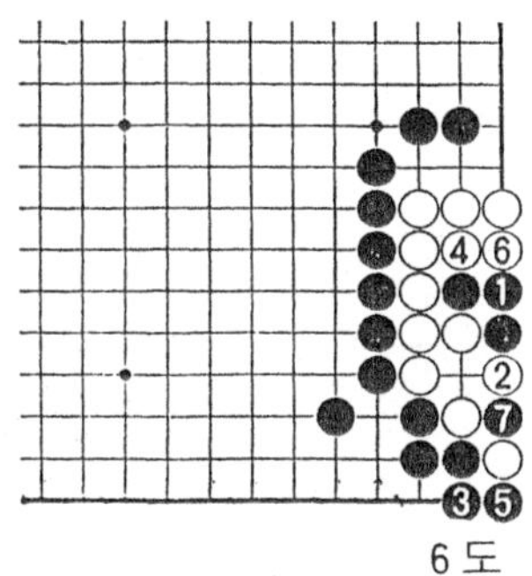
6 도

5도 실패 흑1에 백2, 흑3 이음에서 4까지 흑은 백의 눈을 빼앗지 못한다.

6도 백의 실패 흑1의 이음엔 백2의 수가 있다. 흑3에서 5, 7까지 백의 실패이다.

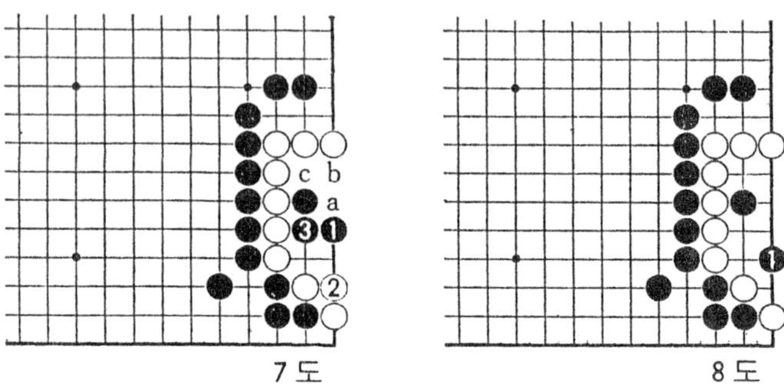

7 도　　　　8 도

7도 백의 실패 흑 1에 백 2로 넓히는 것은 3의 이음으로 안된다. 다음 백a에 집어 넣으면 흑b, 백c로 단수한다. 이으면 5궁으로 죽는다. 빅이 나지 않는다.

8도 (마술) 치중 1도 이하의 실패를 염두에 두고 흑 1의 치중.

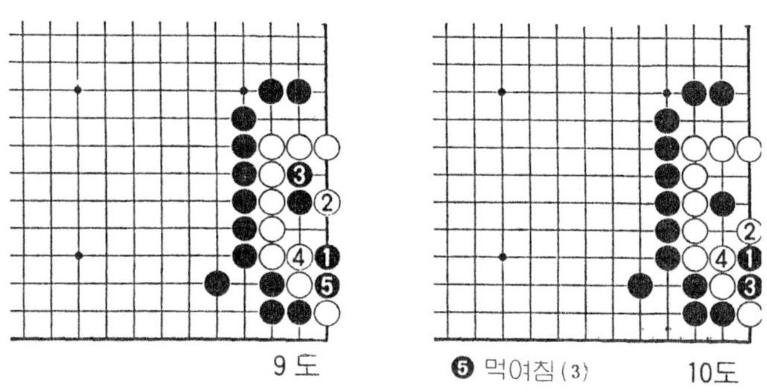

9 도　　　　❺ 먹여침 (3)　　　　10도

9도 (마술) 백사 흑 1의 일선에 나아감이 백의 근거를 파헤치는 맥이다. 백 2의 붙임에는 흑 3으로 둔다. 이하 5까지 살지 못한다.

10도 흑 1의 치중에 백 2의 붙임은 3으로 끊어버린다.

귀

제36형 흑선

바깥에서 공격을 하여야 할까? 안에서 공격을 하여야 할까? 제1의 과제이다.

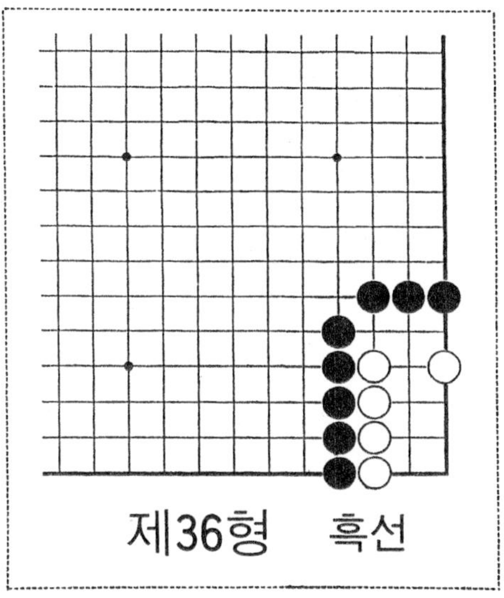

제36형 흑선

1도 실패 흑1로 두면 백2 흑3 백4로 된다.

2도 백삶 다음에 흑1로 두면 이하 자충의 형태로 산다.

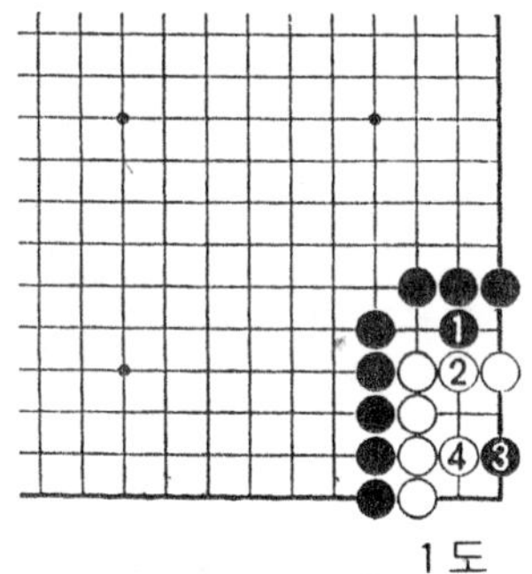

1도

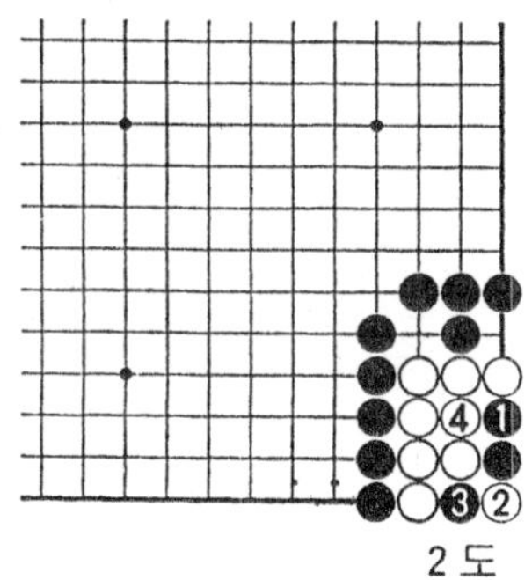

2도

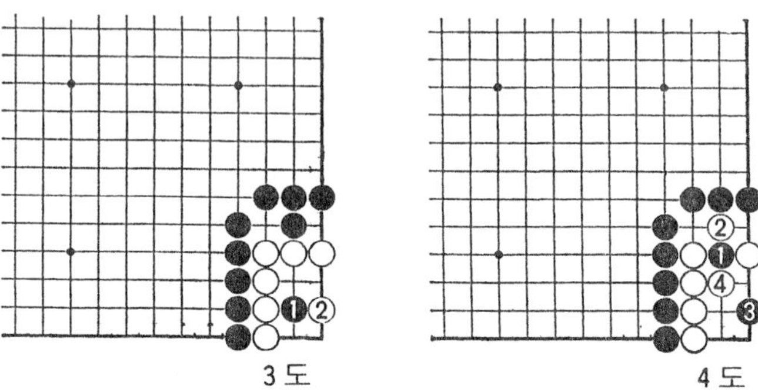

3 도　　4 도

3도 백삶 흑 1의 붙임에는 백 2의 아래쪽 붙임이 있다. 이것은 견본이다.

4도 공부 흑 1의 끼움에 백 2로 두는 것은 흑 3의 치중이 있다. 백 4로 한점을 때려내면—.

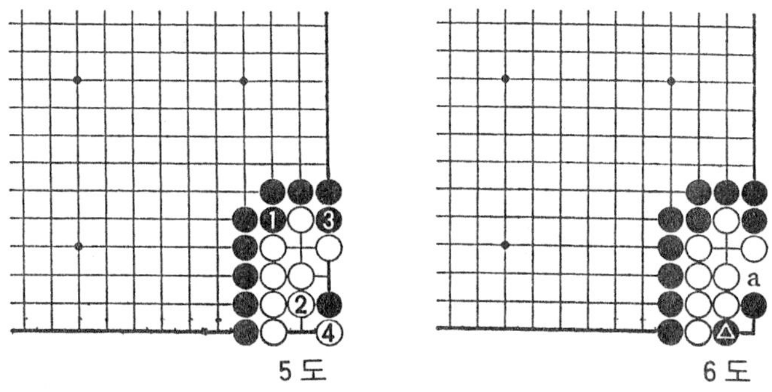

5 도　　6 도

5도 패 다음에 흑 1로 바깥을 조이면 이하 패가 나는 모양이다. 흑 3으로 4의곳 내려섬은 수가 없다.

6도 패 전도의 패는 흑△로 한점을 취하였기에 백a로 누를 수 없는 형. 흑 실패이다.

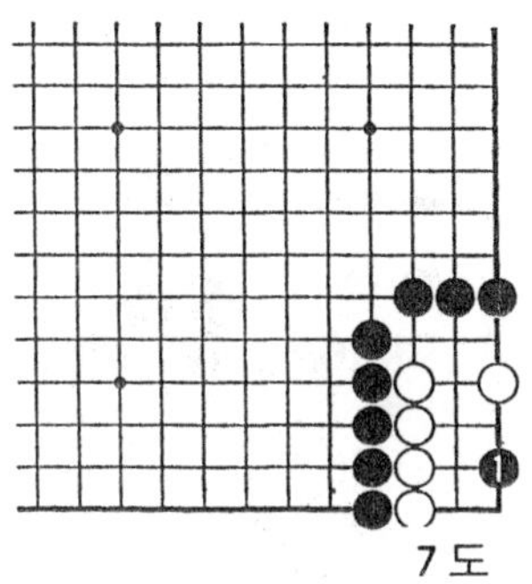

7 도

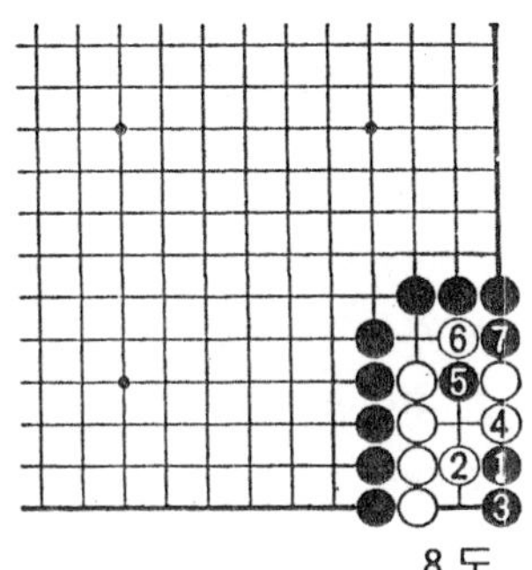

8 도

7도(마술) 치중 흑1의 치중. 2의 1의 급소이다. 이것은 예리한 수다. 백은 어떻게 두어야 하나?

8도(마술) 백사 흑1의 치중에 백2의 누름은 흑3으로 서는 수가 있다. 4에는 5의 맥이 통렬하다. 백6에는 7이면 백사이다.

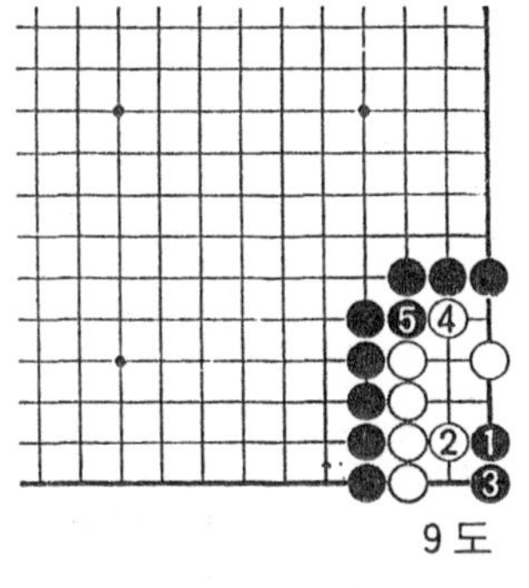

9 도

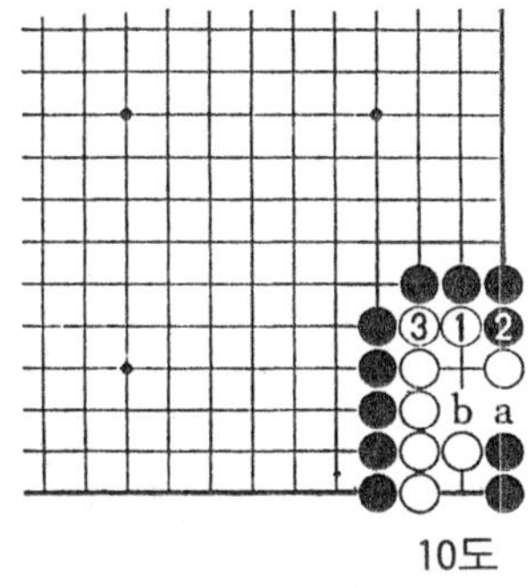

10도

9도(마술) 백사 흑1, 3으로 내려설 때 4의 마늘모는 5로 되어 백은 살지 못한다.

10도 실패 백1에 흑2로 밑으로 부딪힘은 실수다. 흑a, 백b로 패가 난다.

3점과 집

제37형 흑선 한 수로 집이 나는 곳이며 아주 좋지만 3점 으로 집이 나는 것은 지혜가 필요하다.

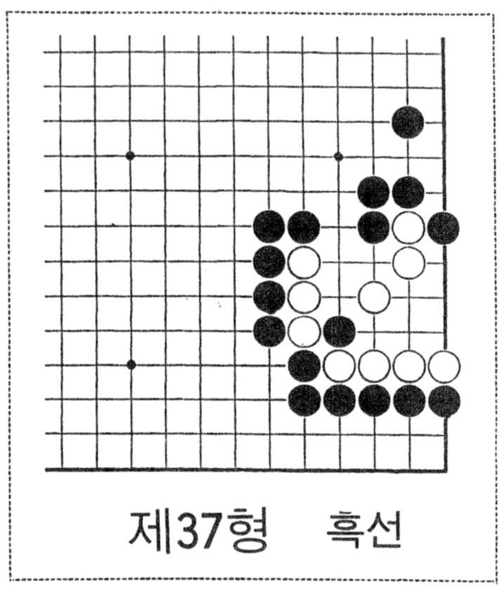

제37형 흑선

1도 실패 흑 1로 부딪힘에는 백 2의 수가 있어서 실패.

2도 백삶 다음 흑 1로 두면 백 2, 4로 산다. 이 모양에서는 전도의 단수 이음을 참조.

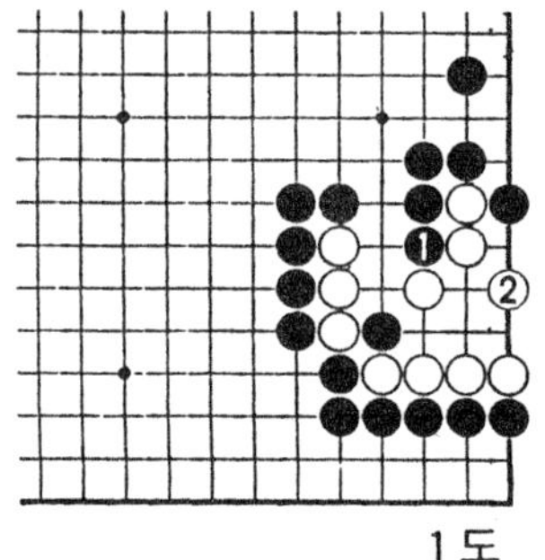

1도

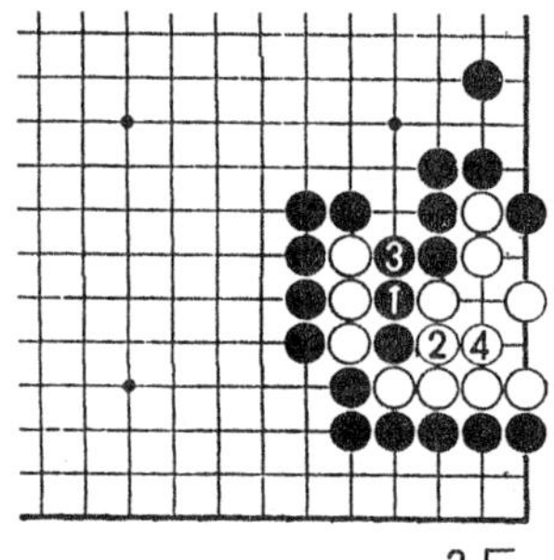

2도

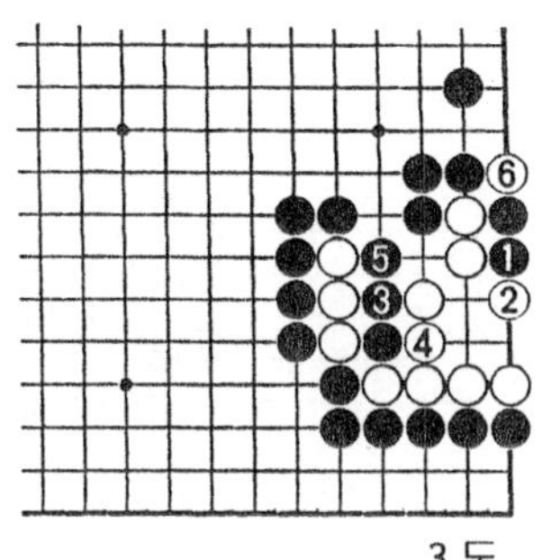
3 도

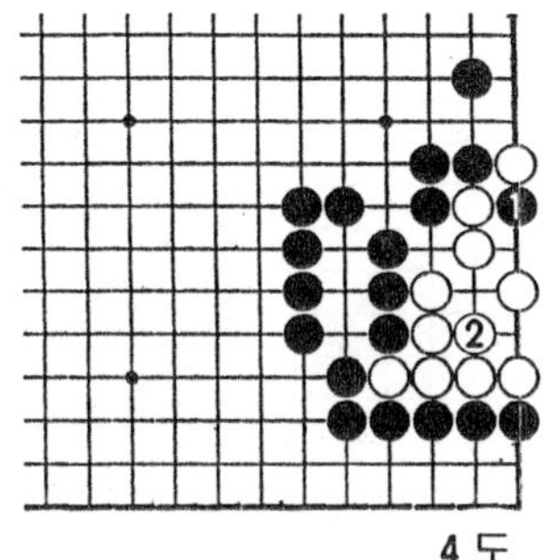
4 도

3도 실패 흑 1로 젖혀오름은 백 2의 젖힘이 있다. 흑 3에 나가는 것은 1에 관련된 수다. 백 6으로 따낸 다음에—.

4도 백삶 흑 1에 먹여쳐도 2집을 확보하여 사는 모양이다.

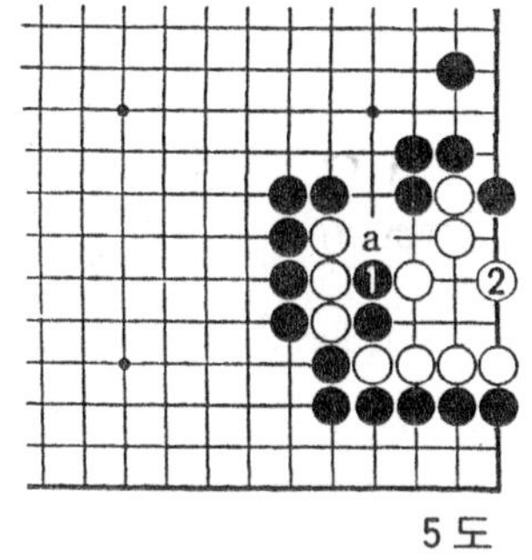
5 도

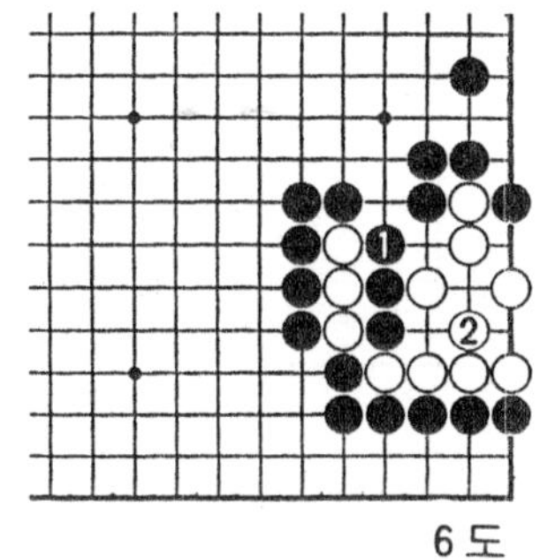
6 도

5도 실패 흑 1로 나가면 백 2로 두어 성공할 수 없다. a로 두는 수도 있다.

6도 백삶 다음에 흑 1, 백 2로 산다.

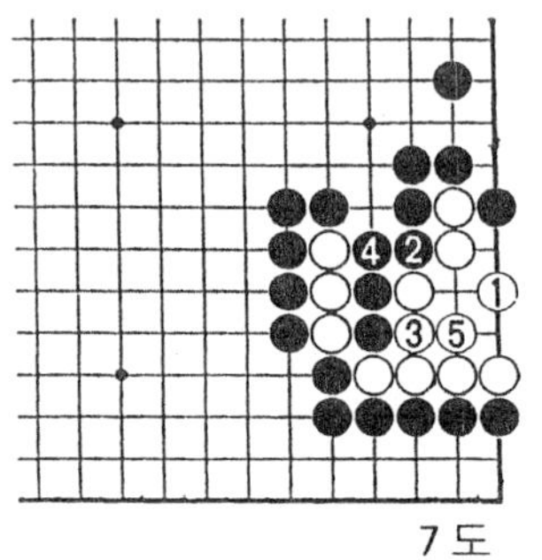

7 도

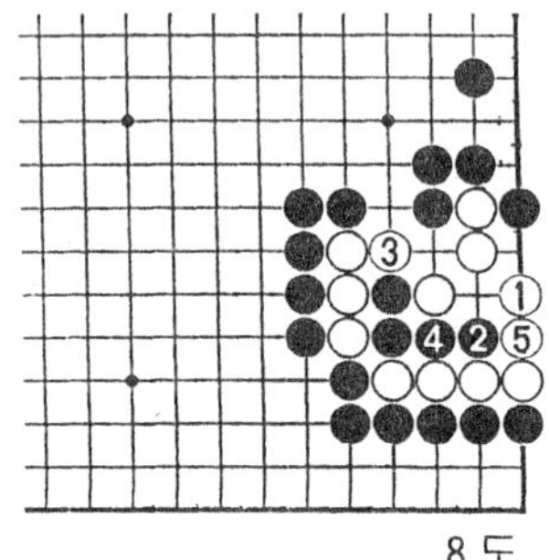

8 도

7도 실패 백 1에 대하여 2로 두는 것은 3의 단수로 4를 강요하고 5로 산다. 3점을 때리는 수는 실패하기 쉽다.

8도 실패 백 1의 뜀에는 흑 2의 붙임이 있다. 백 3으로 내려섬, 흑 4로 백이 살아 실패다.

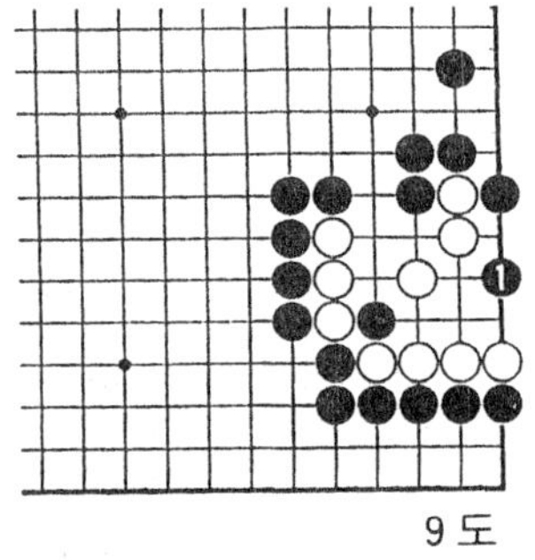

9 도

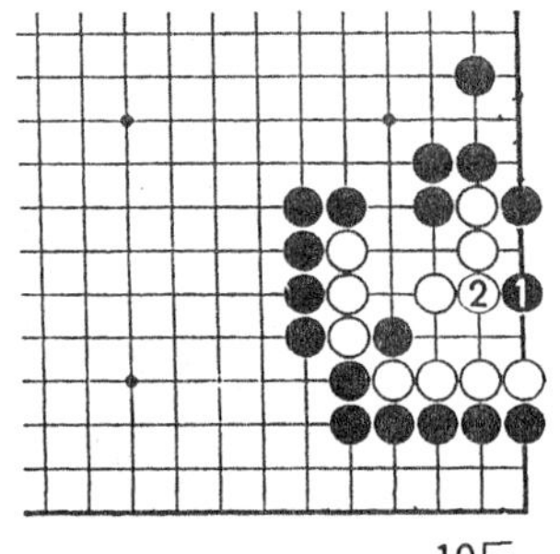

10도

9도 (마술) 치중 여기에서 공격하는 방법은 여러가지인 듯하나 흑 1의 치중이 약점을 최대한 공격하는 점이다. 정해의 첫걸음.

10도 3점머리 흑 1에 대하여 백 2로 받으면 여기에서 3점머리의 묘수가 생겨난다.

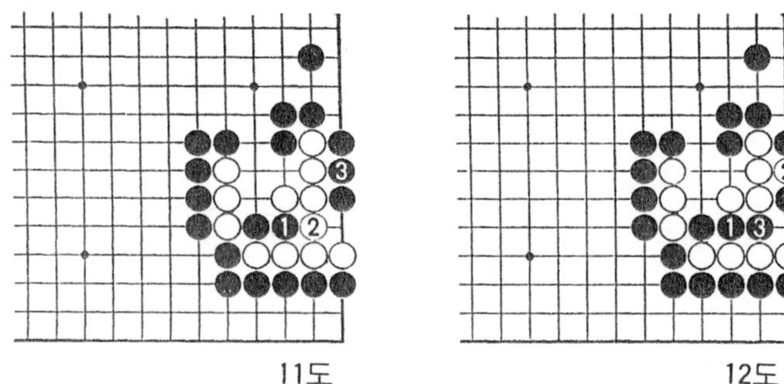

11도　　　　12도

11도 (마술) 백사 백이 쌍립을 하면 흑 1로 내려서는 수가 있다. 백 2를 교환하고 다음 3으로 잇는다. 교환의 다른 변화는 백이 살아버린다.

12도 백사 흑 1로 나가면 백 2로, 이다음 흑 3으로 4점이 떨어진다.

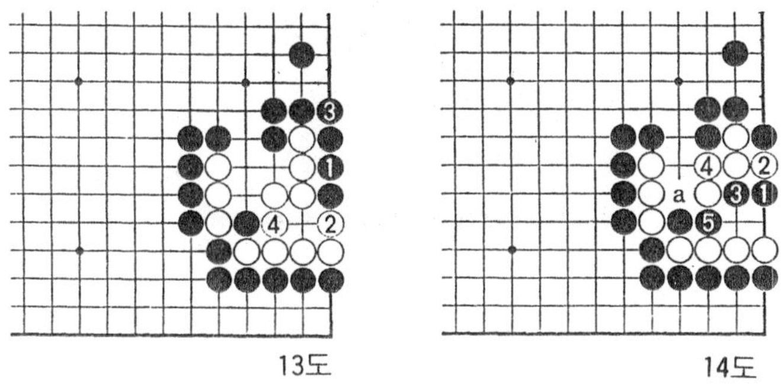

13도　　　　14도

13도 실패 11도 흑 1의 수를, 본도의 1로 두면 이하 4까지 간단히 살아버린다. 수순의 명암이 엇갈리는 장면이다.

14도 백사 흑 1의 뜀에 백 2의 차단은 3다음 5까지 자충이다.

제 3 장

악마의 응수타진

젖혀 봉쇄

제 3 장에서는 응수타진에 대한 문제를 모아 보았다. '악마의 응수타진'이라는 것이다.

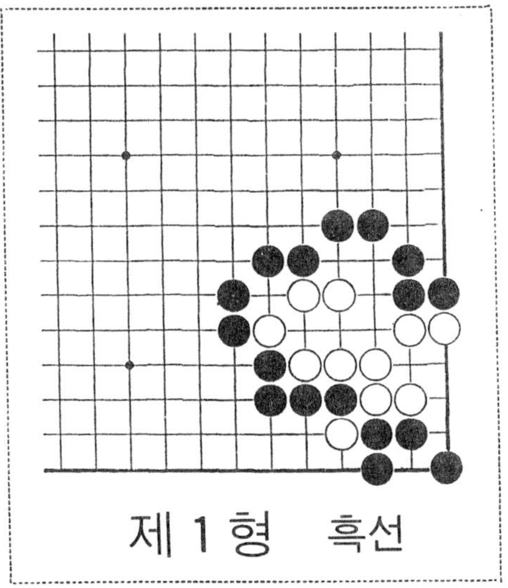

제 1 형 흑선

제 1 형 흑선 패는 안된다. 잡는 수를 생각해야 한다.

1도 실패 흑 1 다음 3의 젖힘은 어떨까? 이것은 4로 간단히 살아버린다.

2도 실패 흑 1은 어떨까? 백 2 다음 3으로 젖혀도—.

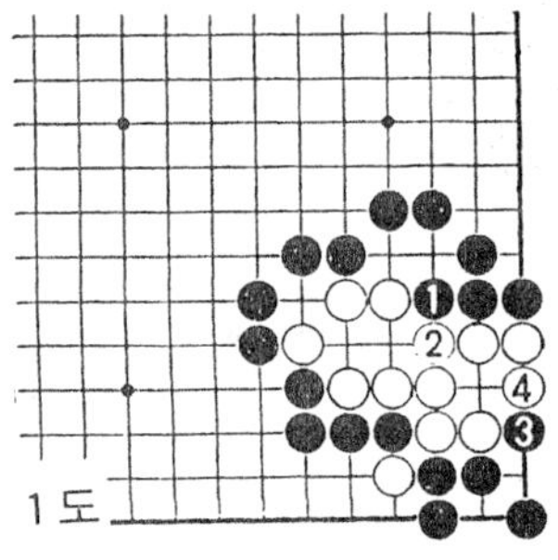

1 도

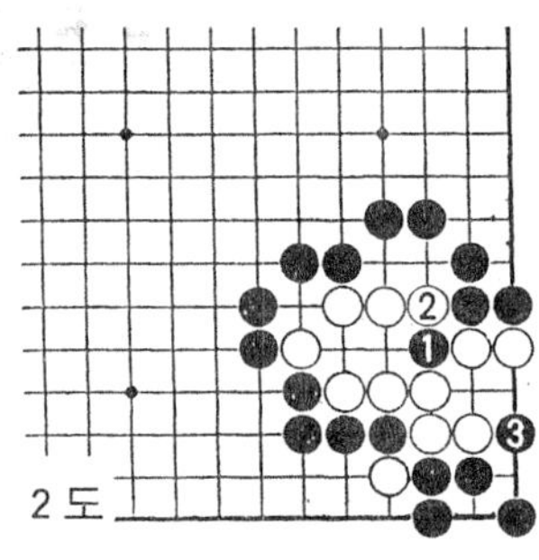

2 도

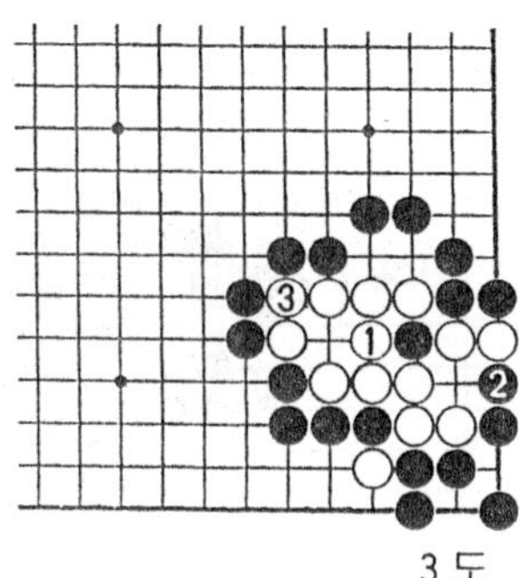
3 도

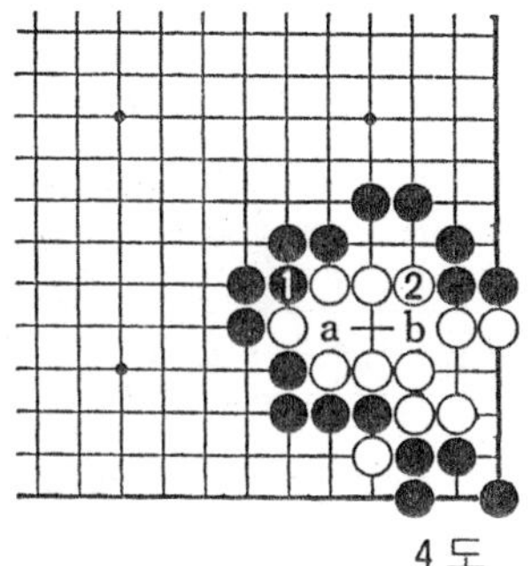
4 도

3도 백생 백 1로 따면 성공할 수 없다. 흑 2, 백 3으로 백이 산다.

4도 실패 흑 1로 단수하는 것은 a로 이으면 b로 젖힌다는 뜻인데 이때는 백 2로 둔다.

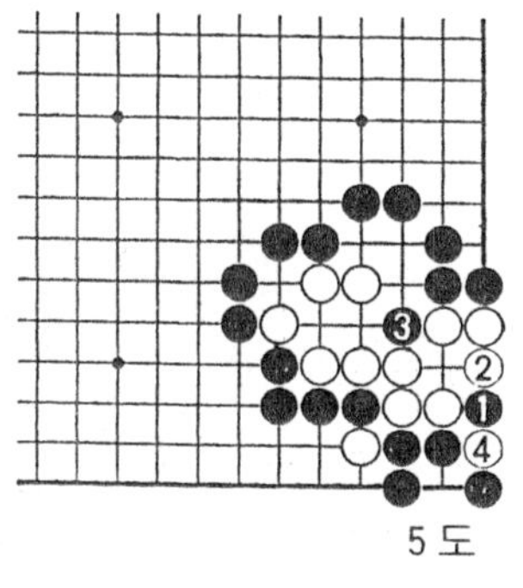
5 도

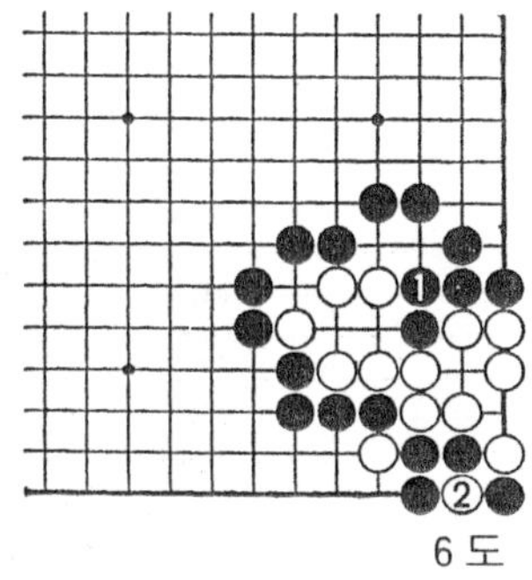
6 도

5도 실패 흑 1의 젖힘에는 백 2의 받음이 있다. 3다음 4까지로 패가 나는데—.

6도 실패 전도의 다음 흑 1로 이으면 백 2로 패를 다툰다. 실패다.

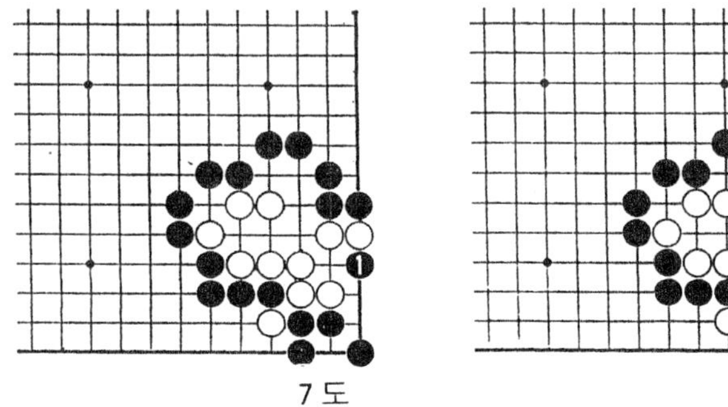

7 도   8 도

7도 (마술) 붙임 이런 곳을 발견하지 않으면 안된다. 이런 점은 의외로 발견하기가 어렵다고 한다. 흑 **1**의 붙임이 그것이다.

8도 (마술) 백사 흑 **1**에 백 **2**는 흑 **3**의 단수에서 **5**까지 백사. 젖혀서 막는 수단이 있다.

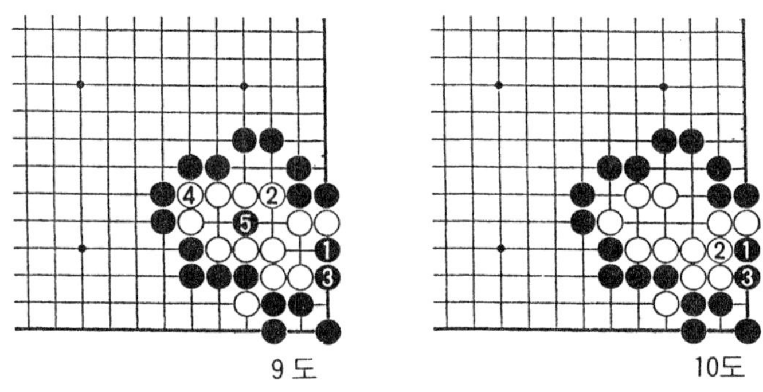

9 도   10도

9도 (마술) 백사 흑 **1**의 붙임에 백 **2**는 **3**으로 끌고 나온다. 백 **4**에는 **5**로 치중을 한다.

10도 백사 흑 **1**에 대하여 백 **2**는 **3**으로 그만이다.

유연성

제 2 형 흑선

각기의 한점씩의 흑돌이 백집 안에 놓여있다. 흑은 이 곳에 어떤 수가 숨어 있을까? 생각에 유연성이 요구된다.

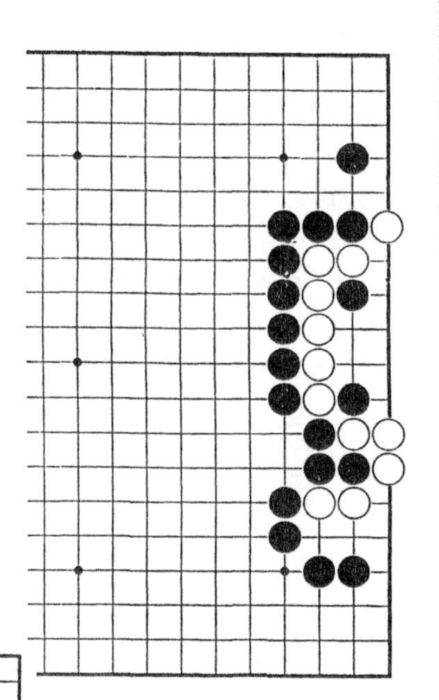

제 2 형　흑선

1도

1도 실패 흑 1로 바깥에서 부터 시작하는 것은 백 2로 한점을 단수하면 그만이다.

2도 (마술) 마늘모 여기에서는 흑 1로 마늘모를 하는 맥이 있다. 이것이 백전체를 잡는 수이다.

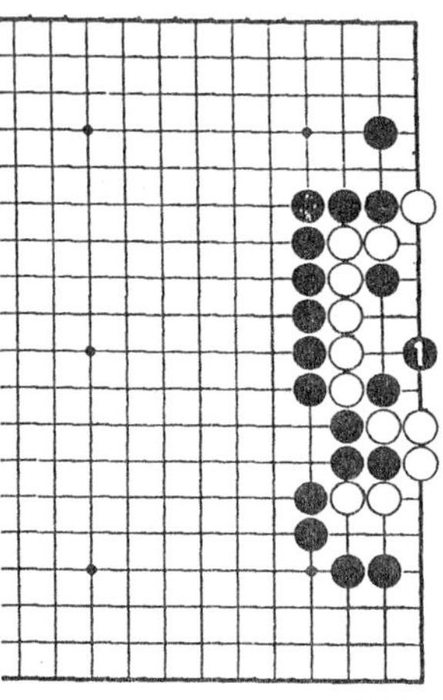
2도

3도 (마술) 패 흑 1의 마늘모에 백 2의 단수는 이하 5까지가 정해다. 악마적인 수단이다.

4도 백사 백이 패를 대하여 이으면 흑 2로 죽는다.

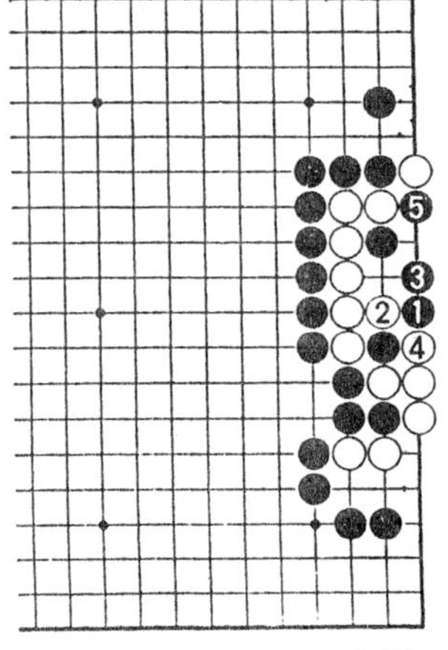
3도

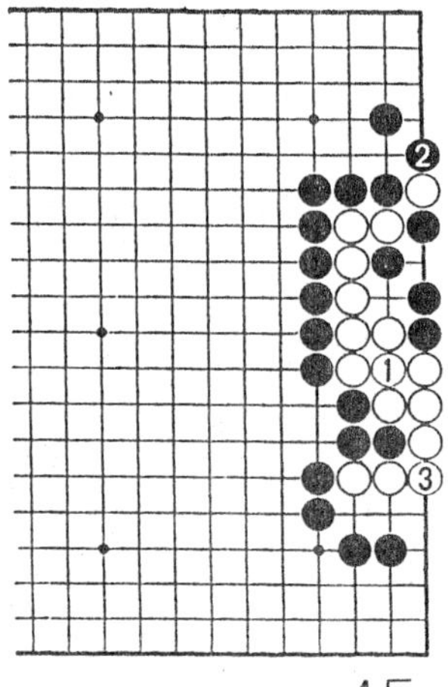
4도

5도 누르는수 없다 흑1로 끌때 백2로 잇는 것은 3으로 4를 강요하고 5로 조이면 자충이다.

6도 마늘모 흑1의 마늘모가 유연한 강수. 흑3 다음—.

7도 나쁘다 백1 이으면 이하 2, 4로 백이 안된다.

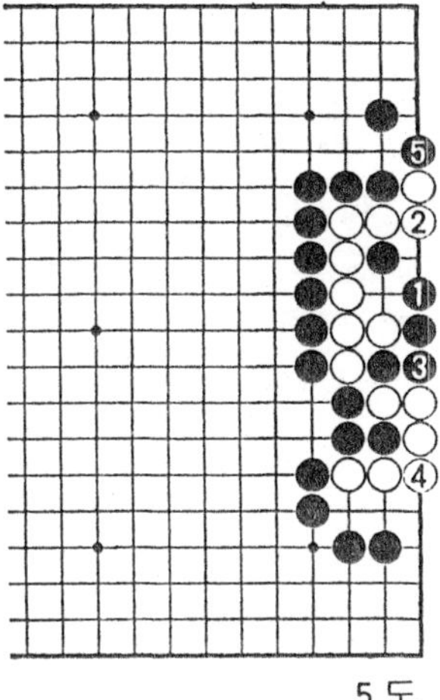
5도

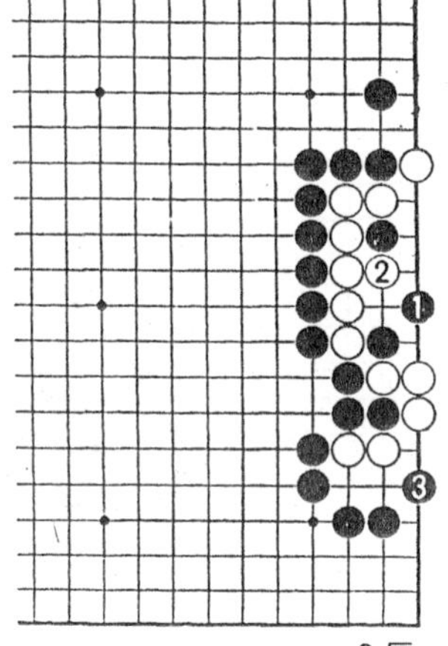
6도

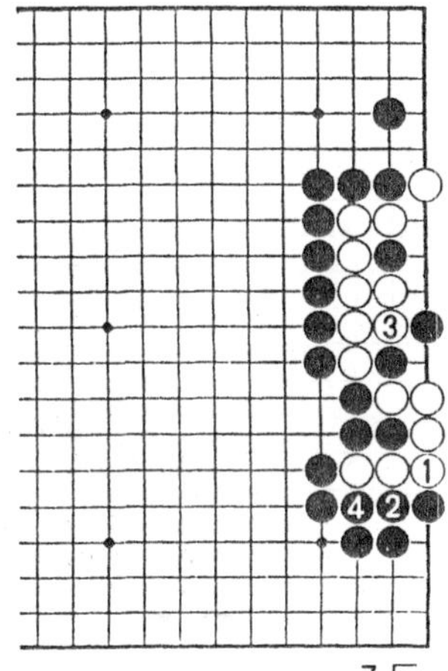
7도

일선의 붙임

제 3형 흑선 공격의 문제. 백 9점은 수수가 4수다. 변의 흑은 3수. 불리한 태세인데 이곳에 어떤 수가 있을까?

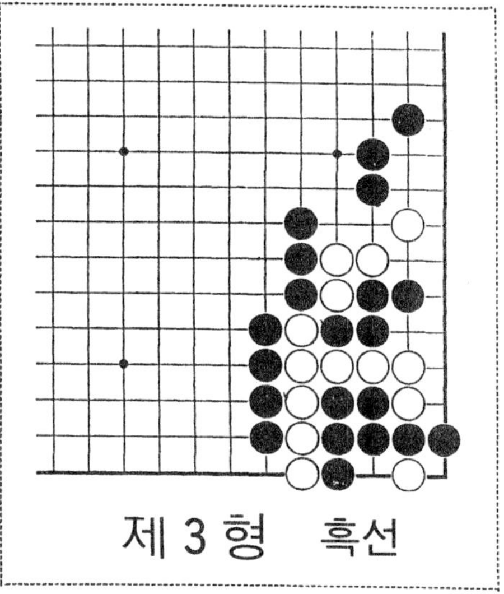

제 3형 흑선

1도 실패 흑 **1**로 나가며 공격하는 것은 백 **2**로 내려선다. 흑 **3**으로 두면 백 **4**로 안된다. **1**로 a하여도 안된다.

2도 실패 흑 **1**에는 백 **2**의 저항수단이 있다. 흑은 전멸이다.

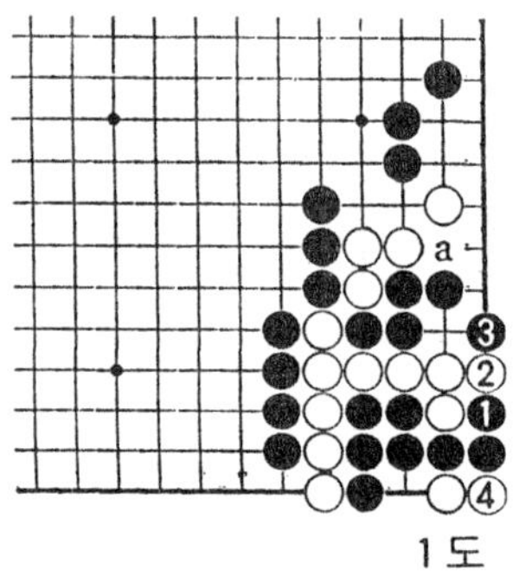

1도

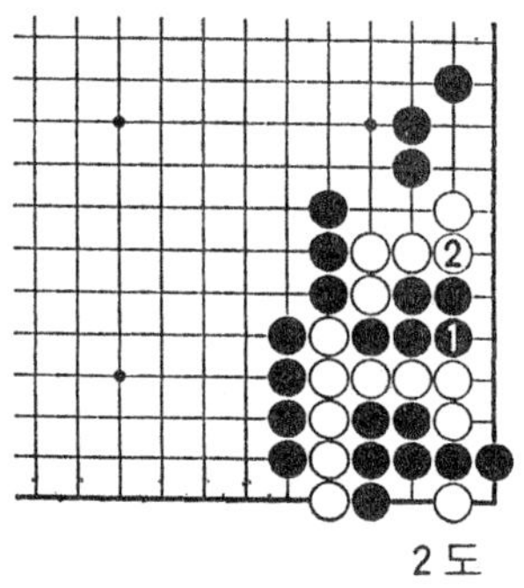

2도

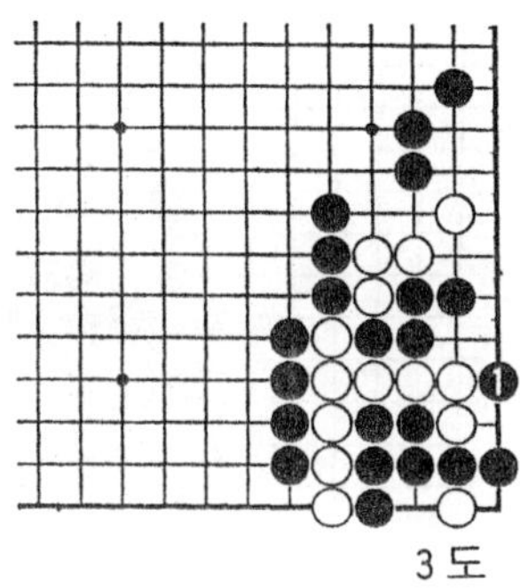

3도

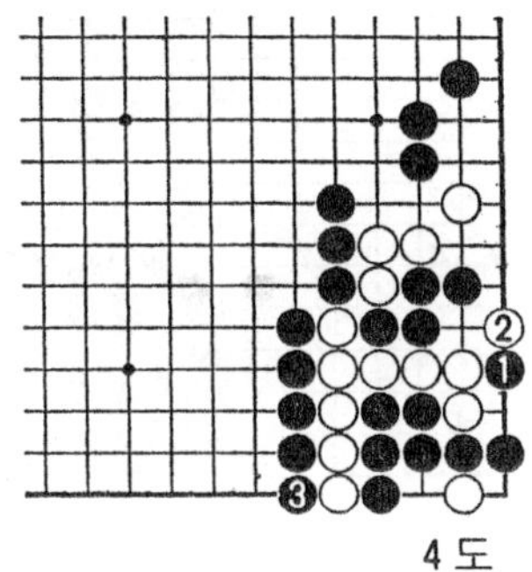

4도

3도 아래붙임 제 1 착은 흑의 아래 붙임이 공격의 급소다.

4도 백의 실패 정해를 나타내기 전에 백의 다음 수를 검토해 보자. 흑 1의 붙임에 대하여 백 2는 3으로 내려선다.

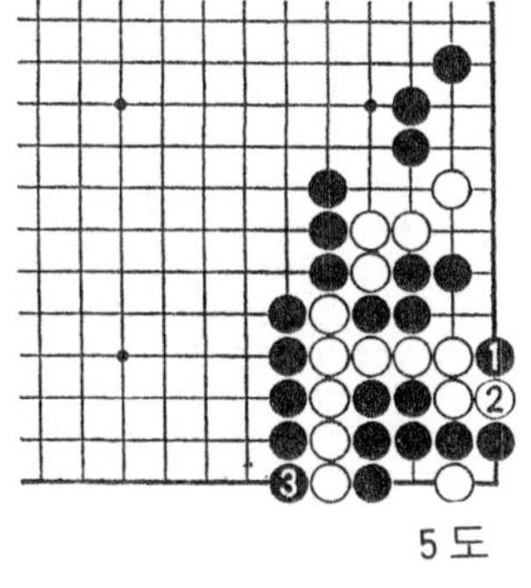

5도

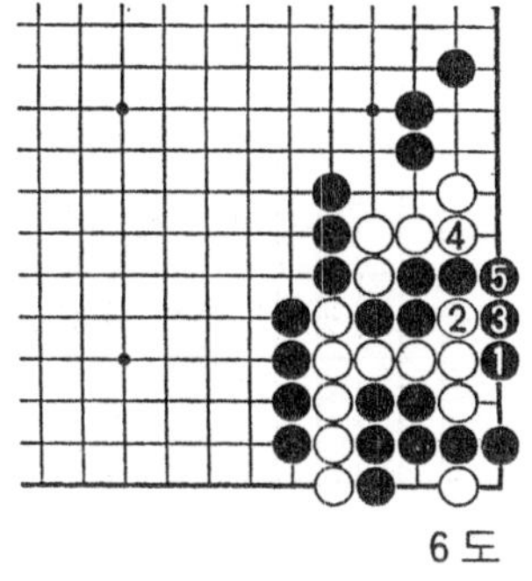

6도

5도 백의 실패 흑 1의 붙임에 백 2는 3의 내려섬이 있다.

6도 백의 실패 흑 1에 백 2로 두는 것은 이하 백 4, 흑 5까지 된다.

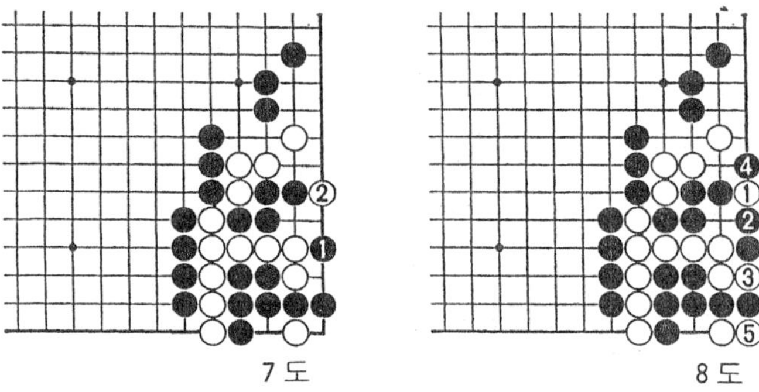

7 도　　　8 도

7도 아래붙임 전도에서 백의 최강의 타개방법은 눈에는 눈을, 사용한다. 백 2의 붙임이 그것이다.

8도 실패 흑번. 백 1의 붙임에 흑 2는 이하 5까지 안된다.

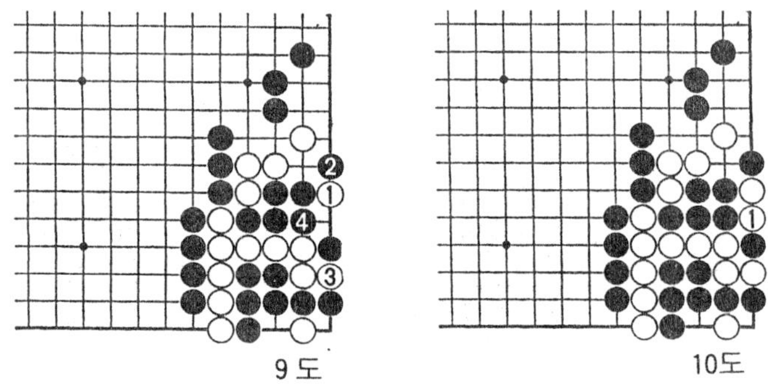

9 도　　　10도

9도 (마술) 단수 백 1의 이음에는 흑 2의 젖힘이 최선이다. 흑 3에 백 4까지가 수순. 여기에서 마술이 일어난다.

10도 연단수 백은 아래쪽을 따내게 되는데 이다음—.

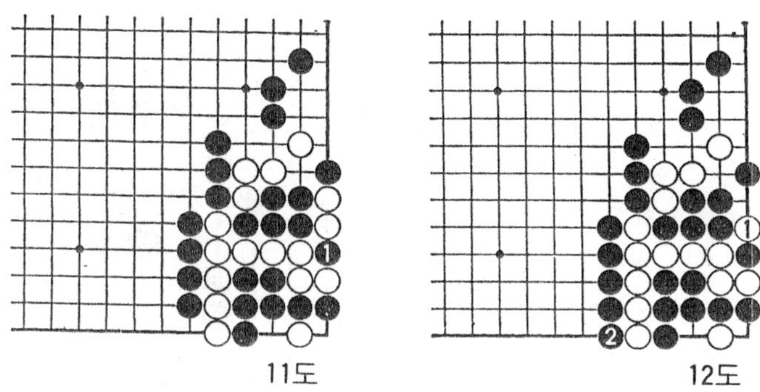

11도 12도

11도 되따냄 1로 2점을 때려낸다.

12도 (마술) 흑승 백 1로 되따내면 이다음 흑 2로 조여서 백을 포획한다. 최상의 경과다. 9도의 흑 2, 4가 절묘한 수단이다.

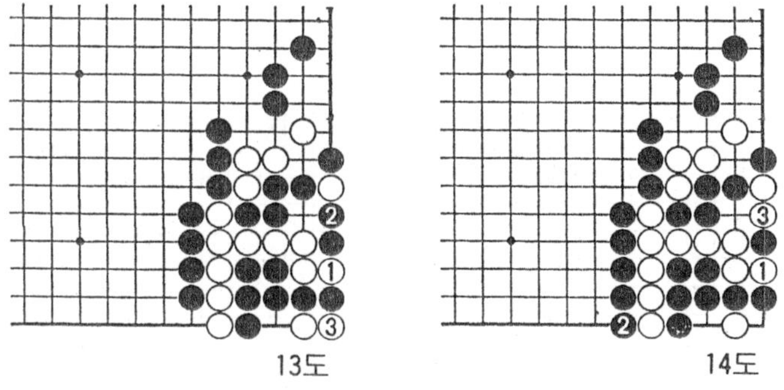

13도 14도

13도 흑 불리 백 1 다음 흑 2로 조이는 것은 백 3으로 단수한다.

14도 흑 불리 백 1 다음 외곽을 조이는 것은 백 3으로 자충.

공격

제 4 형 흑선

백모양에 대해서 헛점을 공격하는 방법이다. 악마의 미소가 숨어있는 것 같은데 1선일까, 2선일까?

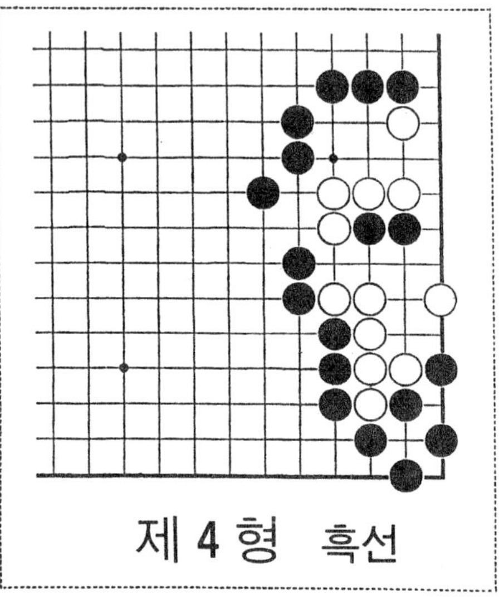

제 4 형 흑선

1도 실패 흑 1로 나가면 백 2 다음 6까지 안형이 난다.

2도 실패 흑 1, 3으로 젖히는 것은 대각수로 4로 붙여 산다.

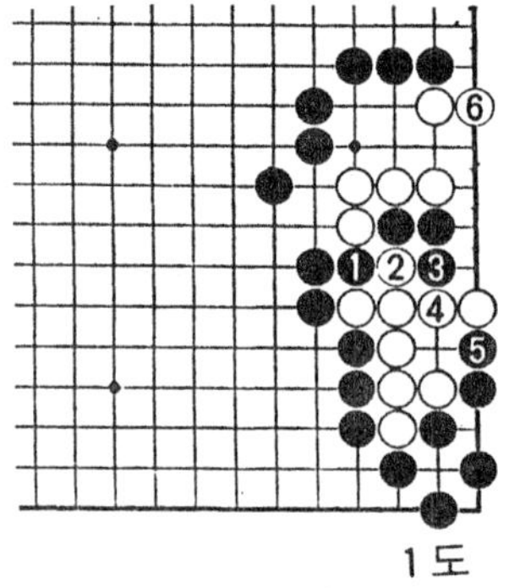

1도

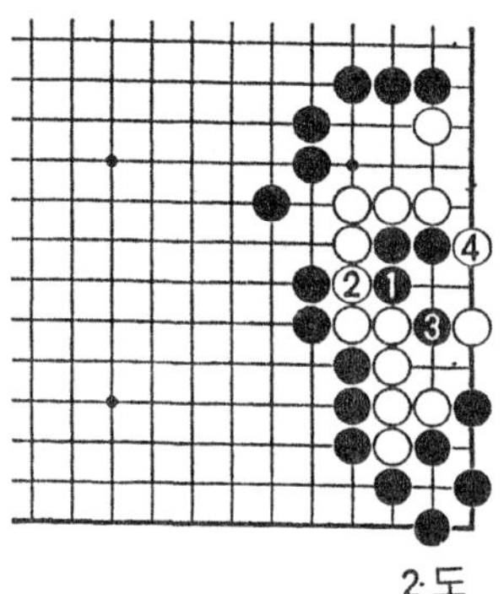

2도

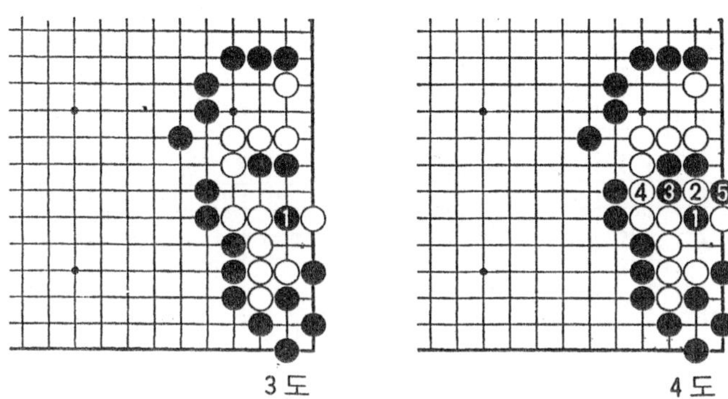
3도　　4도

3도(마술) 끼움 백의 약점을 찌르는 흑1이 절묘하다. 단순한 끼움.

4도 한점을 땀 흑1에 대하여 백2는 최강의 저항이다.

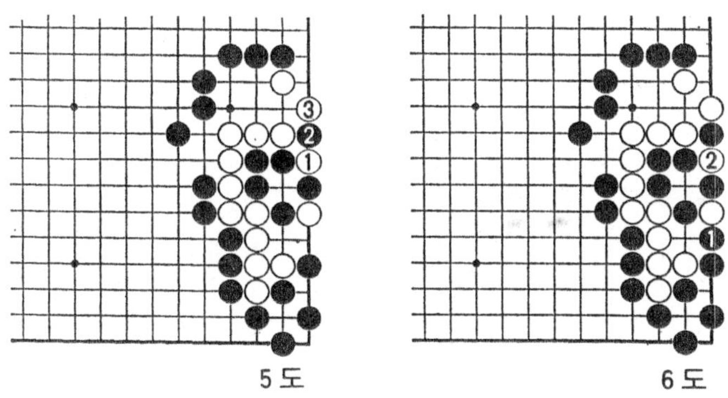
5도　　6도

5도(마술) 집어넣음 여기에서 백1로 집어넣는 수가 교묘하다.

6도(마술) 패 흑은 아래쪽 한점을 딸 수밖에 없는데 그러면 백2로 때려 패가 난다.

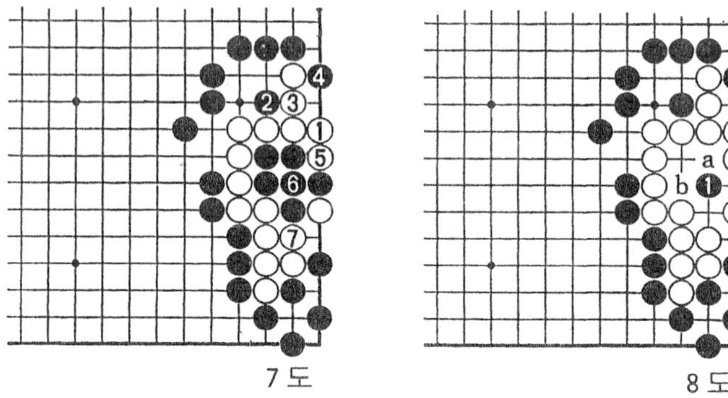
7도　　　　8도

7도 6궁 **5**도의 백**1**, **3**에 대하여는 흑**2** 다음 **4**로 젖혀 이하 **7**까지 6궁이다. **7**다음—.

8도 백사 **1**의 치중으로 백이 죽는다. 백a에는 흑b, **5**도가 정해이다.

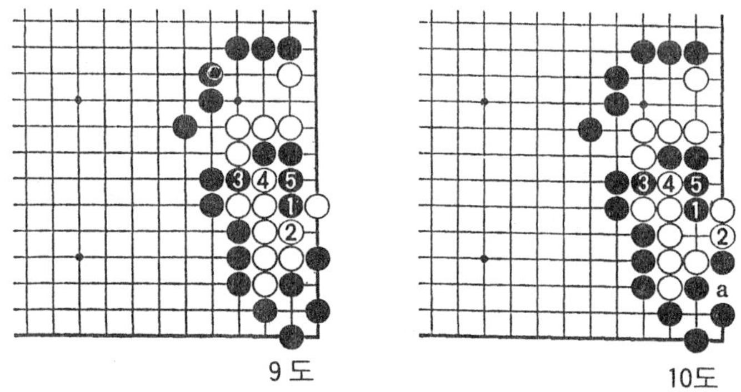
9도　　　　10도

9도 백 나쁘다 전도로 돌아가서 **1**의 끼움에 **2**로 받는 것은 흑**3**, **5**로 안된다.

10도 패 흑**1**에 백**2**로 받는 것은 a로 때려서 패. 백**2**는 **5**가 최강의 응수다.

세공

제 5 형 흑선

흑 2 점이 잡혀있는 상태이긴 한데 귀에서 변화가 없을까?

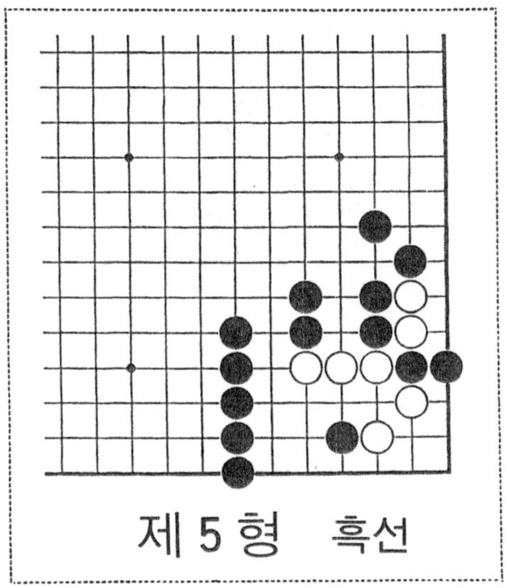

제 5 형 흑선

1도 실패 흑 1 로 먼저 2 점을 잡으면 백 2 로 붙인 다음에 4 의 집어넣는 수가 절호의 맥이다.

2도 백생 백 1 단수에 흑 2 는 3 으로 단수하고 5 까지 산다. 마법의 사용이다.

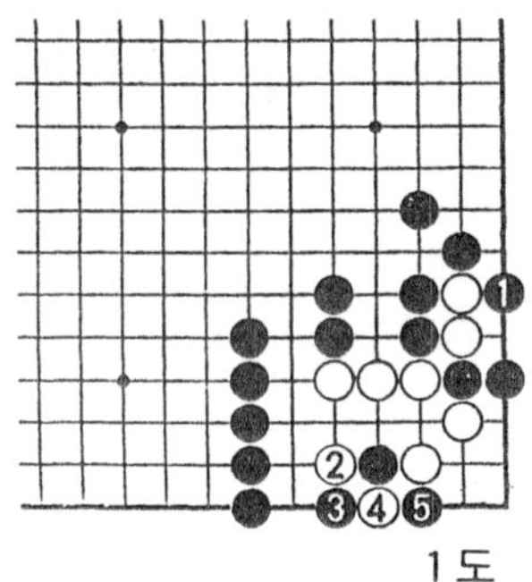

1도

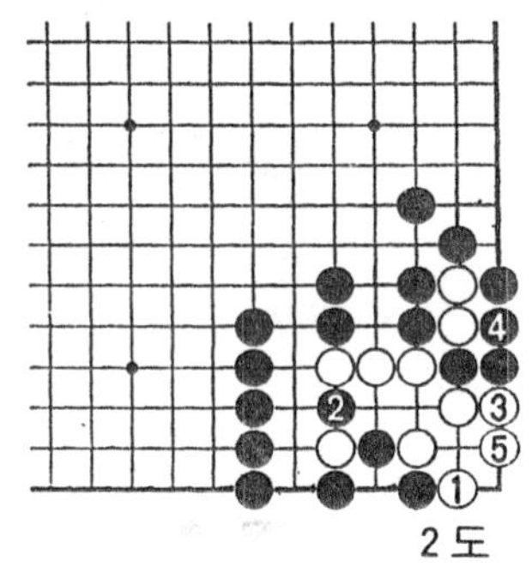

2도

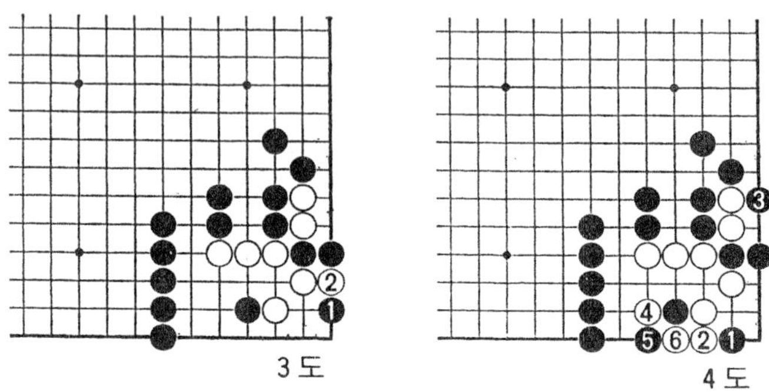

3도 실패 흑 1의 뜀은 어떨까? 이것은 백 2로 빠져 마술이 일어나지 않는다.

4도 실패 흑 1의 날일자는 어떨까? 이것은 백 2 다음 6까지로 산다.

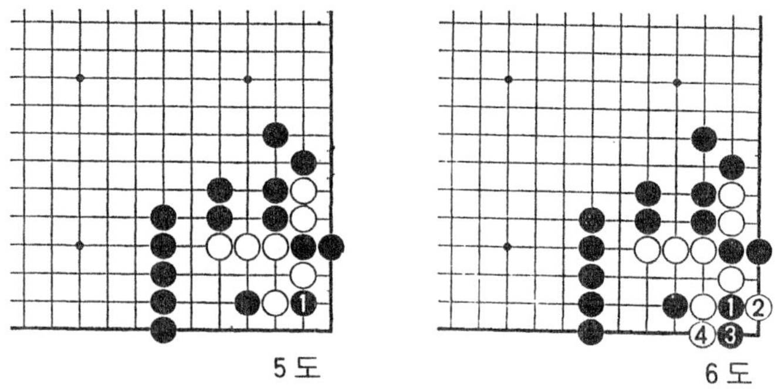

5도 (마술) 붙임 흑 1로 붙이는 것이 모양의 급소이다. 진행되어 가는 것을 알아보자.

6도 내려섬 흑 1에 백 2로 단수하면 3으로 내려선다. 백 4의 단수 다음—.

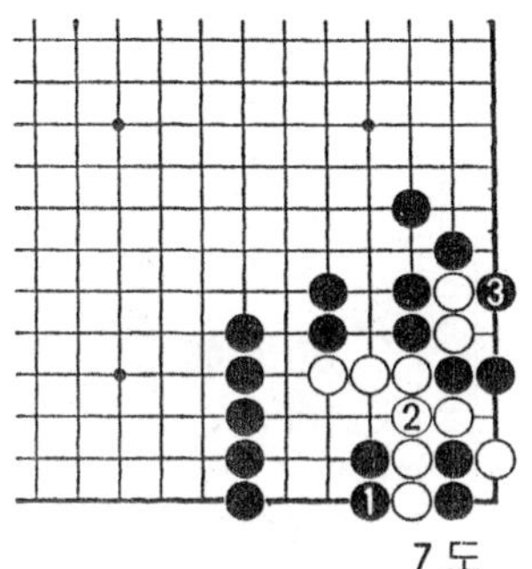

7 도

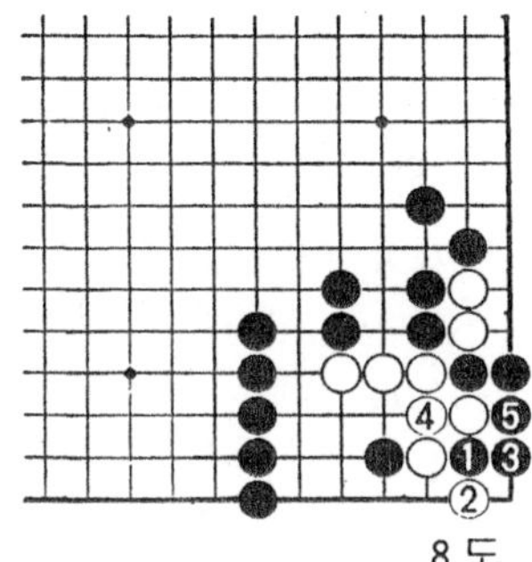

8 도

7도(마술) 백사 흑1로 단수하고 백2를 기다려 흑3으로 단수한다. 6도의 공작의 의미가 1도 백2, 4의 수단을 봉쇄한다.

8도(마술) 백사 흑1의 붙임에 백2쪽의 단수는 3, 5로 되어 논외. 자충이다.

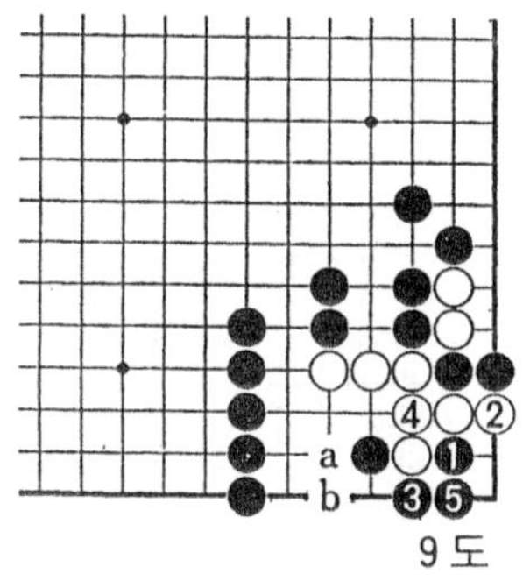

9 도

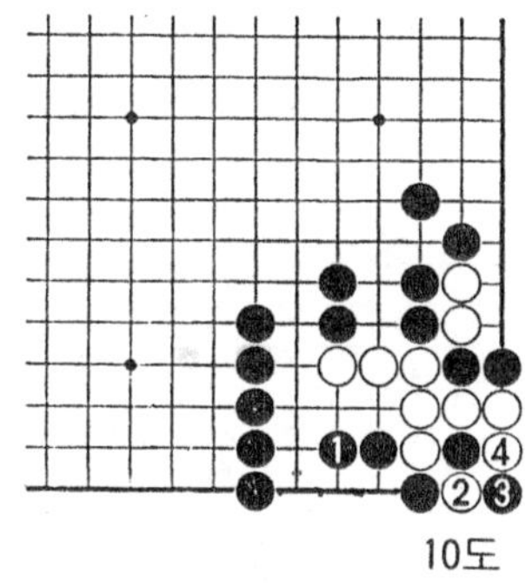

10도

9도 백사 흑1의 붙임에 백2로 단순히 내려서는 것은 흑3, 5의 수순이 있다. 다음 백a에는 흑b.

10도 실패 전도의 5로 1의 곳을 느는 것은 백2, 4로 산다.

공격의 실마리

제 6 형 흑선

해답은 어디에 있는 걸까? 선불리 두어서 시행착오를 하지 말자.

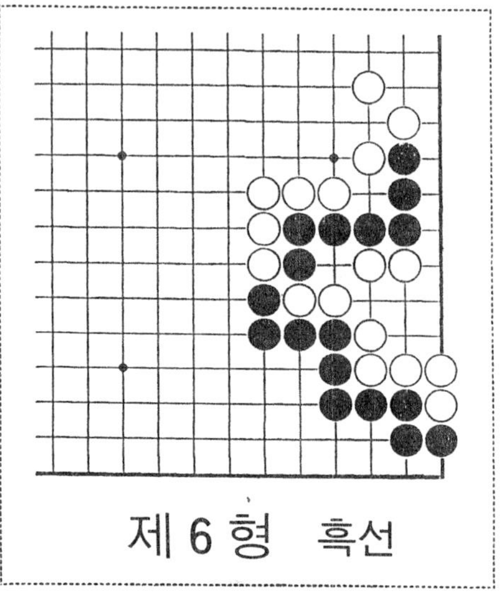

제 6 형 흑선

1도 실패 흑 1의 붙임에 대하여 연구하여 보자. 당연히 백 2의 젖힘이 있다.

2도 흑불리 흑 1로 늘면 백 2의 젖힘이 있다. 흑 3, 백 4로 공격하여 다음 흑a는 백b로 백승이다.

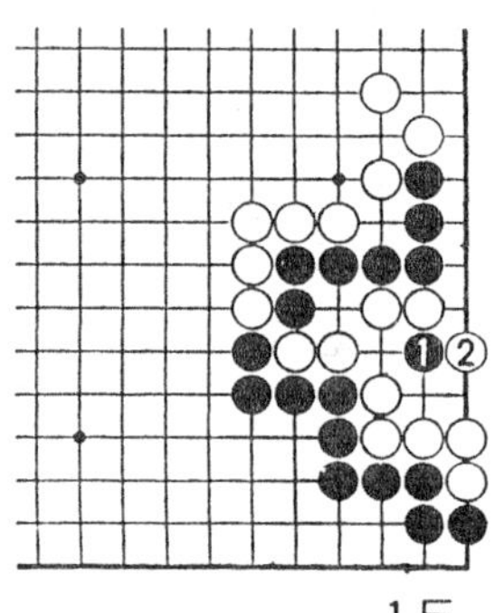

1도

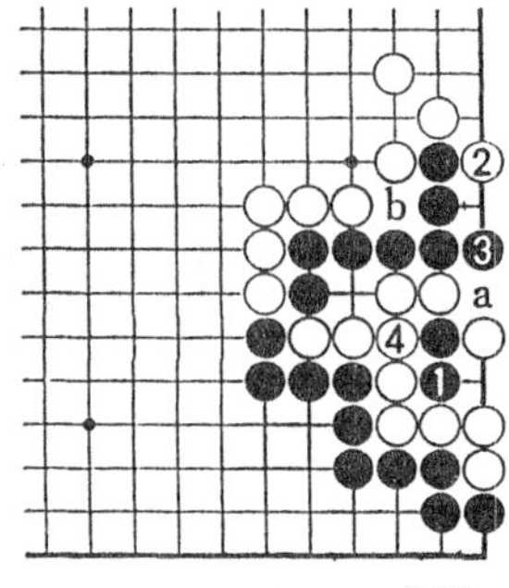

2도

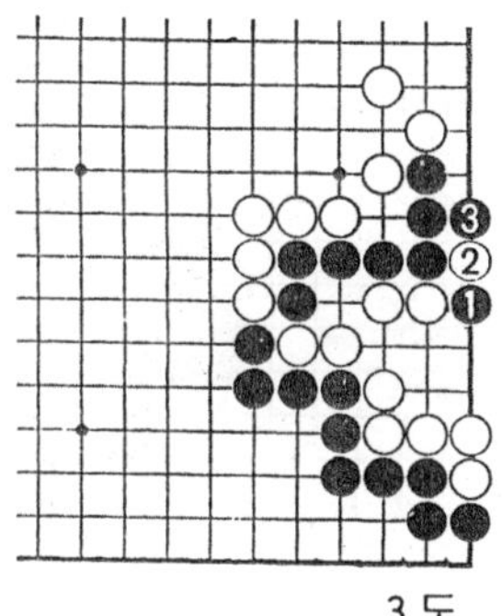
3 도

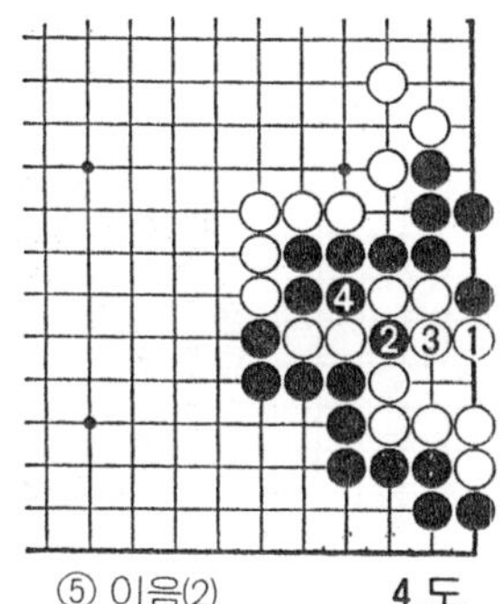

4 도

3도 실패 흑1의 젖힘은 백2로 저항하는 수가 있다. 3으로 때려내도—.

4도 패 백1로 막으면 흑2, 백3, 흑4이면 백5로 잇는다. 그러나 흑성공은 아니다.

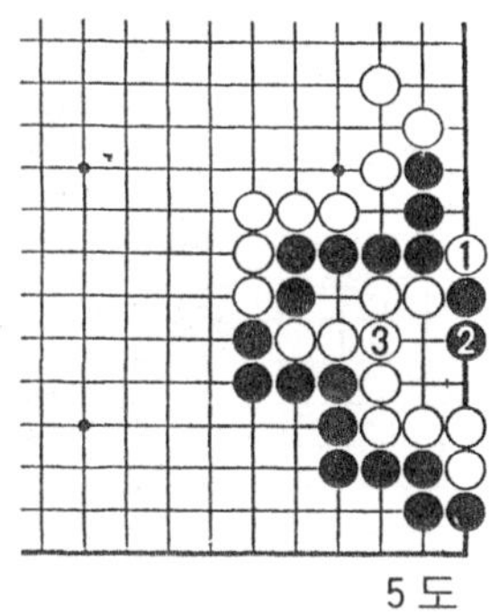
5 도

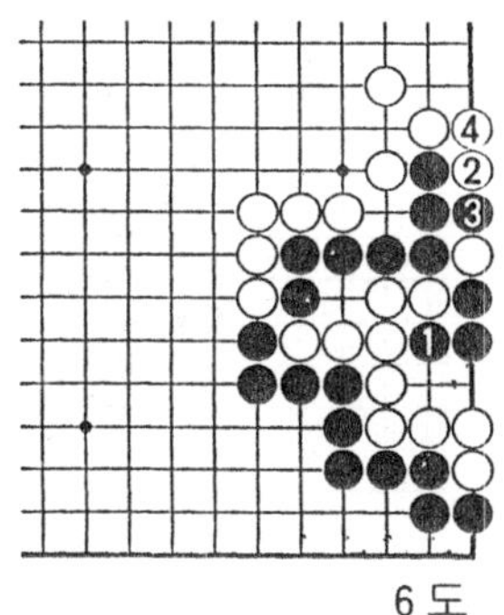
6 도

5도 실패 백1에 흑2의 뻗음은 3으로 잇는 수가 있다. 이다음—.

6도 빅 흑1에는 백2, 4로 젖혀 잇는다. 빅으로 흑의 실패.

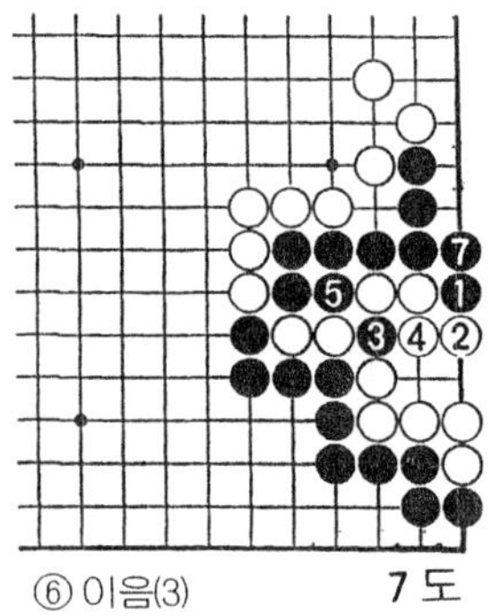

7 도

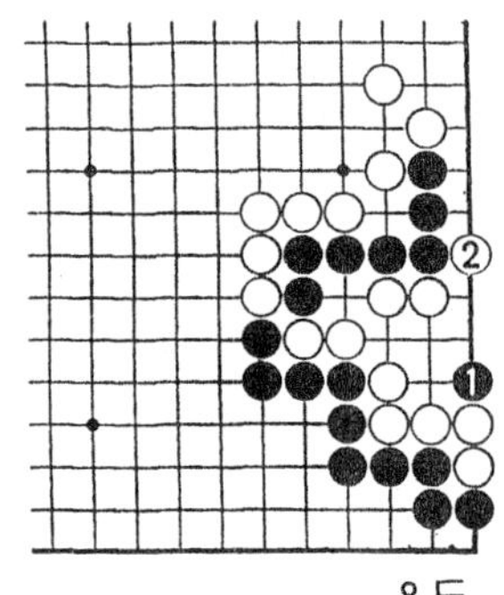

8 도

7도 백불리 흑 1의 젖힘에 백 2로 그냥 내려선 것은 7로 이어 백의 실패이다. 백 2수, 흑 3수이다. 3도 백 2가 중요하다.

8도 실패 흑 1의 붙임은 백 2의 젖힘이 있다.

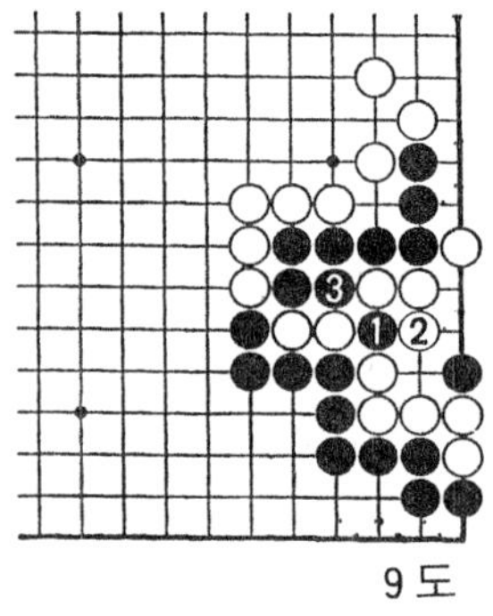

9 도

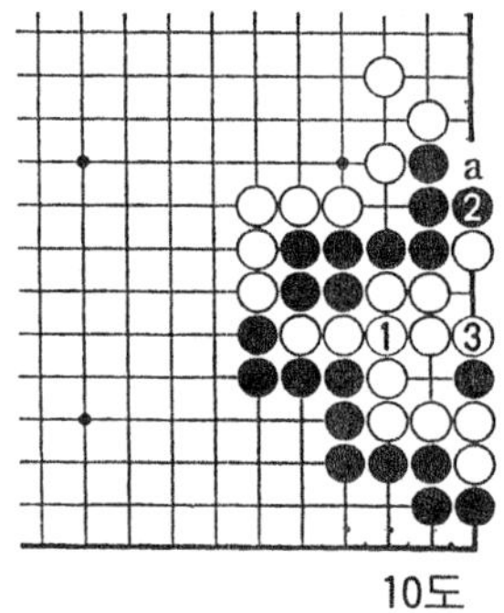

10도

9도 2점단수 다음 흑 1에 단수하면, 백 2, 흑 3단수 다음 백 4로 잇는다. 다음에—.

10도 패 백 1로 이으면 흑 2, 백 3이면 패가 난다. 백 1로 a의 곳이면 흑의 실패.

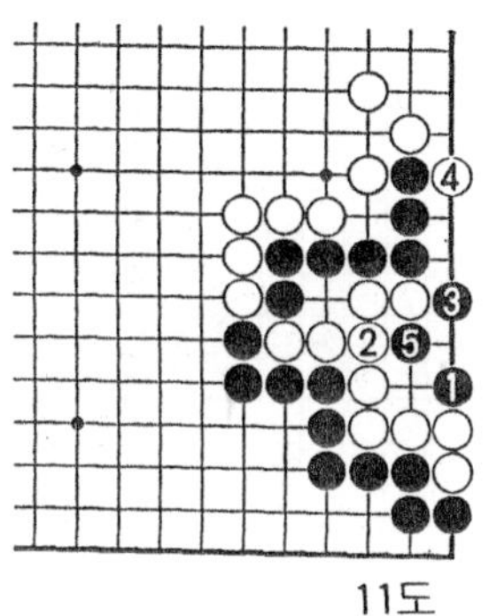
11도

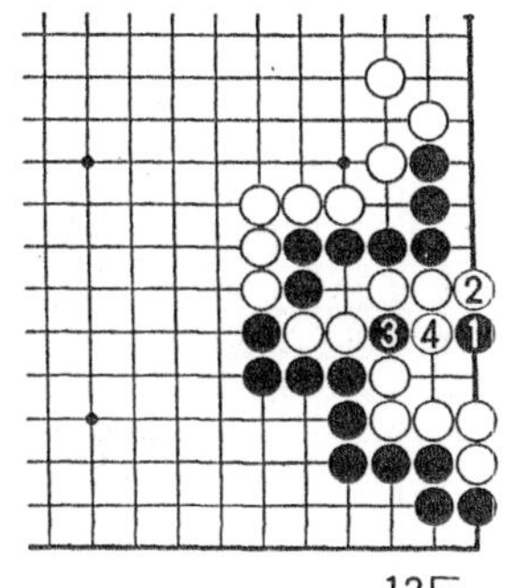
12도

11도 흑승 흑 1의 붙임에 백 2의 이음은 효과가 없다. 흑 3 붙인 다음 흑 5까지면 흑승이다. 8도의 젖힘이 필요.

12도 실패 1의 치중에서 3까지는 백 2, 4까지 된 다음 —.

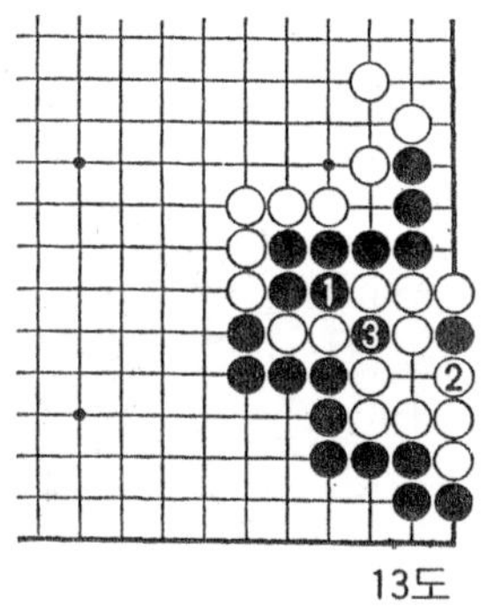
13도

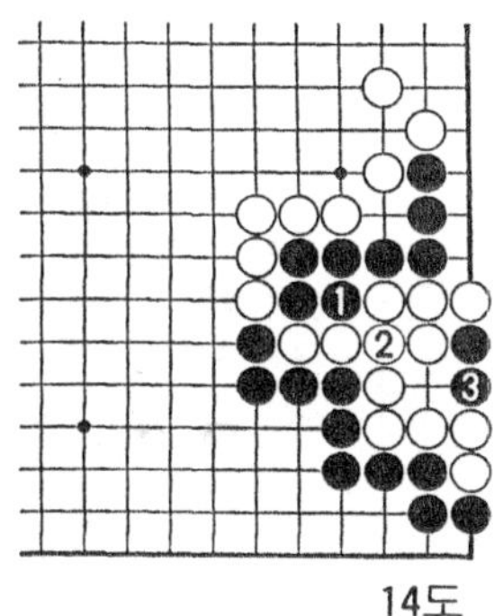
14도

13도 서로 삶 흑 1로 단수하면 백 2로 산다. 흑 3으로 때려내어서 서로가 산다.

14도 백불리 흑 1의 단수에 백 2로 잇는 것은 흑 3으로 안 된다.

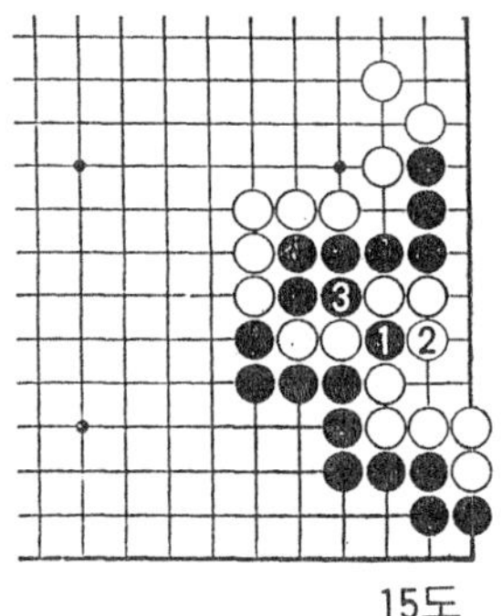

15도

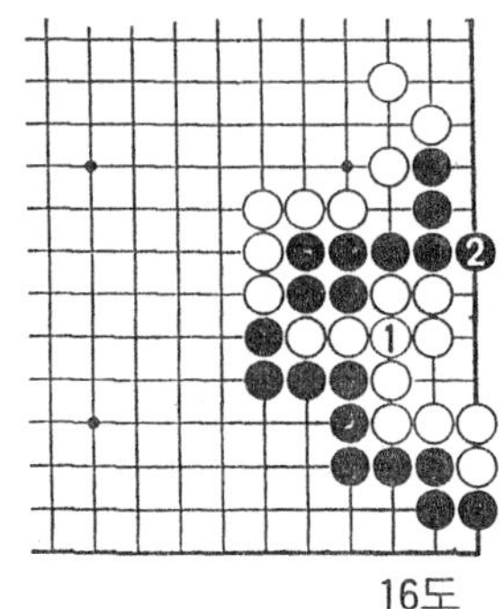

16도

15도 (마술) 집어넣음 변에 대하여 흑 1 로 집어넣는다. 백 2 로 따내면 3으로 조인다음—.

16도 내려섬 백 1 로 이을 때 흑 2 로 변에 내려서는 것이 관건이다.

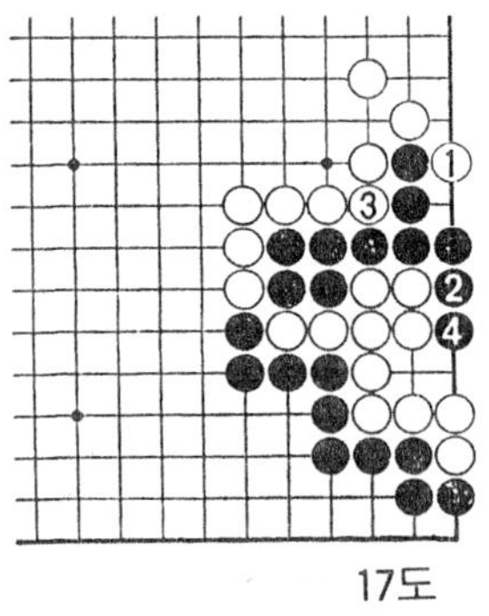

17도

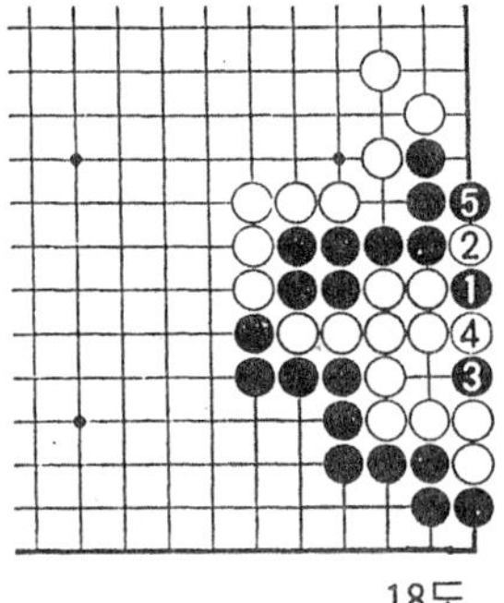

18도

17도 (마술) 흑승 백 1 로 젖히면 흑 2 로 민다. 백 3 엔 흑 4 로 자충의 형태다. 정해이다.

18도 실패 16도 흑 2 로, 1 로 공격하는 것은 백 2 가 있어 실패.

위쪽

제 7 형 흑선
중앙을 공격하는 문제이다. 어디가 급소일까?

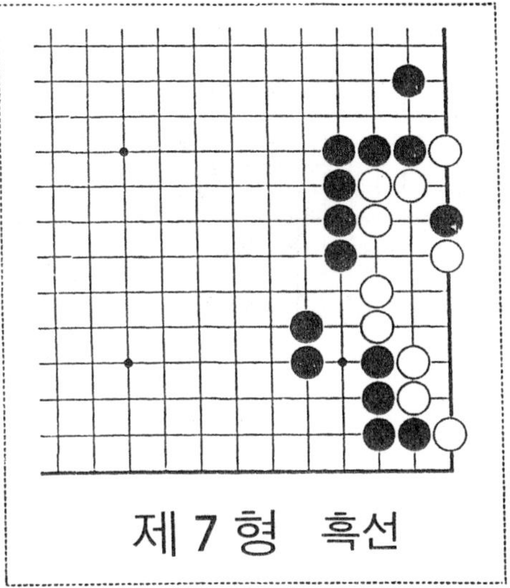

제 7 형 흑선

1도 실패 흑 1에는 백 2가 절대. 흑 3, 5에는 백 4, 6으로 실패.

2도 실패 백 1 이음에 흑 2는 백 3, 5가 좋은 수.

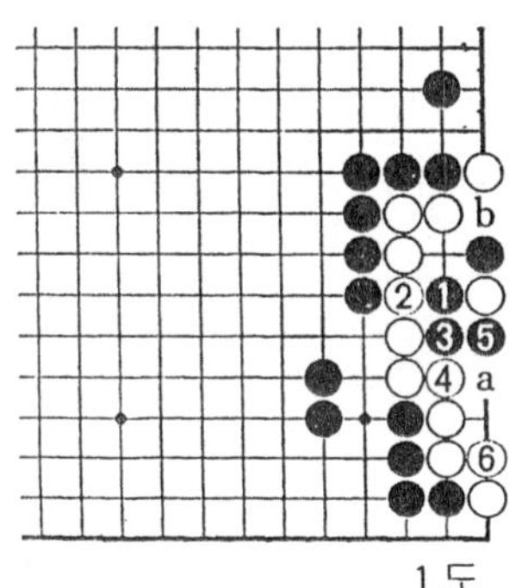

1도

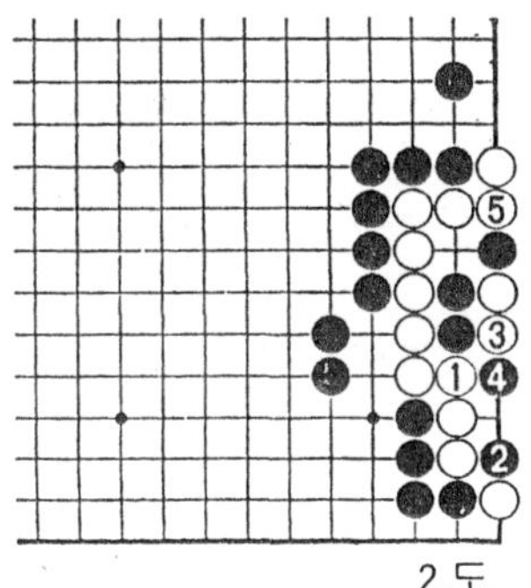

2도

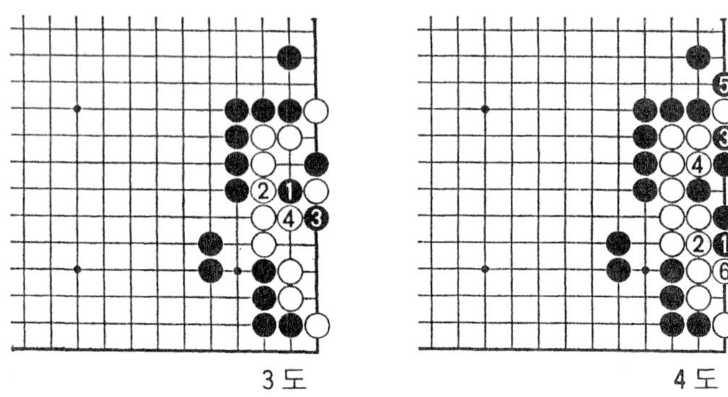

3 도　　　　4 도

3도 실패 흑 **1** 에서 **3** 까지 한점을 취하면 **4** 로 두어 살 수 없다.

4도 백삶 다음 흑 **1** 로 뻗으면 백 **2**, 다음 **4**, **6** 까지 산다. 흑의 제 1 선에 붙여 따낸다.

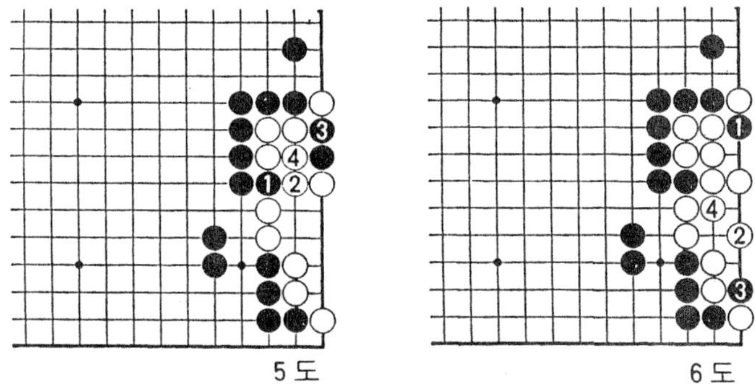

5 도　　　　6 도

5도 실패 단적으로 흑 **1** 은 백 **2**, 흑 **3**, 백 **4** 로 딴다—.

6도 백삶 흑 **1** 로 먹여치면 백 **2**, **4** 로 산다.

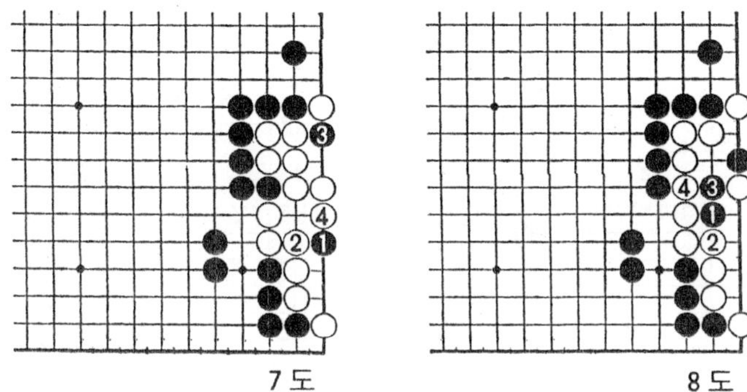

7도　　　　8도

7도 백삶 5도에서 흑1은 백2, 4로 산다. 흑 실패이다.

8도 실패 흑1의 붙임에는 백2, 흑3에는 백4, 1도의 환원이다.

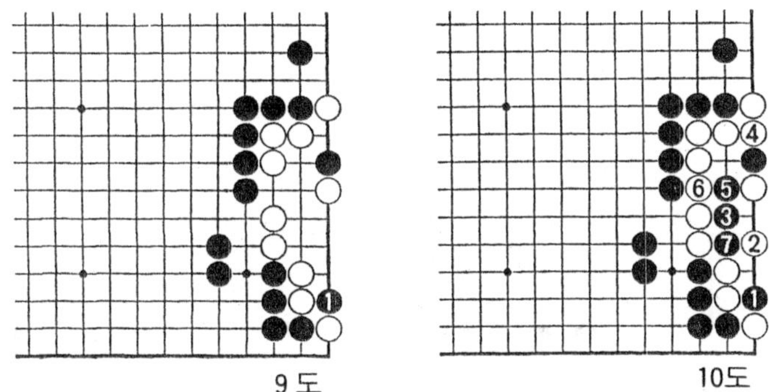

9도　　　　10도

9도 (마술) 집어넣음 흑1의 점이 맥이다.

10도 (마술) 백사 백2에는 이하 7까지 돌파되어 백이 죽는다. 8도의 백이 참으로 교묘하다.

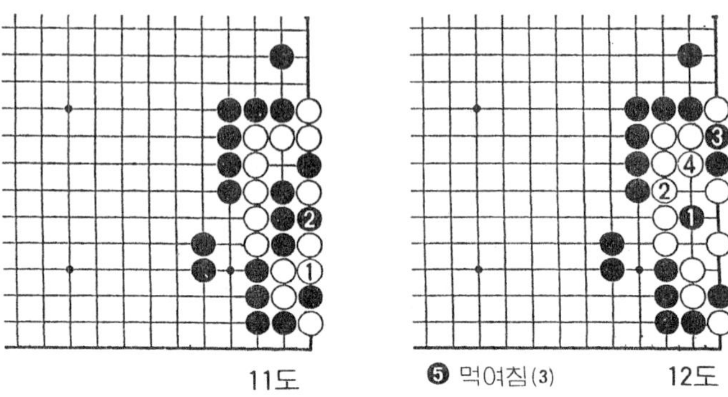

11도

❺ 먹여침(3) 12도

11도 백사 전도의 모양에서 백 **1** 로 따내면 흑 **2** 로 한점을 때려 백이 죽는다. 수순의 마술성이 있다.

12도 백사 이곳에서의 변화는 흑 **1** 의 붙임에 백 **2** 면 흑 **3**, 백 **4** 로 때려내면 **5** 로 먹여친다.

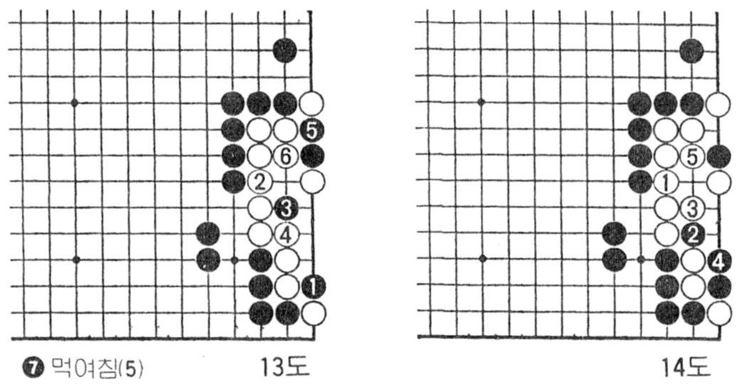

❼ 먹여침(5) 13도

14도

13도 백사 **1** 다음에 백 **2** 의 이음. 흑 **3** 의 붙임이 급소로 이하 **7** 의 집어넣음으로 죽는다.

14도 실패 **1** 로 이을 때 흑 **2** 의 단수는 **5** 로 사는 모양이다.

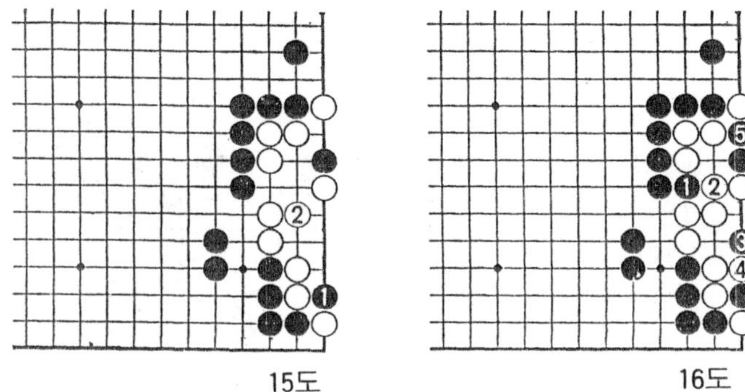

15도　　16도

15도 내려섬 변화도이다. 흑 1에 백 2로 내려서서 저항하는 것도 생각해 보자.

16도 (마술) 백사 흑 1로 내려오고 백 2로 막을 때 흑 3으로 뛴다. 이하 5까지 백이 살지 못한다.

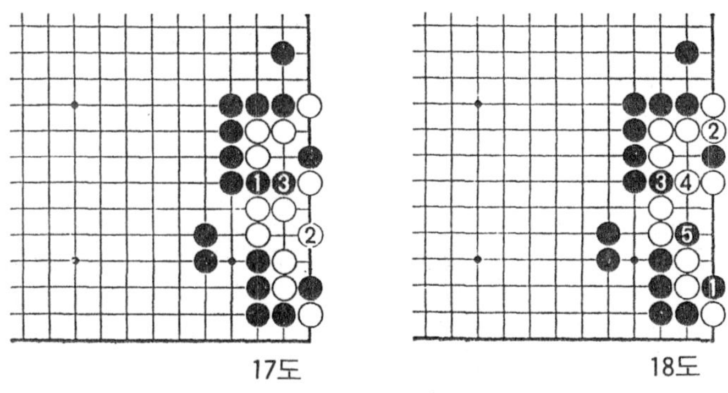

17도　　18도

17도 백사 흑 1의 나감에 백 2는 3으로 내려서는 수가 있다.

18도 백사 흑 1에 백 2로 이음은 흑 3, 백 4 다음 5로 단수한다.

1 선의 마술

제 8 형 흑선

다음에서 전체를 죽이는 방법을 생각해 보자. 3수 째에 의표를 찌르는 수가 있다.

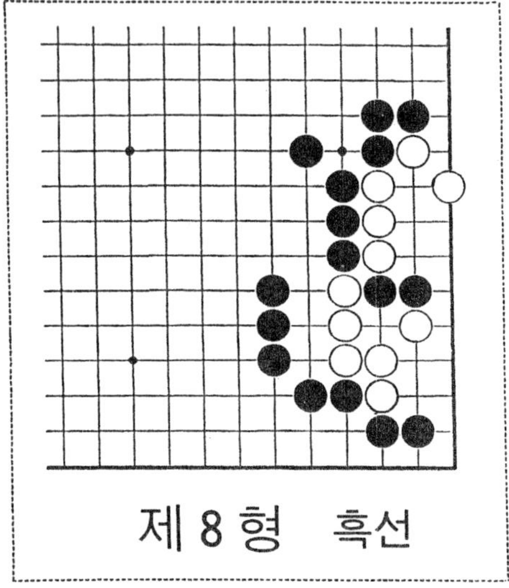
제 8 형 흑선

1도 실패 흑 1에는 백 2. 이다음 흑 3의 내려섬을 생각할 수 있다.

2도 패 백 1에서 5까지 패가 나는 것을 알 수 있다. 정해는 아니다.

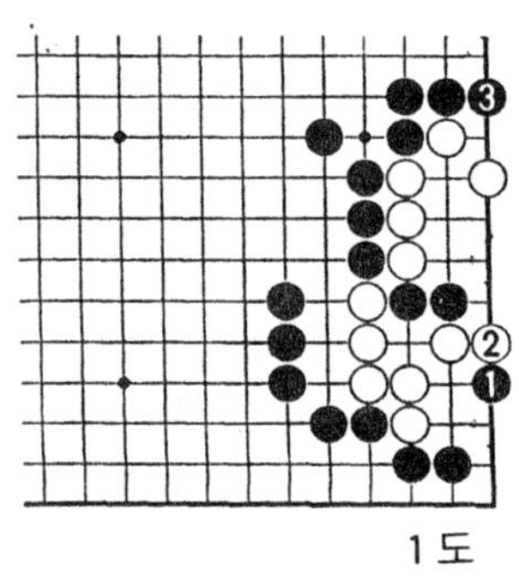
1도

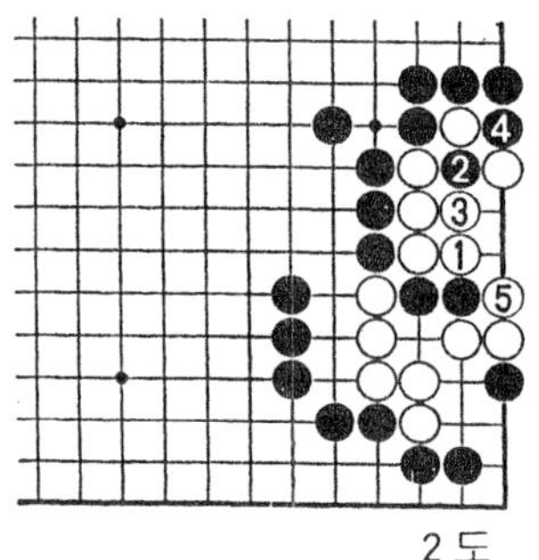
2도

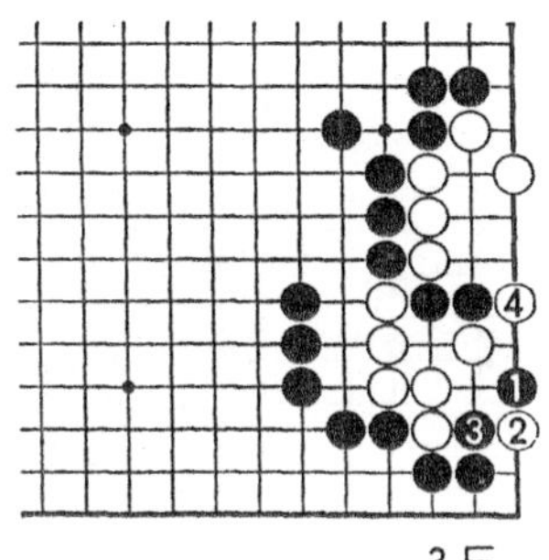
3 도

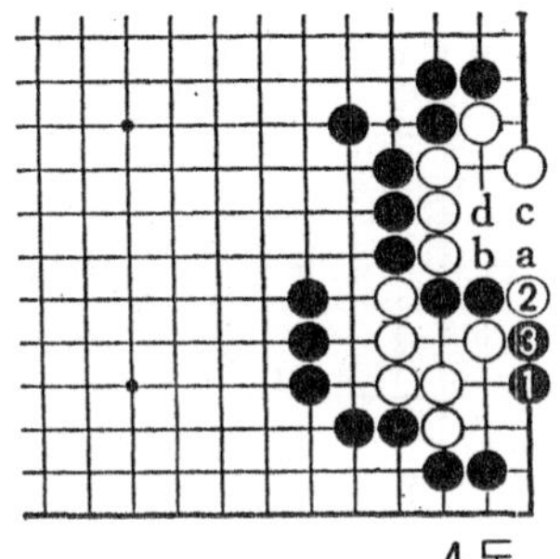
4 도

3도 실패 흑1에 백2의 건너붙이는 수가 있다. 흑3에는 백4로 젖힌다. 실패안이다.

4도 실패 흑1에 백2, 흑3 다음 백a, 흑b, 백c, 흑d의 순으로 된다.

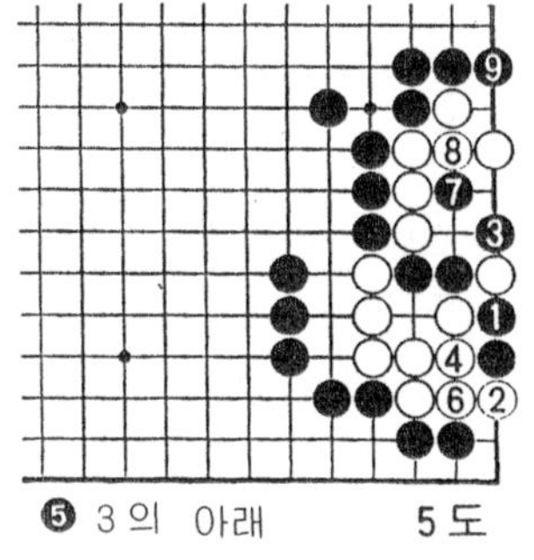
❺ 3의 아래 5 도

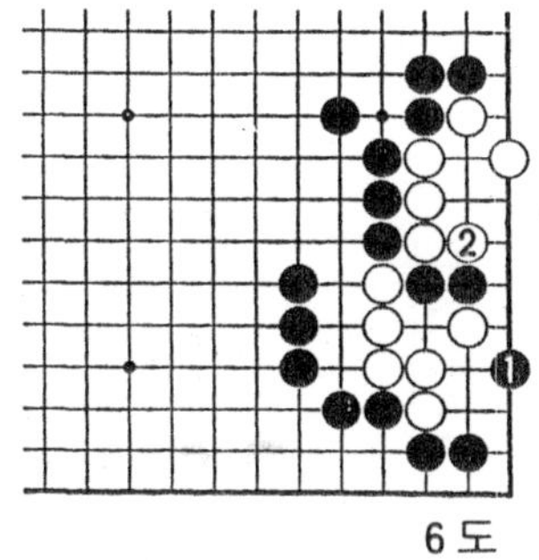
6 도

5도 백사 흑1의 끊음은 백2, 이하 7, 9까지 빅이 나지 않는다. 백이 나쁘다.

6도 내려섬 이상의 1도, 4도, 5도는 백이 받는 수가 나쁘다. 흑1엔 백2의 응수가 있기 때문이다.

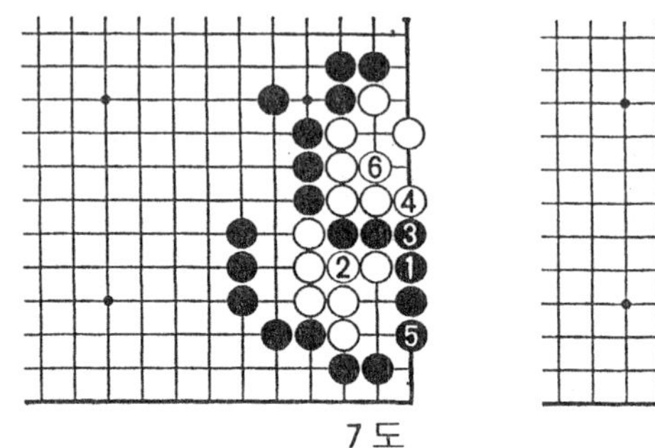

7 도

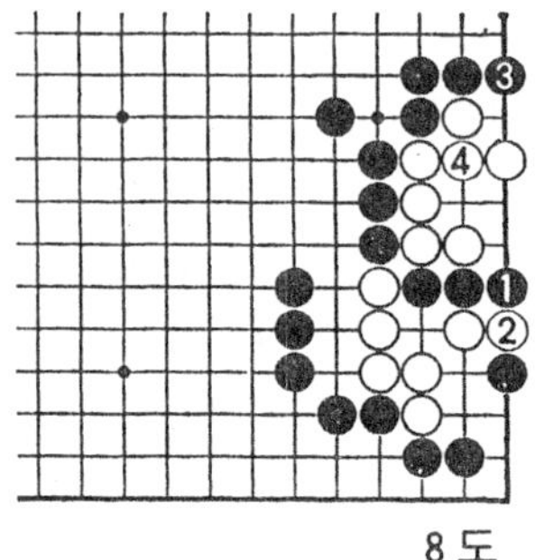

8 도

7도 반쪽 살다 흑이 젖히면 **4**, **6**으로 두어 반쪽은 사는 모양이다.

8도 백삶 전도 흑**1**로 내려서는 것은 백**4**까지 사는 형태.

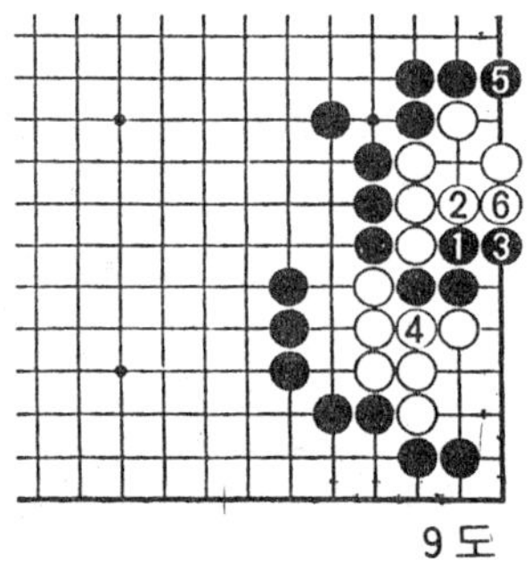

9 도

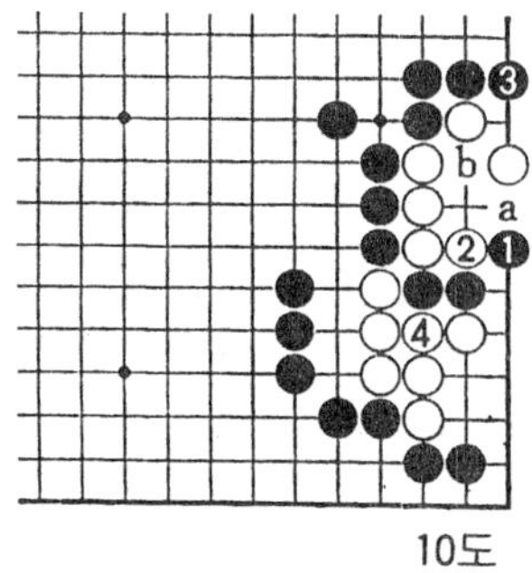

10도

9도 실패 수단의 변화는 흑**1**에서 **3**까지인데 백**4**가 있어 실패다. 흑**5**에는 백**6**으로 그만이다.

10도 실패 흑**1**에는 백**2**로 그만이다. 흑**3**에는 **4**의 단수. 다음 a는 b로 응수한다.

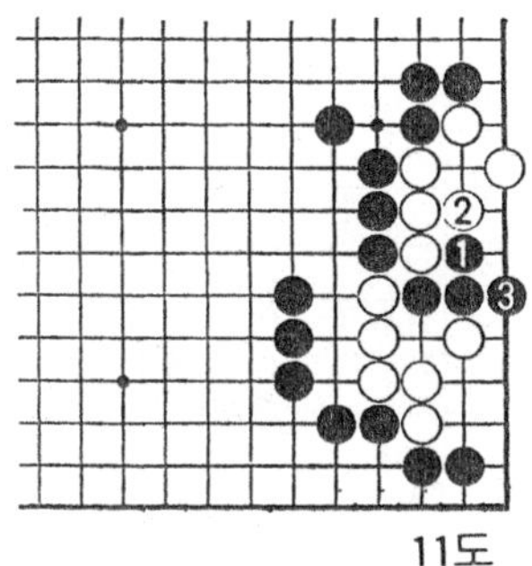

11도

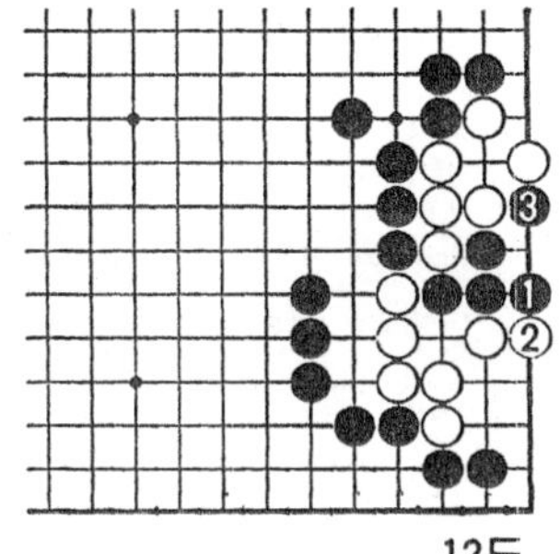

12도

11도 (마술) 늘다 여기에서는 흑 1 로 느는 수가 있다. 백 2 에는 흑 3 으로 내린다. 악마의 미소가 어리는 것 같다.

12도 (마술) 패 흑 1 에 백 2 로 내리면 흑 3 으로 넣어서 패가 난다. 정해다.

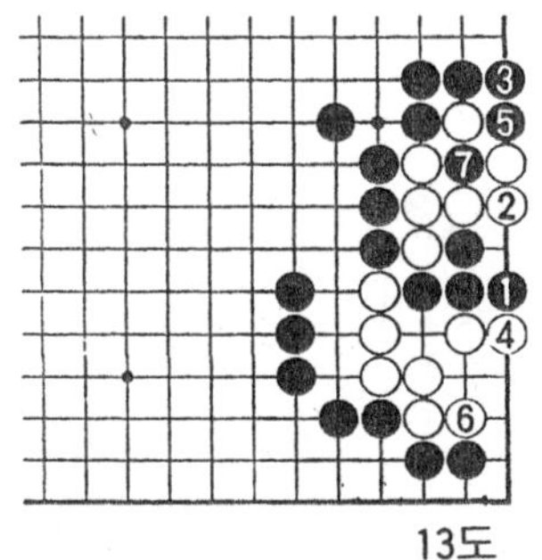

13도

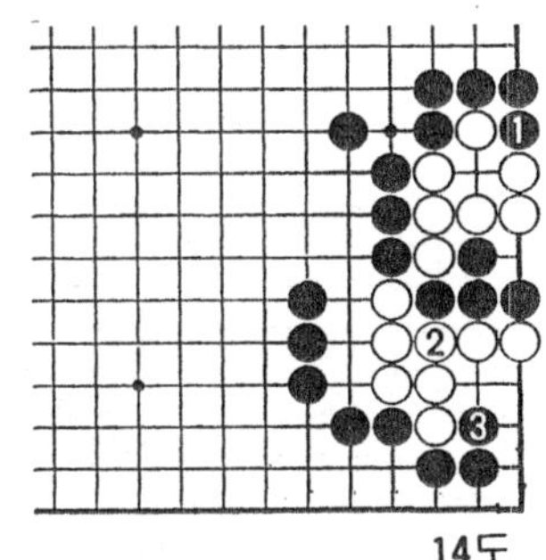

14도

13도 패 흑 1 내려섬에 2 의 이음은 3 , 5 다음 7 까지 패. 보통감각의 맥.

14도 죽음 흑 1 에 백 2 는 3 으로 두어 4 궁으로 죽는다.

귀의 변화

제 9 형 흑선
2 점을 취하고 있는 백모양이다. 어떻게 두어야 하는지 지혜와 용기가 필요하다.

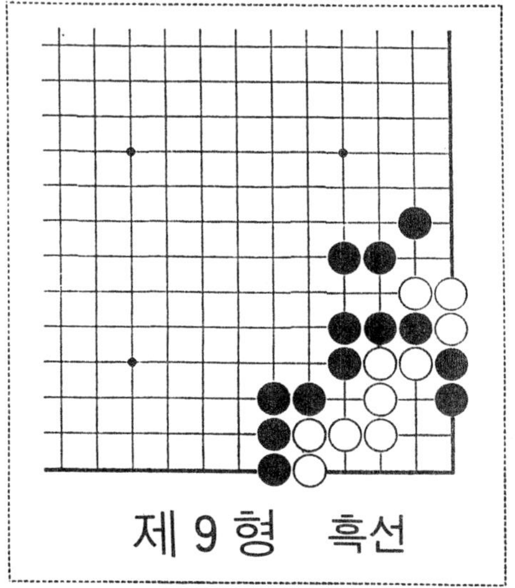
제 9 형 흑선

1 도 실패 흑 1 의 마늘모는 백 2 로 실패다. 흑 3 에도 4 로 따낸다.

2 도 백삶 다음에 흑 1 로 이으면 백 2 로 이어서 넓게 산다.

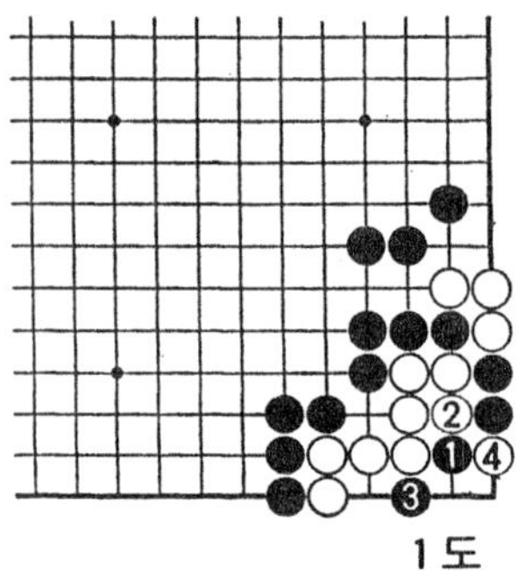
1 도

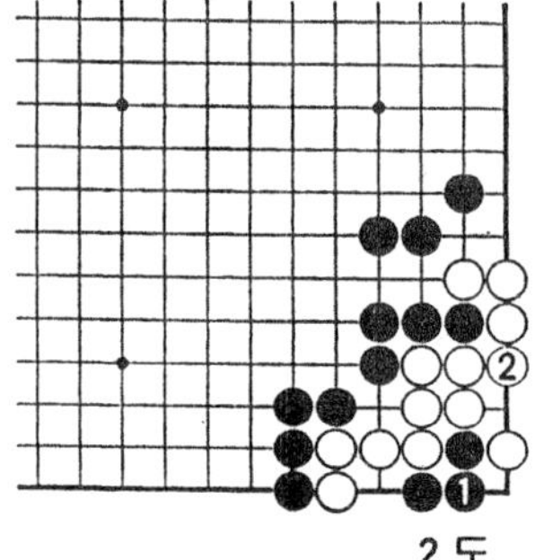
2 도

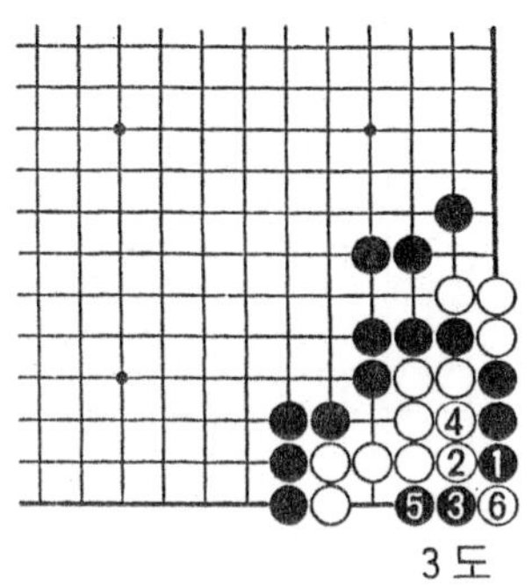

3 도

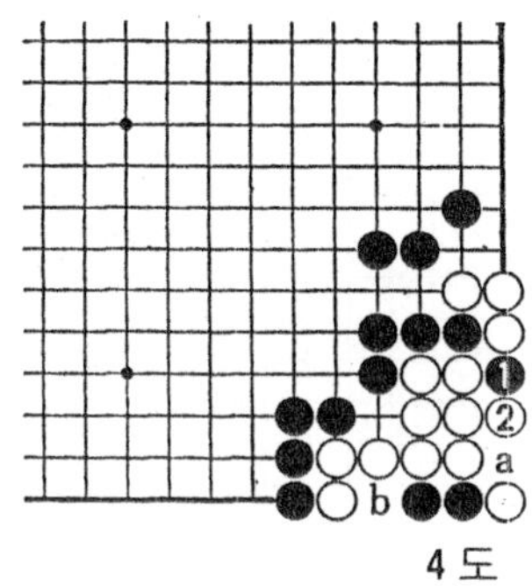

4 도

3도 실패 흑 1에 백 2가 있다. 흑 3의 젖힘 다음 백 4로 3점을 단수. 흑 5에는 6으로 3점을 때린다음—.

4도백삶 흑 1에는 백 2, a로 따면 백b로 조인다. 공부가 필요하다.

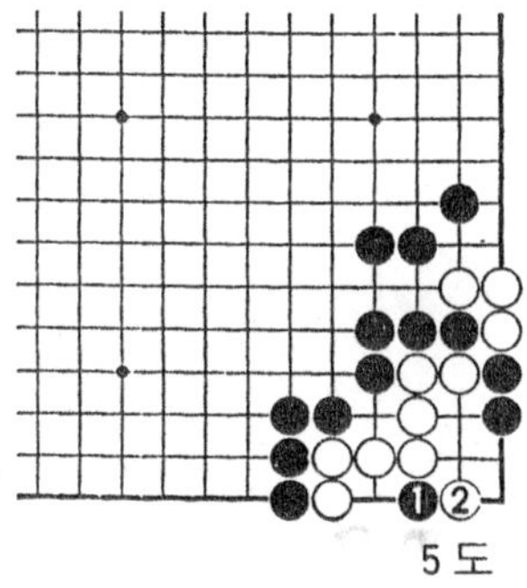

5 도

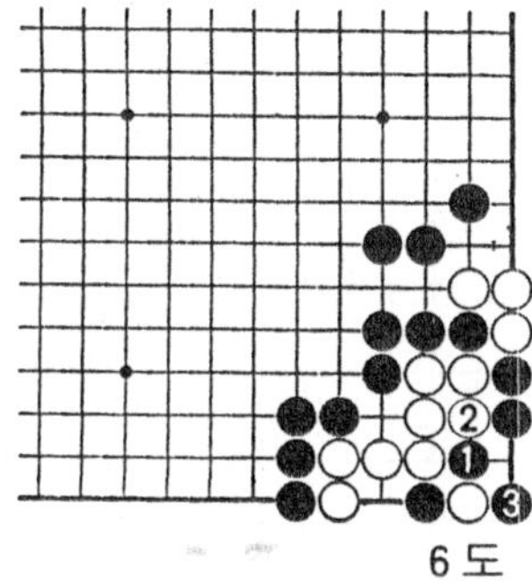

6 도

5도 붙임 흑 1의 안형의 급소에 두면 어떨까. 백 2로 응수하지 않을 수 없다.

6도 한점 따다 다음에 흑 1로 한점을 따면 백 2로 조인다음—.

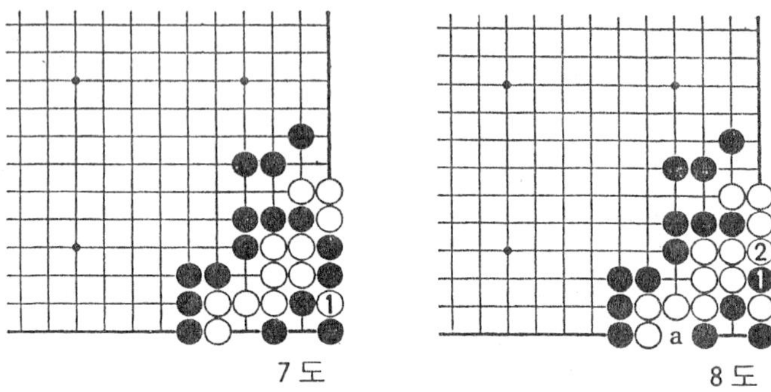
7 도 8 도

7도 2점 따다 백 1로 2점을 따낸 다음—.

8도 백삶 흑 1로 되따면 백 2로 잇는다. a의 단수가 있어 양패로 사는 모양이다. 6도 흑 1로 움직이는 것은 전술한 바 있다.

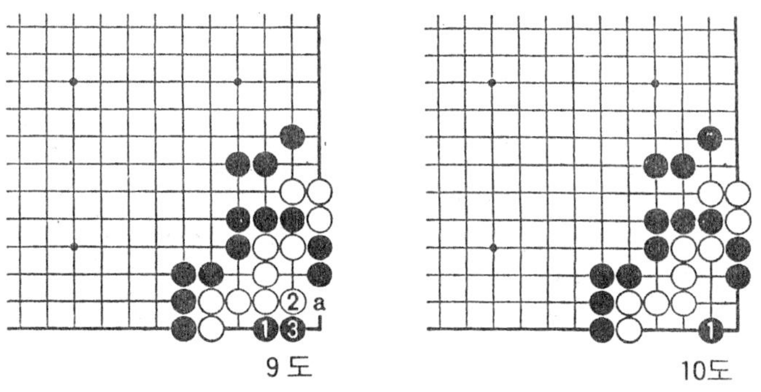
9 도 10도

9도 백의 실패 흑 1의 붙임에 대하여 백 2는 흑 3으로 늘어 실패다. a로 두점을 따내도 먹여치면 살지 못한다.

10도 (마술) 급소 정해는 1의 곳이다.

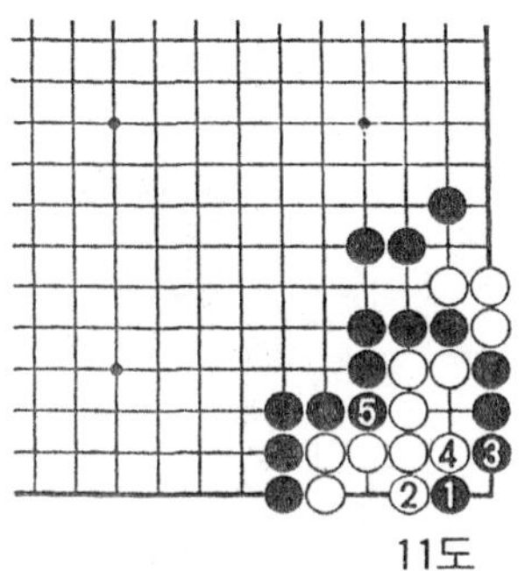
11도

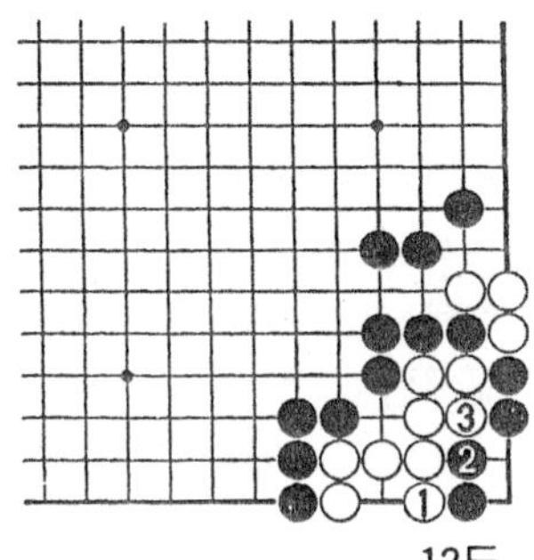
12도

11도 (마술) 늘어진 패 흑 1에 대하여 백 2, 흑 3에는 백 4, 5까지 되어 한수 늘어진 패가 난다.

12도 실패 백 1에 흑 2의 올라섬은 백 3이 있어 실패이다.

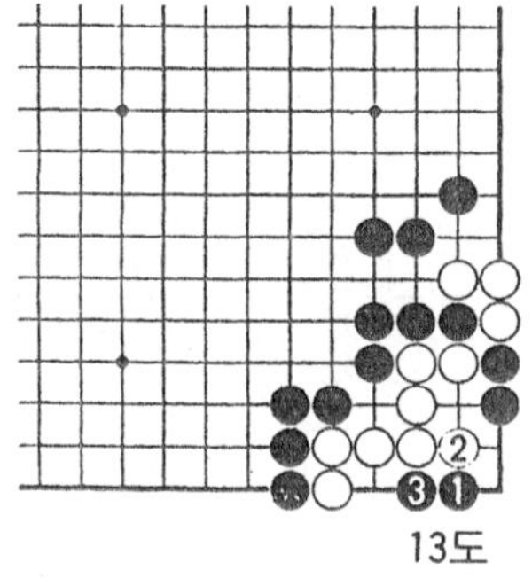
13도

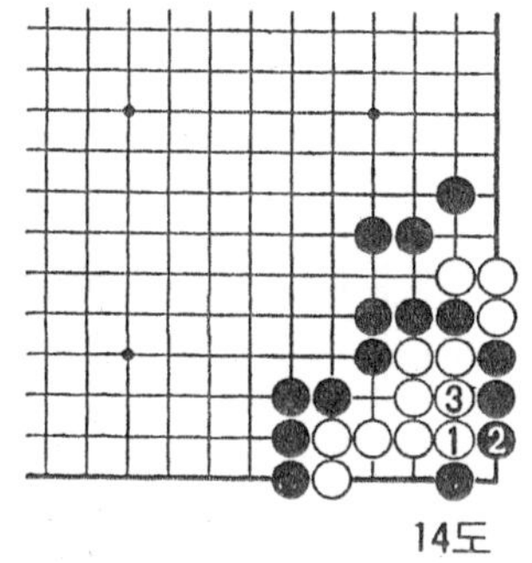
14도

13도 백사 백 1에 흑 2는 3으로 늘어 9도의 환원이다.

14도 실패 백 1로 두는 것은 흑 2, 백 3까지 실패. 3도로 되돌아간다.

후절수

제10형 흑선
백의 집단에 대한 후절수의 문제이다. 돌을 이용할 수 있는 발상이 해결을 한다.

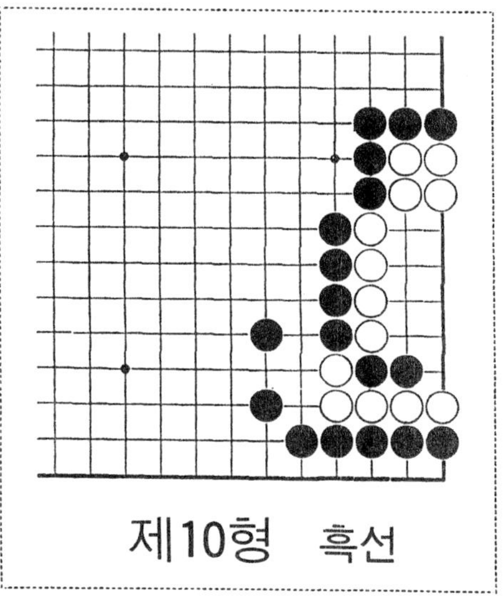

제10형 흑선

1도 실패 흑1엔 백2, 흑3에는 4로 그만이다.

2도 실패 한걸음 더 나가면, 백2로 받는다. 중앙에는 수가 보이지 않는다.

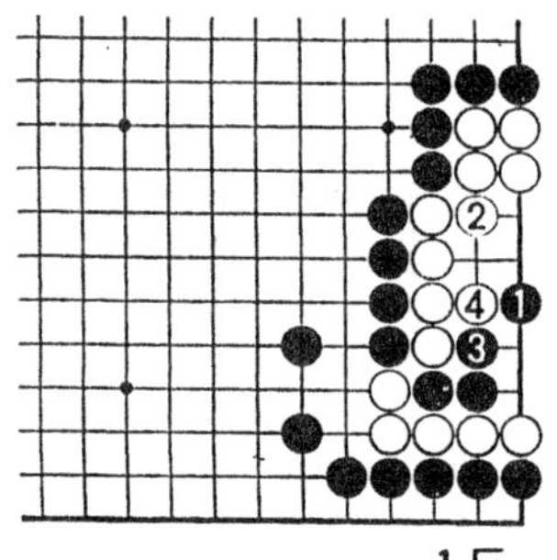

1도

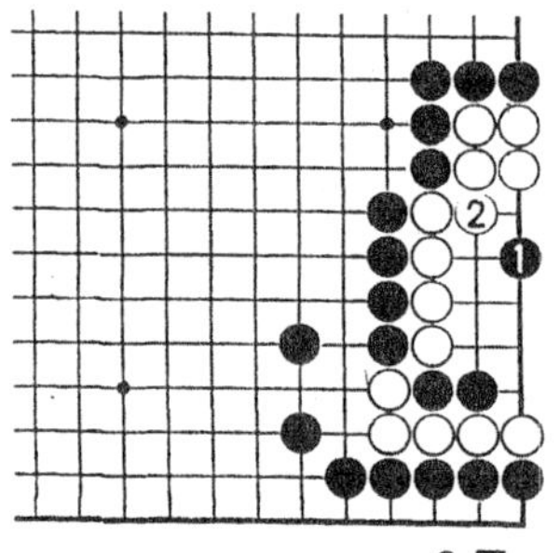

2도

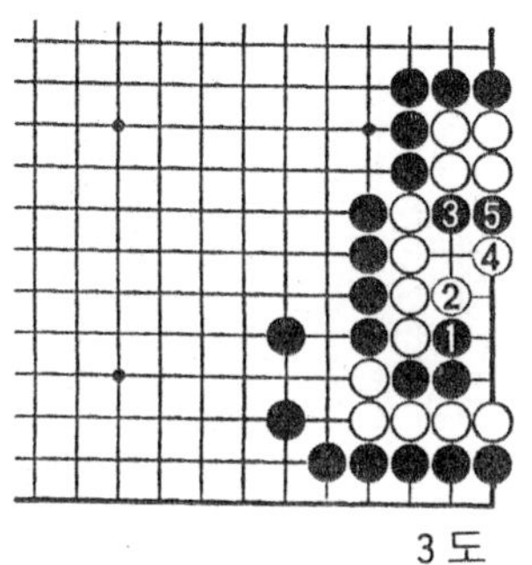

3 도

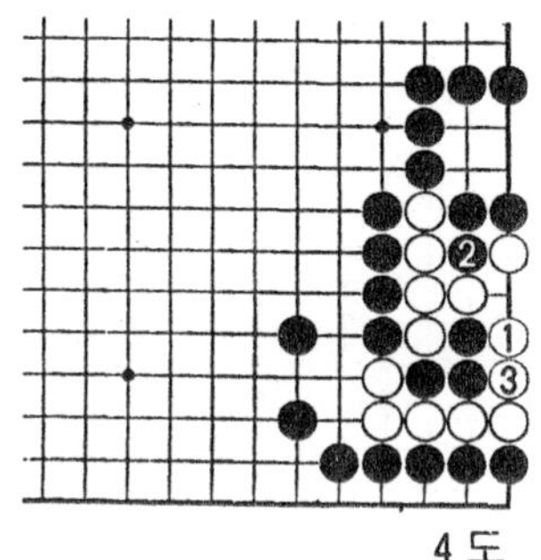

4 도

3 도 실패 흑 1 로 밀면 백 2 . 3 , 5 로 끊어잡은 다음에—.

4 도 3점 따다 백 1 단수에 흑 2, 3 점을 때린다. 이다음에—.

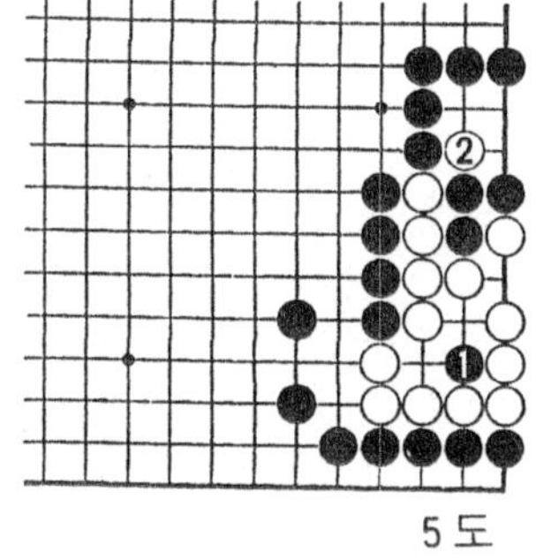

5 도

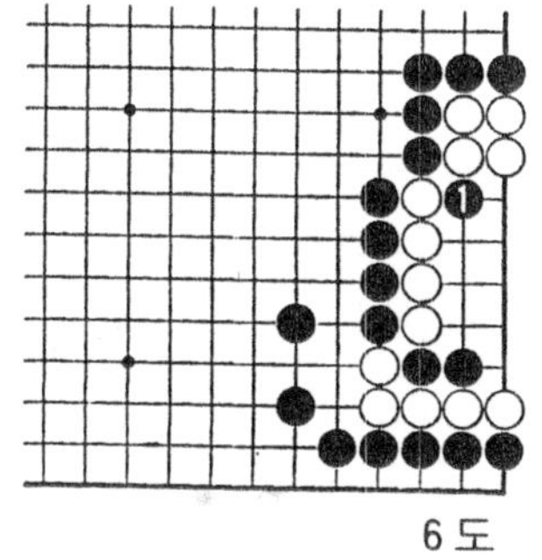

6 도

5 도 백삶 흑 1 로 급소에 치중하면 백 2 로 끊는다. 후절수의 활동이다. 이런 마법이 숨겨있다.

6 도 (마술) 끊음 그냥 흑 1 의 끊음에서 시작한다.

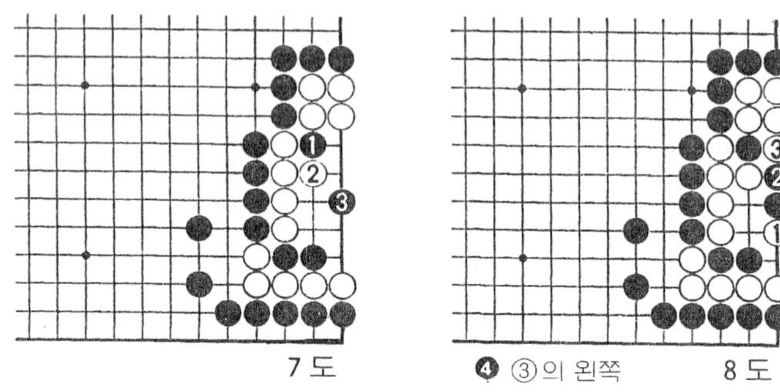

7 도

❹ ③의 왼쪽　　8 도

7도 급소 흑1 끊음 다음 백2는 흑3의 치중이 급소다. 예리한 맥이다.

8도 되때림 다음에 백1로 붙이면 흑2로 둔다. 3으로 한 점을 따내면—.

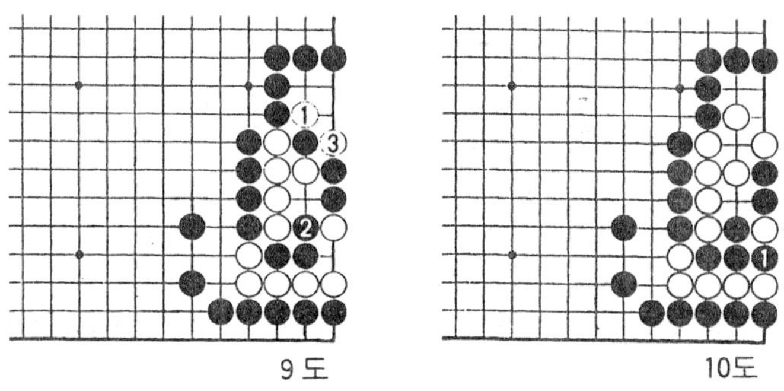

9 도　　10도

9도 (마술) 늘다 백1로 끊으면 흑2로 밀고 나온다. 백3으로 다시 따내면 여기서 다시 마술이 일어난다.

10도 (마술) 백사 흑1로 따내면 자충으로 백이 죽는다.

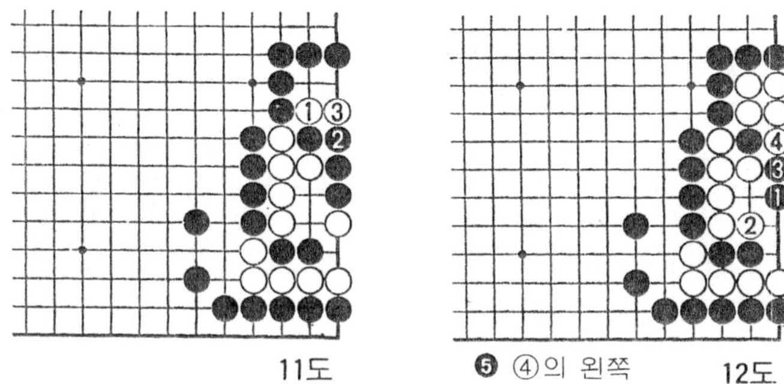

11도　　❺ ④의 왼쪽　　12도

11도 실패 백 1 단수에 흑이 그냥 이으면 3으로 조여 실패다.

12도 단수 흑 1의 치중에 백 2로 내리면 흑 3으로 찌른다. 백 4로 따내면—.

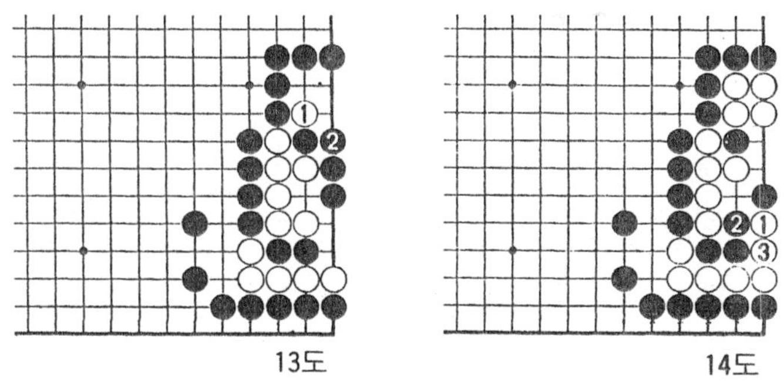

13도　　14도

13도 백 죽음 백 1로 끊으면 흑 2로 곱게 잇는다. 이후는 저항할 수가 없다. 8도가 정해이다.

14도 실패 백 1의 붙임에 흑 2로 나오는 것은 3의 단수로 실패.

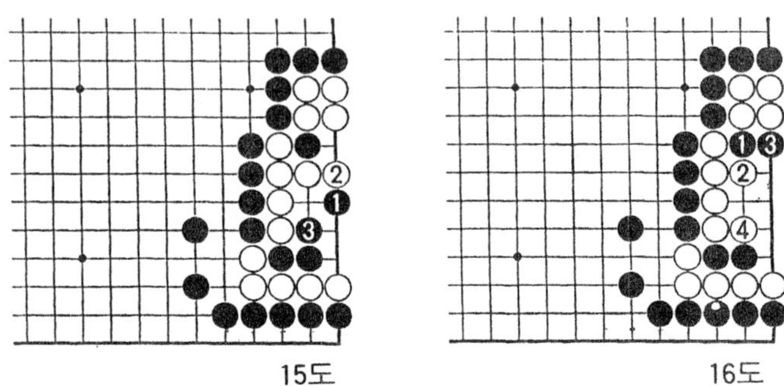

15도 백사 변화를 생각해 보자. 흑 1의 치중엔 백 2의 내려섬이 있다. 그러면 흑 3으로 밀고 나온다.

16도 실패 다시 되돌아가서 흑 1의 끊음에 백 2로 밀때 흑 3으로 따내는 것은 4의 조임이 있어 실패.

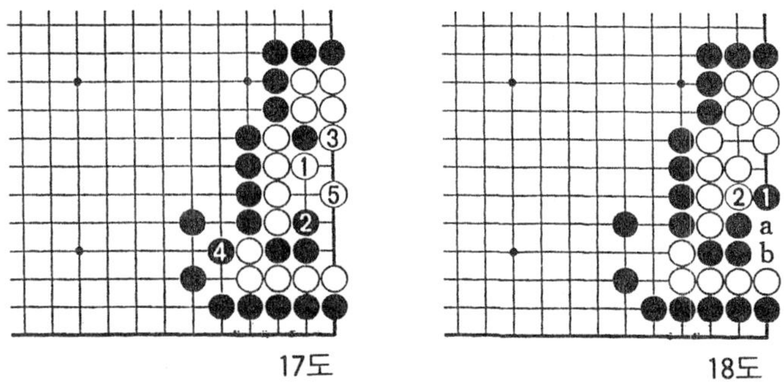

17도 실패 백 1에 흑 2는 3, 5로 산다. 백 5점을 끊어먹을 수밖에 없다.

18도 실패 전도의 흑 4로 1은, 2로 두어서 자충을 유발하여 산다. 누르는 수가 없다. 7도의 수순이 정해.

연속된 수

제11형 흑선

실전에 자주 나타나는 모양이다. 변에 대하여 귀쪽의 연계성을 생각해 보자.

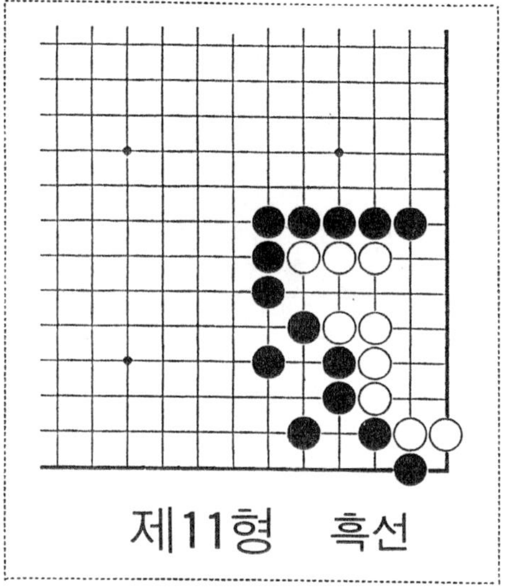

제11형 흑선

1도 실패 흑1의 건너뜀은 백2, 흑3다음 4의 집어넣음이 있어 실패다. 5로 때리면 6으로 붙인다.

2도 백생 흑1로 이으면 백2로 단수하여 흑이 패로 받으려 하면, 즉 b의 곳을 두면 c로 단수하고 d로 산다.

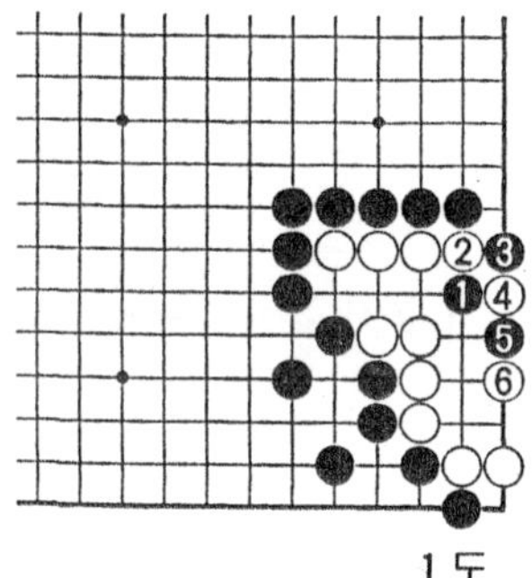

1도

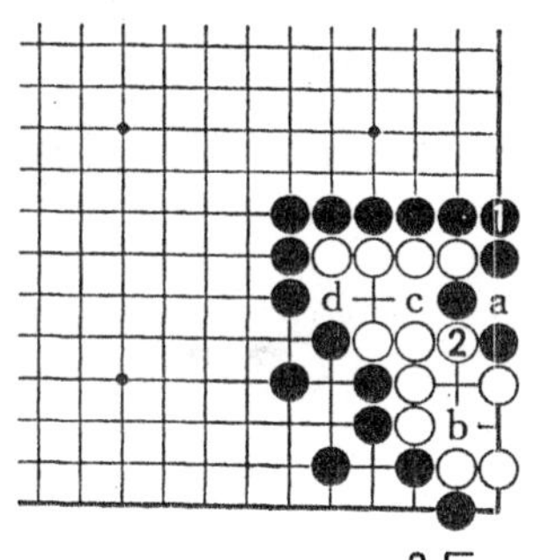

2도

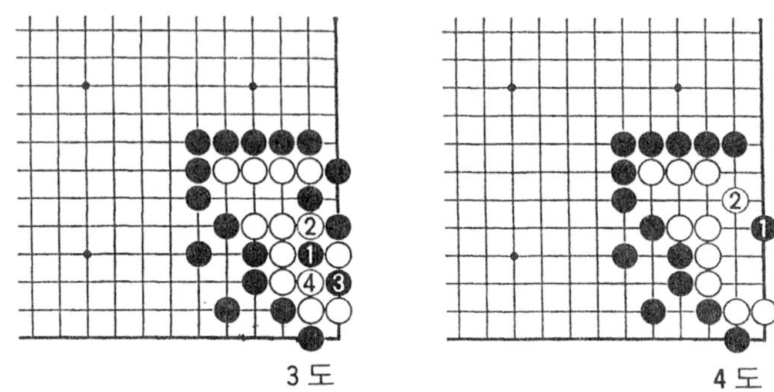

3 도　　4 도

3 도 백삶 백의 붙임에 흑 1 은, 백 2 끊음 다음 4 가 맥이다.

4 도 실패 흑 1 의 비마는 백 2 의 마늘모가 멋진 수이다.

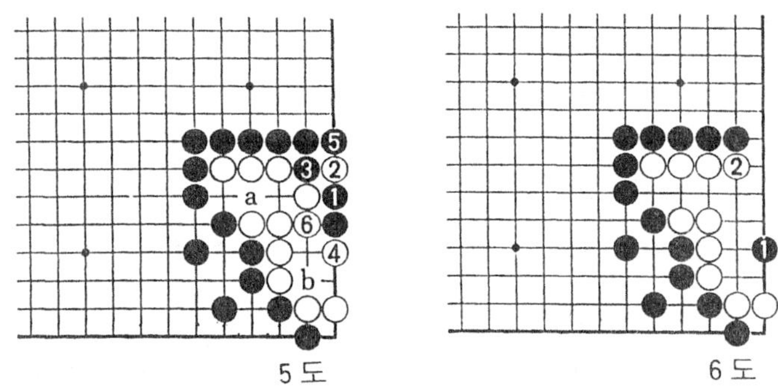

5 도　　6 도

5 도 백삶 1 로 부딪히면 백 2 건너 붙이고 이후 6 까지 된다. 다음에 흑a로 젖히면 b로 산다.

6 도 실패 흑 1 의 치중은 백 2 의 응수가 있다. 넓게 산다.

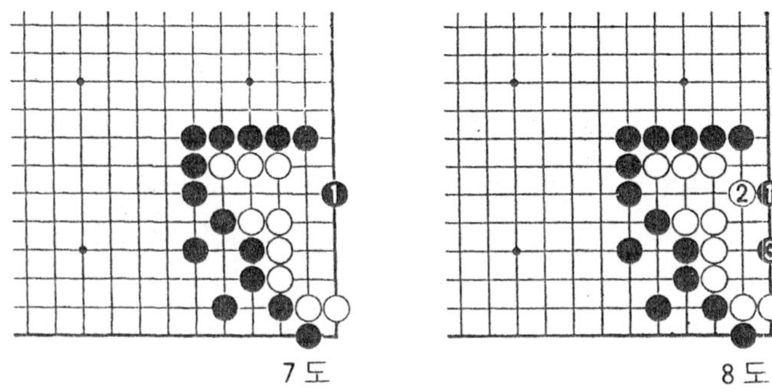
7도 8도

7도 (마술) 날일자 정해는 흑1이다. 검토하여 보자.

8도 (마술) 뜀 흑1에 백2의 마늘모는 3의 뜀이 있다.

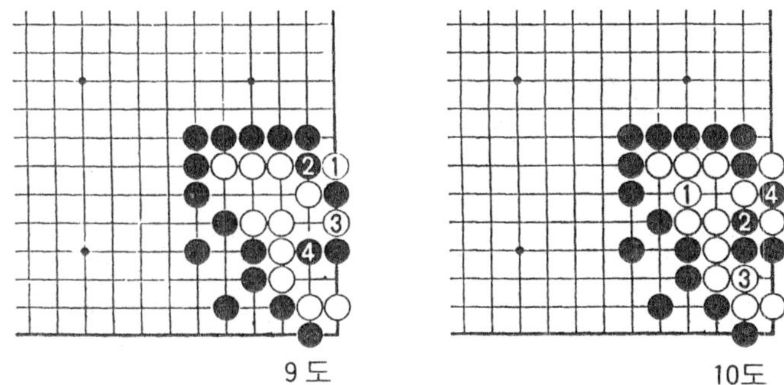
9도 10도

9도 올라섬 다음에 백1에는 흑2, 백3에는 4의 올라섬이 급소.

10도 (마술) 패 다음 백1에는 흑2로 단수하여 패.

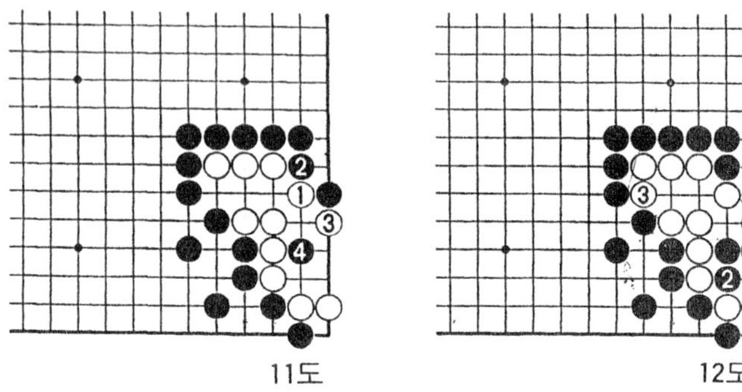
11도 12도

11도 실패 8도의 1, 3대신 본도의 1, 3은 실패. 3의 젖힘이 있다. 흑4 다음—.

12도(마술) 백삶 백1로 밀면 흑2가 불가피. 백3으로 산다.

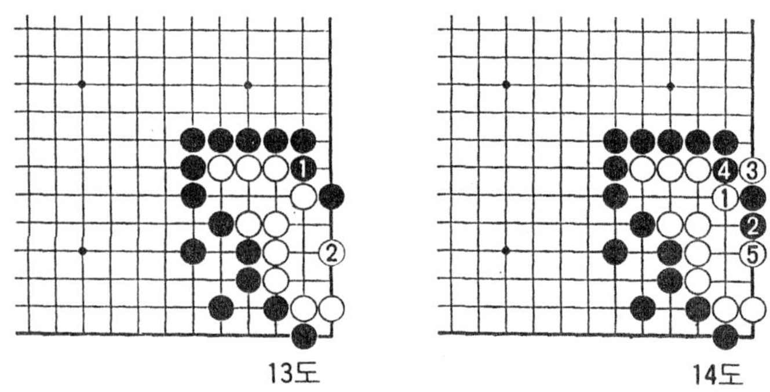
13도 14도

13도 백삶 다음에 흑1은 어떨까? 그것은 백2의 멋진 수가 급소이다. 공격의 실패다.

14도 실패 백1에 대하여 흑2의 뻗음은 백3, 5로 되어 실패다. 5도와 같은 형이다.

9. 사활의 마술

2019년 7월 15일 인쇄
2019년 7월 30일 펴냄

옮긴이/ 프로바둑연구회
펴낸이/ 최 상 일
펴낸곳/ 태 을 출 판 사
서울특별시 중구 동화동52-107 (동아빌딩내)
등록/1973년 1월 10일(제4-10호)

*잘못된 책은 구입하신 곳에서 교환해 드립니다.

■주문 및 연락처
우편번호 100-456
서울특별시 중구 동화동 52-107 (동아빌딩 내)
전화 / 2237-5577 팩스 / 2233-6166
ISBN 89-493-0326-4 13690